KB244161

임동석중국사상100

도연명집

陶淵明集

陶淵明 撰 / 林東錫 譯註

〈陶淵明故事圖〉 明 陳洪綬(그림) 미국 호놀룰루 미술학원 소장

"상아, 물소 뿔, 진주, 옥. 진괴한 이런 물건들은 사람의 이목은 즐겁게 하지만 쓰임에는 적절하지 않다. 그런가 하면 금석이나 초목, 실, 삼베, 오곡, 육재는 쓰임에는 적절하나 이를 사용하면 닳아지고 취하면 고갈된다. 그렇다면 사람의 이목을 즐겁게 하면서 이를 사용하기에도 적절하며, 써도 닳지 아니하고 취하여도 고갈되지 않고, 똑똑한 자나 불초한 자라도 그를 통해 얻는 바가 각기 그 자신의 재능에 따라주고, 어진 사람이나 지혜로운 사람이나 그를 통해 보는 바가 각기 그 자신의 분수에 따라주되 무엇이든지 구하여 얻지 못할 것이 없는 것은 오직 책뿐이로다!"

《소동파전집》(34) 〈이씨산방장서기〉에서 구당(丘堂) 여원구(呂元九) 선생의 글씨

책머리에

　"歸去來 歸去來ᄒ되 말 ᄲᅮᆫ이오 가 리 업시
　　田園이 將蕪ᄒ니 아니 가고 엇지 ᄒᆞᆯ고
　　草堂에 淸風明月이 나명들명 기ᄃᆞ리ᄂᆞ니"

　조선 시대 농암聾巖 이현보李賢輔의 〈효빈가效嚬歌〉이다. 그런가 하면 삼주三洲 이정보李鼎輔는 다시 이렇게 읊었다.

　"歸去來 歸去來ᄒᆞᆫ들 물러간 이 긔 누구며
　　功名이 浮雲인줄 사람마다 알 것만은
　　世上에 ᄭᅮᆷ ᄭᅢᆫ이 업쓴이 그를 슬허 ᄒᆞ노라"

　도연명만큼 우리나라에 많이 읽혀 오고 또 인구에 회자된 중국 시인도 그리 많지는 않을 것이다. 조선시대 학자나 문인이면 입을 열었다 하면 "도연명처럼 귀거래하리라"고 따라 읊어대었으니 그 때문에 '효빈效嚬'이라 하였다.
　지금인들 다르겠는가? 도시 생활에 지치고 경쟁에 고달픔을 참지 못하면 그저 쉬운 말로 '귀거래歸去來'를 들먹거린다. 그럼에도 과연 자신 있게 용기를 내어 모든 것을 떨치고 헌걸차게 짐을 싼 자는 그리 많지도 않고 또 현실적인 상황이 그렇게 놓아 주지도 않는다.

　그런가 하면 퇴계退溪 이황李滉은 〈도화원기〉를 두고 봉화 청량산을 이렇게 노래하였다.

"淸凉山 六六峯을 아ᄂ 니 나와 白鷗
　白鷗야 헌ᄉ하랴 못 미들손 桃花ㅣ로다.
　桃花야 ᄯᅥ드디 마라 漁舟子 알가 하노라"

이처럼 문인이라면 의례히 국화菊花, 오류五柳, 팽택彭澤, 남산南山, 율리栗里, 음주飮酒, 전원田園, 장무將蕪, 용슬容膝, 도화원桃花源, 귀거래歸去來, 오두미五斗米, 유관流觀, 불구심해不求甚解, 북창北窗, 귀전歸田이라는 어휘를 넣어 도연명을 닮고자 하고, 아니면 그러한 생활을 자신의 꿈인 양 읊었다.

그러나 《도연명집》의 전체를 훑어보면 이는 우리에게 널리 알려진 몇 편의 시와 문장에서 느끼는 도연명 문학의 정수일 뿐, 실제 그 외의 많은 시문 속에는 온통 고통의 하소연이며 생활고의 핍진한 현실을 그저 평범한 어휘로, 그러면서 살아 있는 그림처럼 소담하게 기록한 부분이 더욱 가슴을 아프게 하는 것이 훨씬 더 많다.

정말 이렇게 가난했을까? 정말 이토록 삶과 죽음에 대한 회한이 서려 있었을까? 천지를 다 버리리라 하는 도가적인 면이 강한 듯하면서 행간에는 가난을 벗어나기 위해 열심히 살리라 하면서도, 나이가 들어가면서 불로장생의 꿈을 버리지 못하는 이중적인 갈등 구조를 그대로 보여 주고 있다.

내가 도연명에 대한 전체 문장을 다 꼼꼼히 살펴보리라고 생각했던 것은 꽤 오래 되었다. 그러나 젊은 날에는 다른 문장에 심취하여 세월을 보내다가 이제는 안되겠다 싶어 모아둔 자료를 꺼내어 보았더니 쉬운 문장이 아니었을 뿐더러 내가 가지고 있던 도연명에 대한 생각과 많이 차이가 남을 느꼈다.

즉 어릴 때 배웠던 뛰어난 문장만이 그의 전체인 양 여겼던 것이, 처음부터 살펴보니 매우 도가적道家的이면서도 동시에 유가적儒家的이며, 전원생활의 꿈을 마음 놓고 누렸을 풍요로운 시골 시인인 줄 알았는데 도리어 가난과 가정적 고통에 몸부림을 친 불쌍한 작가에 불과한 것이었다.

이에 우선 시문을 모두 섭렵하고 나서 다시 학문적인 문제에 얽혀 있는 〈오효전찬〉과 〈성현군보록〉, 〈팔유·삼목〉은 도연명과 관련이 없는 것으로 그의 문집에 실림으로 해서 혼효混淆를 빚었던 것이기는 하나 이왕이면 역주를 하여 자료로 제공할 수밖에 없다는 생각을 하게 되었다.

이리하여 전체를 모두 빠짐없이 역주를 하고 출전의 원전을 찾아 대조하였으며 각주를 활용하여 가능한 한 후인들의 학습과 연구에 도움이 될 수 있는 책으로 꾸미고자 해 보았다.

그러나 어찌 실제 살아 겪었던 옛 시인의 삶과 문학을 나의 둔천鈍淺한 재능으로 그 췌화萃華의 맛을 다 보았다 하겠는가? 그럼에도 한편으로는 이렇게 살았던 시인의 꿈을 나도 꿀 수 있었고, 그렇게 고통스러웠던 일생을 나도 견뎌낼 수 있으리라는 작은 다짐이 소득이라면 곧 소득이라 자위한다.

이미 도연명에 관심을 가지고 많은 저술과 학문적 업적을 쌓은 박아군자博雅君子의 질책과 사교賜敎을 기다린다.

줄포茁浦 임동석이 취벽헌醉碧軒에서 적음.

일러두기

1. 이 책은 《도연명집교전陶淵明集校箋》 양용楊勇(著) 성위출판사(成偉出版社, 1975, 臺灣 臺北)를 바탕으로 전체를 빠짐없이 역주한 것이다. 이 책은 〈오효전五孝傳〉과 〈성현군보록聖賢羣輔錄〉(上下), 〈팔유八儒·삼묵三墨〉 등을 모두 집주하여 아주 유용한 자료로 활용하였다.

2. 국내외 번역본도 수집하여 참고하였으며 큰 도움을 받았다. 특히 《신역 도연명집新譯陶淵明集》(溫洪隆, 三民書局, 2004, 臺灣 臺北)은 구체적인 주석과 번역에 많은 참고 내용을 제공해 주어 결정적인 참고자료로 널리 활용하였다. 그러나 거의 모든 번역본(백화어 포함)에서는 〈자제문〉까지만 번역(역주)하고 있으며 〈오효전五孝傳〉과 〈성현군보록聖賢羣輔錄〉(上下), 〈팔유八儒·삼묵三墨〉은 다루지 않고 있다.(다만 車柱環 〈韓譯本〉은 다루기는 하였으나 注는 없음) 이는 이 문장들은 도연명의 작품이나 저술이 아닌 것으로 이미 판명되었기 때문이기는 하나, 이공환李公煥의 《도집陶集》 이후로 《도연명집》에 수록되어 있어, 본 역자는 에에 대한 연구 자료 제공의 의미로 모두 상주詳註하고 번역하였다.

3. 모든 문장은 일련번호를 부여하여 연구와 검색에 용이하도록 하였다.

4. 시문은 각 구절은 한 줄로 표현하되 원문은 두 줄로 제시하였다.

5. 각주 다음에 참고 및 관련자료 항목을 두어 번역에서 다루지 못한 내용을 원전을 찾아 일일이 제시하여 연구와 이해에 도움이 되도록 하였다.

6. 시는 함축적인 의미가 강하여 번역에 직통이 어려워 일부 의역을 하였다. 이에 대하여는 각주와 참고자료를 활용하여 대조하기 바란다.

7. 역대로 도연명의 시로 잘못 전해진 3편의 시는 말미에 『부기附記』란을 두어 이를 풀이하고 설명하였다.

8. 부록에는 역대 도연명에 대한 서발序跋과 자료, 정사正史의 도연명전陶淵明傳을 모두 원문으로 실어 연구자의 도움을 삼을 수 있도록 하였다.

9. 사고전서四庫全書《수신후기搜神後記》는 도잠陶潛(撰)으로 표기되어 이제껏 전해오고 있다. 이는 이미 도연명의 작품이 아닌 것으로 확정, 판명이 나 있다. 그러나 이 역시 자료로 활용할 수 있다고 여겨 부록에 그 원문을 표점 처리하고 일련번호를 부여하여 게재하였다. 연구자의 참고로 활용하기를 기대한다.

10. 이 책을 역주함에 참고한 주요 문헌은 아래와 같다.

❀ 참고문헌

1. 《陶淵明集校箋》楊勇(著) 成偉出版社 1975 臺灣 臺北.

2. 《陶淵明集》吳澤順(編注) 岳麓書社 1996 湖南 長沙.

3. 《新譯陶淵明集》溫洪隆(註譯) 三民書局 2004 臺灣 臺北.

4. 《陶淵明集全譯》郭維森·包景誠(譯註) 貴州人民出版社 1992 貴州 貴陽.

5. 《陶淵明集譯注》孟二冬(注譯) 吉林文史出版社 1996 吉林 長春.

6. 《陶淵明詩文譯釋》劉繼才·閔振貴(編著) 黑龍江人民出版社 1997 黑龍江 哈爾濱.

7. 《韓譯陶淵明全集》車柱環(譯) 서울大學校出版部 2001 서울.

8. 《陶淵明全集》이치수(譯註) 문학과 지성사 2005 서울.

9. 《南史》隱逸傳 (二十五史 鼎文書局本)

10. 《宋史》隱逸傳 (二十五史 鼎文書局本)

11. 《晉書》隱逸傳 (二十五史 鼎文書局本)

12. 《文選》梁, 蕭統 上海古籍出版社 1992 上海.

13. 《詩品》梁, 鍾嶸 林東錫(譯註) 學古房 2003 서울.

14. 《搜神後記》陶潛(撰) 四庫全書本

15. 《搜神後記》陶潛(撰) 百子全書本

　　기타 〈십삼경十三經〉, 〈이십오사二十五史〉, 〈사고전서四庫全書〉 관련 자료 및 공구서工具書 등은 생략함.

해제

도연명(陶潛: 365~427)

도연명에 대하여는 더 이상 해설이 췌사贅辭일 정도로 우리나라에도 널리
알려진 시인이다.

그는 진晉·송宋 시기의 시인詩人으로 이름은 연명淵明으로 더 널리 알려져
있으며 일명 잠潛이라고도 한다. 자字는 원량元亮, 사시私諡는 정절靖節. 심양
尋陽(潯陽) 시상柴桑(지금의 江西省 九江市) 출신이다. 그의 증조曾祖인 도간陶侃은
동진東晉의 개국공신開國功臣으로 대사마大司馬 등을 지냈으며 조부祖父는
태수太守를 지내기도 하였다. 아버지는 일찍 죽었고 어머니는 동진東晉 때
명가名家인 맹가孟嘉의 딸이었으며, 도연명은 한 때 주州의 좨주祭酒, 진군鎭軍,
건위참군建威參軍을 지냈으나 팽택령彭澤令이 되자 80여 일 만에 「오두미五斗米」
고사를 남긴 채 낙향하여 〈귀거래사歸去來辭〉를 지은 것으로 알려져 있다.
그 외에 〈전원시田園詩〉와 〈도화원기桃花源記〉, 〈오류선생전五柳先生傳〉 등을
남겨 중국 최고의 전원시인田園詩人으로 추앙되고 있다. 단 《시품詩品》에서는
그의 시를 중품中品에 넣어 당시 시풍詩風과의 차이에서 질박하다는 이유로
낮추고 있음을 알 수 있다. 한국문학韓國文學에도 지대至大한 영향을 미쳐
시조, 가사, 한문 문장에 도연명을 거의 인용하거나 거론하여 은일과 전원의
생활을 표현하는데 원용하였다. 그의 전기는 《진서晉書》(94), 《송서宋書》(93),
《남사南史》(75)에 전하고 있으며, 《도연명집陶淵明集》 여러 판본이 전하고 있다.
(이들에 대한 자료는 부록을 볼 것.)

특히 남조 양나라 때 소명태자昭明太子 소통蕭統이 도연명에 대한 자료를 모아 《도연명집》 8권을 편집하였으나 여기에는 〈오효전五孝傳〉과 〈사팔목四八目〉(聖賢羣輔錄)은 들어 있지 않았다. 그 뒤 북제北齊 때 양휴지陽休之가 처음으로 소통본에 없던 각편의 〈병서〉, 목록 등을 합하여 10권으로 편찬, 이것이 정본으로 널리 알려지게 되었다. 이에 북송 송원헌宋元憲은 《사기私記》에서 "지금 관찬과 사찬의 도연명집 몇 종류를 보았더니 10권으로 되어 있는 것이 있었는데 이는 바로 양휴지가 편찬한 것이다. 나는 그 전후로 수십가의 판본을 보았으나 어느 것이 맞는 것인지 알 수 없었다. 그런데 만년에 이 판본을 얻었으니 전하는 말로 이는 강좌의 옛 책이라 하였다. 그 차례로 보아 가장 잘 된 것이었다"(今官私所行陶集數種: 有十卷者; 卽陽僕射所撰. 余前後所得本僅數十家, 卒不知何者爲是, 晚獲此本, 云出於江左舊書, 其次第最若倫貫者)라 하여 높은 평가를 받았다.

그 외 근세에 전하는 판본으로는 증집曾集, 탕한湯漢, 이공환李公煥 세 사람의 판본이 널리 전해져 왔다. 그러나 이공환은 〈오효전〉과 〈사팔목〉을 더하되 〈사팔목〉은 상하上下로 분권하여 10권으로 만들었다. 이에 따라 도연명의 저술이 아닌 〈오효전〉과 〈사팔목〉이 오류를 범한 채 지금까지 이에 대한 혼란을 가져오게 된 것이다. 그 외에 《도연명집》에 대한 주석에 가한 이들로는 탕한湯漢, 이공환李公煥, 하맹춘何孟春, 오첨태吳瞻泰, 구가수邱家穗, 도주陶澍, 고직古直, 정복보丁福保 등이 있으며 이들 주에 대한 우열이나 특징은 양용楊勇의 《도연명집교전陶淵明集校箋》 자서自序에 자세히 실려 있다.

한편 그의 명자名字에 관한 이론異論에 대하여 왕중汪中은 《시품주詩品注》에서 장연張縯의 말을 빌려 "梁昭明太子傳稱陶淵明字元亮, 或云潛字淵明, 顔延之誄赤云有晉徵士尋陽陶淵明, 以統及延之所書, 則淵明固先生之名, 非字也. 先生作孟嘉傳, 稱淵名先親, 君之第四女, 嘉於先生爲外大父, 先生又及其先親, 義必以名自見, 豈得自稱字哉? 統與延之所書. 可信不疑. 晉史謂潛字元亮, 南史謂潛字淵明, 皆非也. 先生於義熙中祭程氏妹, 亦稱淵明, 至元嘉中對檀道濟之言, 則云潛也何敢望賢. 年譜吳仁傑云在晉名淵明. 在宋名潛, 元亮之字則未嘗易, 此言得之矣"라 하였다.

〈도연명〉

〈陶淵明醉歸圖〉 明 張鵬(그림)

〈도연명〉《三才圖會》

〈陶淵明飲酒圖〉 元 錢選(그림)

欽定四庫全書

陶淵明集卷一

詩四言

晉　陶潛　撰

停雲　并序

劉後村曰四言自曹氏父子王仲宣陸士衡後惟
陶公最高停雲榮木等篇殆突過建安矣又曰四
言尤難以二百五篇在前故也

停雲思親友也罇酒新湛[湛讀曰沈] 園列初榮願
言不從歎息彌襟

靄靄停雲濛濛時雨八表同昏平路伊阻静寄東軒春
酔獨撫良朋悠邈搔首延佇

停雲靄靄時雨濛濛八表同昏平陸成江[二句蓋寓厩阨／回潦塞陵遲谷變之意] 有酒有酒閒飲東窗願言懷人舟車靡從

東園之樹枝條再榮競用新好以招余情[謂相招以事新朝也人]

亦有言日月于征安得促席說彼平生

翩翩飛鳥息我庭柯斂翮閒止好聲相和豈無他人念
子實多願言不獲抱恨如何

高元之旦以停雲名篇乃周詩六義二曰賦
四曰興之遺義也

時運　并序

時運游暮春也春服既成景物斯和偶影獨
游欣慨交心

邁邁時運穆穆良朝襲我春服薄言東郊山滌餘靄宇
曖曖霄有風自南翼彼新苗

洋洋平津乃漱乃濯邈邈遐景載欣載矚[鄙之欲切視也] 稱心
而言人亦易足揮兹一觴陶然自樂

延目中流悠悠清沂[魚依切水名出泰山] 童冠齊業閒詠以歸我
愛其静寐寐交揮但恨殊世邈不可追

斯晨斯夕言息其廬花藥分列林竹翳如清琴横床濁酒
半壺黄唐莫逮慨獨在余[史記曰黄帝為有熊帝堯為陶唐]

湯東澗曰閒詠以歸我愛其静静之為言謂

箋註陶淵明集卷之一

詩四言

劉後村曰四言自曹氏父子王仲宣陸士衡後惟陶公最高停雲榮木等篇殆突過建安矣又曰四言尤難以三百五篇在前故也

停雲

停雲思親友也罇湛新醪〔湛讀曰沉〕園列初榮願言不從歎息彌襟

靄靄停雲濛濛時雨八表同昏平路伊阻靜寄東軒春醪獨撫良朋悠邈搔首延佇

○停雲靄靄時雨濛濛八表同昏平陸成江〔二句蓋寓飄回霧陵還谷變之意〕有酒有酒閒飲東窗願言懷人舟車靡從

○東園之樹枝條再榮競用新好以招余情〔謂相招以事新朝也〕人亦有言日月于征安得促席說彼平生

○翩翩飛鳥息我庭柯斂翮閒止好聲相和豈無他人念子寔多願言不獲抱恨如何

〔版心〕四部叢刊　箋註陶淵明集

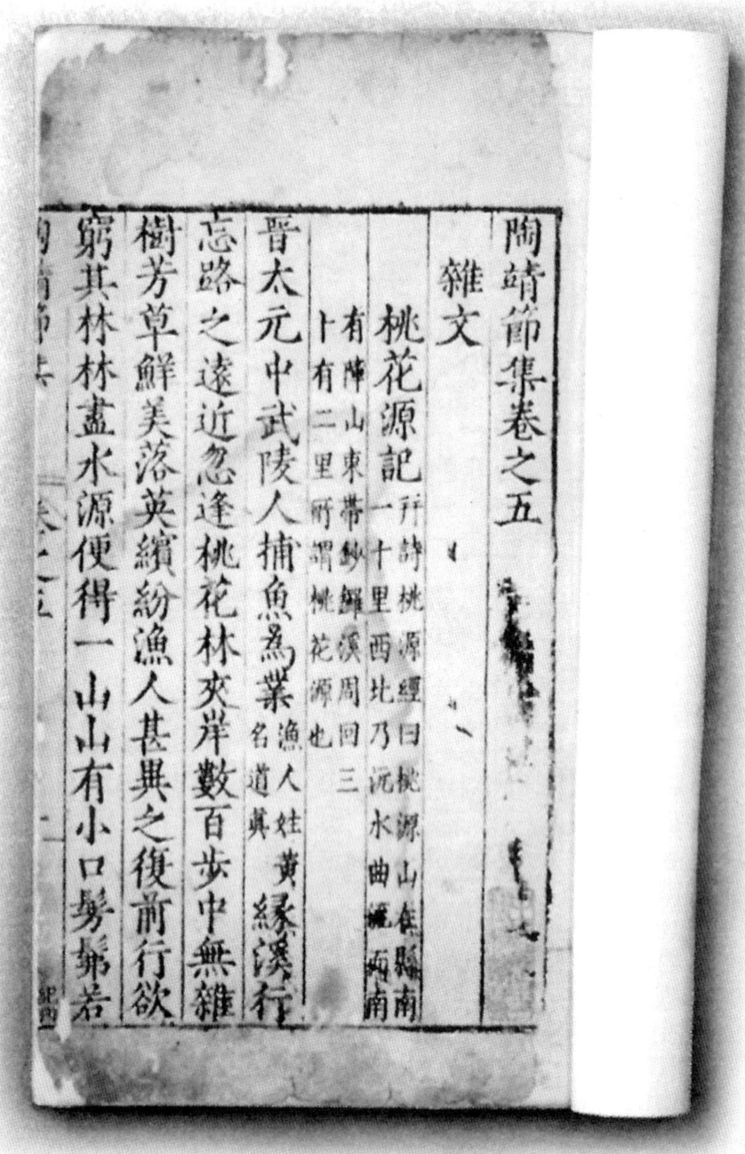

陶靖節集卷之五

雜文

桃花源記并詩　桃源經曰桃源山在縣南一十里西北乃沅水曲沮兩南有陣山東帶鈔鑼溪周回三十有二里所謂桃花源也

晉太元中武陵人捕魚為業〔漁人姓黃名道真〕緣溪行忘路之遠近忽逢桃花林夾岸數百步中無雜樹芳草鮮美落英繽紛漁人甚異之復前行欲窮其林林盡水源便得一山山有小口髣髴若

《陶靖節公集》

차 례

卷七 『소疏·제문祭文』

卷八 『오효전五孝傳』

卷九

卷十

陶淵明集 二

卷一 『시사언詩四言』

卷二 『시오언詩五言』

卷三 『시오언詩五言』

卷六 『기記·전傳·술述·찬贊』

(060 – 065)

〈桃源仙境圖〉 明 仇英(그림) 天津市藝術博物館 소장

060 〈桃花源記〉(并詩)
『도화원기』

　진晉나라 태원太元 연간에 무릉武陵 사람 하나가 물고기를 잡는 것으로 생업을 삼고 있었다. 그는 배를 저어 시내를 따라 가다가 그만 자신이 얼마나 왔는지 길의 원근을 잊고 말았다. 그런데 홀연히 복숭아 숲을 만났는데 양쪽 좁은 언덕 수 백 보에는 다른 잡된 나무는 없고 꽃다운 풀이 곱고 아름다웠으며 떨어지는 꽃잎이 흩날리고 있었다. 어부는 매우 기이하게 여기고 다시 앞으로 더 전진하여 그 숲의 끝까지 가 보고자 하였다. 그런데 숲이 끝나는 곳이 바로 물의 근원지로서 문득 하나의 산이 있었다. 산에는 작은 입구가 있었으며 마치 어떤 빛이 나오는 것 같았다. 곧 타고 온 배를 두고 그 입구로 들어섰더니 처음에는 지극히 좁아 겨우 한 사람이 통행할 정도였다. 다시 수 십 걸음을 나가자 확 트여 훤히 밝아지는 것이었다. 그곳의 토지는 평탄하고 넓었으며 가옥들은 가지런하였다. 비옥한 농토와 아름다운 연못, 그리고 뽕나무, 대나무 등이 있었고 밭 사이의 가로 세로 길은 서로 통하게 연결되어 있었으며 닭과 개 우는 소리가 서로 들리고 있었다. 사람들이 그 가운데를 오가며 농사짓고 있었는데 남녀가 입은 복장은 바깥 세상 사람들의 것과 같았다. 누런 머리칼은 노인이나 머리를 땋아 내려뜨린 어린이가 함께 어울려 저마다 즐거워하고 있었다.

　이들이 어부를 보자 크게 놀라며 어디서 왔는가고 물었다. 모두 갖추어 대답을 하자 문득 그를 요청하여 자신들의 집으로 데리고 가서 그를 위해 술을 마련하고 닭을 잡고 먹을 것을 준비하였다. 촌에서 이런 사람이

왔다는 소문을 듣고 모두가 찾아와 묻기 시작하였다. 그들은 스스로 자신들은 선세先世에 진秦나라 때 난리를 피하여 처자와 읍 사람들을 이끌고 이처럼 세상과 끊어진 곳에 왔으며 다시는 밖으로 나가지 않았다고, 그리하여 드디어 바깥 인간 세상과는 격리된 것이라 말하였다. 그리고는 지금은 어떤 세상인가를 물었으며 한漢나라가 있었음은 물론 위魏나라, 진晉나라가 있었다는 것을 전혀 모르고 있었다. 이 사람은 일일이 자신이 들은 바를 말로 갖추어 해 주자 모두가 탄식하며 놀라워하였다. 나머지 사람들은 각각 다시 자신들의 집으로 초대하여 모두가 술과 음식을 내놓았다.

이렇게 며칠을 머문 다음 떠나게 되었는데 그 중 어떤 사람이 이렇게 부탁하였다. "바깥 사람들에게 말할 것이 못됩니다."

이윽고 그곳을 나와 옛날 배를 찾아 곧바로 지난날 들어오던 길을 따라 오면서 곳곳에 표시를 해 두었다. 그리고 군郡에 이르러 태수를 찾아가서는 자신이 겪었던 일이 이와 같았음을 설명하였다. 태수는 즉시 사람을 보내어 그가 갔던 곳을 따라가 전에 표시해둔 곳을 찾도록 하였으나 끝내 길을 잃고 더 이상 가는 길을 찾지 못하고 말았다.

남양南陽의 유자기劉子驥는 고상한 선비로서 이를 듣고 흔연히 그곳을 찾아갈 계획을 세웠으나 실행에 옮기지 못한 채 얼마 뒤 병이 들어 생을 마치고 말아, 드디어 다시는 그 곳을 묻는 자가 없어지고 말았다.

晉太元中, 武陵人捕魚爲業, 緣溪行, 忘路之遠近, 忽逢桃花林. 夾岸數百步, 中無雜樹, 芳草鮮美, 落英繽紛, 漁人甚異之. 復前行, 欲窮其林. 林盡水源, 便得一山. 山有小口, 髣髴若有光; 便捨船從口入. 初極狹, 纔通人; 復行數十步, 豁然開朗. 土地平曠, 屋舍儼然, 有良田美池桑竹之屬; 阡陌交通, 鷄犬相聞. 其中往來種作, 男女衣著, 悉如外人; 黃髮垂髫, 並怡然自樂. 見漁人, 乃大驚; 問所從來, 具答之. 便要還家, 爲設酒殺鷄作食. 村中聞有此人, 咸來問訊. 自云先世避秦時亂, 率妻子邑人來此絶境, 不復出焉; 遂與外人間隔. 問今是何世, 乃不知有漢, 無論魏晋. 此人一一爲具言所聞, 皆歎惋. 餘人各復延至其家, 皆出酒食. 停數日, 辭去. 此中人語云:「不足爲外人道也.」旣出, 得其船, 便扶向路, 處處誌之. 及郡下, 詣太守說如此. 太守卽遣人隨其往. 尋向所誌, 遂迷不復得路.

南陽劉子驥, 高尙士也. 聞之, 欣然規往. 未果, 尋病終, 後遂無問津者.

진나라가 천하의 질서를 어지럽히자
어진 사라들은 그 세상을 피하였네.
하황공과 기리계는 상산으로 가고
여기 이 사람들도 역시 그 때 떠나왔다 하네.
지나간 자취 점차 묻히고 인멸되어
왔던 길도 드디어 황무한 폐허가 되고 말았네.
서로 불러모아 농사일에 힘쓰고
해지면 해 따라 함께 돌아와 쉬었지.
뽕나무 대나무는 짙은 그늘 이루어 주고
콩과 기장은 때에 맞게 경작하고
봄누에 거두어 긴 실을 뽑아 내고
가을이면 수확해도 바칠 세금 없었다네.
황폐한 길은 내왕하기 가물가물,
닭과 개는 서로 울고 짖고 소리 응답하네.

제사 지내는 법 옛 법대로 간직하고

입은 복장도 새로운 유행 없었다네.

아이들은 마음대로 돌아다니며 노래하고

머리 희끗희끗 늙은이는 즐겁게 놀며 쉬네.

꽃이 피고 풀이 푸르면 계절이 봄인 줄 아는 것이요,

나뭇잎이 지면 바람이 매운 줄 알 뿐,

비록 책력이나 기록 없어도

네 계절은 바뀌어 스스로 한 해를 이루는 것.

기쁘고도 끝없는 즐거움까지 있으니

어찌 지혜를 노고롭게 쓰리오!

기이한 행적 오백 년 숨었다가

하루 아침 그 신선 세계 드러났네.

순박함과 경박함은 그 근원이 다른 것,

그 곳은 다시 급히 숨겨지고 말았네.

묻노라 세속의 유람하는 방사여,

어찌 티끌 밖 다른 세상 있음을 헤아리기나 하였겠소!

원컨대 가벼운 바람 밟아 타고 높이 올라

뜻 맞는 그곳 나는 찾아가고 싶네

嬴氏亂天紀, 賢者避其世.

黃綺之商山, 伊人亦云逝.

往跡浸復湮, 來逕遂蕪廢.

相命肆農耕, 日入從所憩.

桑竹垂餘蔭, 菽稷隨時藝.

春蠶收長絲, 秋熟靡王稅.

荒路曖交通, 鷄犬互鳴吠.

俎豆猶古法, 衣裳無新製.

童孺縱行歌, 斑白歡遊詣.

草榮識節和, 木衰知風厲.

雖無紀曆誌, 四時自成歲.

怡然有餘樂, 於何勞智慧!

奇蹤隱五百, 一朝敞神界.

淳薄旣異源, 旋復還幽蔽.

借問游方士, 焉測塵囂外!

願言躡輕風, 高擧尋吾契.

【桃花源】 복사꽃이 떨어져 물에 떠내려오는 곳의 근원이라는 뜻이다. 그러나 구체적으로 어디인지는 알 수 없으며 많은 이들이 억측으로 지정한 곳들이 있다. 혹은 湖南省 桃源縣에 桃花源의 舊址가 있다고 하나 이는 믿을 수는 없다. 沈德潛은 《古詩源》(8)에서 "此卽羲皇之想也, 必辨其有無, 殊爲多事"라 하였다.

【太元】 東晉의 9대 황제인 武帝 司馬曜의 연호. 376~396년에 해당함.

【茂陵】 군 이름. 지금의 湖南 常德市 경내.

【捕魚爲業】 이 漁父의 이름을 《搜神後記》 주에는 "漁人姓黃名道眞"라 하여 黃道眞이라 함.

【繽粉】 흩날림. 雙聲連綿語.

【髣髴】 '彷佛'로도 표기하며 매우 흡사함을 뜻하는 쌍성연면어.

【纔】 '才'로도 쓰며 '겨우'(僅)의 뜻.

【儼然】 질서정연한 모양.

【黃髮】 장수한 노인들을 가리키는 말. 《詩經》 魯頌 閟宮에 "俾爾壽而康, 黃髮台背"라 함.

【垂髫】 髫는 어린 아이들이 머리를 묶은 모습. 이를 늘어뜨린 나이. 어린아이를 가리킴.

【便要還家】 '要'는 '邀'와 같음.

【秦時亂】 秦나라 말기 천하의 대란. 秦始皇의 학정을 뜻함.

【向路】 '向'은 '嚮'과 같음. 지난날 갔던 길.

【南陽】 당시 南陽國. 제후국의 이름으로 荊州에 속했으며 그 아래 40여 縣을 관할하고 있었음.

【劉子驥】 劉驎之. 자는 子驥. 남양 사람으로 산수 유람을 좋아하였으며 은둔에 뜻을 두어 衡山에서 약을 캐던 중 계곡에서 창고처럼 생긴 바위 두 개를 만나 건널 수 없어 길을 잃었다가 나무꾼을 만나 겨우 돌아올 수 있었다 함. 그는 그 바위 속에 온갖 神仙의 方藥이 들어 있었음을 떠 올려 다시 찾아갔으나 찾지 못하였다고 함.《晉書》隱逸傳 참조.

【規往】 일부 本에는 '親往'으로 되어 있음. 錢鍾書의《管錐編》(4)에 "焦本云: 一作親, 非. 是也. 欲往可曰未果, 親往則身旣往, 不得言未果矣"라 함.

【問津】 나루터를 물음. '길을 묻다, 관심을 보이다'의 뜻.《論語》微子篇에 "長沮·桀溺耦而耕, 孔子過之, 使子路問津焉. 長沮曰:「夫執輿者爲誰?」子路曰: 「爲孔丘.」曰:「是魯孔丘與?」曰:「是也.」曰:「是知津矣.」"라 함.

【嬴氏】 진나라를 가리킴. 진나라 선조가 제순으로부터 嬴姓을 하사받았으며 秦始皇의 이름이 嬴政이었음. 그 아들 이 胡亥(二世) 때 천하대란으로 이 곳 사람들이 난을 피하여 이곳에 와서 살게 되었음을 말함.

【天紀】 天道紀綱. 정상적인 사회정치질서를 가리킴.

【黃綺】 商山四皓인 夏黃公과 綺里季. 그 외에 角里先生, 東園公 등과 함께 상산에 들어가 숨어 살았던 사람들. 참고란을 볼 것. 皇甫謐의《高士傳》, 《新序》善謀篇,《史記》留后世家 등에 그 일화가 실려 있음.

【商山】 지금의 陝西 商縣 동남에 있는 산.

【伊人】 이 사람들.

【相命】 서로 부름.

【從所憩】 서로 따르며 편히 쉼.

【藝】 김매고 농사짓는 일.

【雞犬】 노자 80장에 "甘其食, 美其服, 安其居, 樂其俗, 鄰國相望, 雞犬之聲相聞, 民之老死, 不相往來"라 함.

【俎豆】 고대 제사의 상차림을 말함. 제사와 예를 뜻함.

【斑白】 '班白'으로 표기된 판본도 있음. 머리가 희끗희끗한 나이를 뜻함.

【紀曆】 세시와 시간을 계산하여 기록하는 달력. 冊曆.

【餘樂】 끝없는 즐거움.

【勞智慧】 지혜를 노고롭게 사용함.《老子》에 "智慧出, 有大僞"라 함. 태평성대

에는 지혜를 사용하지 않아도 넉넉히 살 수 있었으며 사람의 경쟁과 혼란
에서 지혜가 생겨났다고 믿어 지혜라는 의미를 부정적으로 본 것임. 이는
老莊 思想의 근간임.

【五百】진나라로부터 동진 때까지 5백여 년이 됨.

【淳薄】도화원 안에 사는 사람들은 淳朴하며 밖에 사는 사람들은 輕薄함.

【游方士】方外之人(方士)과 方內之人(俗人)을 가리킴.《莊子》大宗師에 孔子가
"彼遊方之外者, 而丘遊方之內者"라 함.

【塵囂】티끌 세상의 시끄러움.

【高擧】높이 날아 은둔함.

【吾契】나와 뜻을 같이 하는 사람.

참고 및 관련 자료

1. 이는《搜神後記》(卷一)도 실려 있으며 도연명의 작품 중에 理想鄕, 武陵
桃源, 유토피아로 널리 알려진 글이다. 그러나 洪邁의《容齋隨筆》(三筆, 10권)
에는 "乃寓意於劉裕, 託之於秦, 借以爲喩"라 하여 劉裕(南朝 宋 武帝)의 晉나라
찬탈을 진시황에 비유한 정치적인 뜻이 들어 있다는 것이라고도 하였다.

2.《高士傳》(皇甫謐) (卷中) 四皓: 027의 주를 볼 것.

3.《史記》索隱

四人, 四皓也. 謂東園公·倚里季·夏黃公·角里先生. 按: 陳留志云:「園公姓庾,
字宣明, 居園中, 因以爲號. 夏黃公姓崔名廣, 字少通, 齊人, 隱居夏里修道, 故號
曰夏黃公. 角里先生, 河內軹人. 太伯之後, 姓周名術, 字元道. 京師號曰霸上
先生, 一曰角里先生.」又孔安國秘記作祿里. 此皆王劭據崔氏·周氏系譜及陶
元亮四人目而如此說.

061 〈晉故征西大將軍長史孟府君傳〉(幷贊)
『진나라 정서대장군 환온의
장사 벼슬을 지낸 외조부 맹부군의 전기』

　외조부는 휘는 가嘉이며 자는 만년萬年, 강하군江夏郡 맹현鄳縣 사람이다. 그분의 증조부는 성함이 종宗이며 효행으로 이름이 알려졌고 오吳나라의 사공司空이셨다. 조부는 성함이 읍揖이며 원강元康 연간에 여릉태수廬陵太守를 지내셨다. 맹종孟宗은 무창군武昌郡 신양현新陽縣에 묻히셨는데 자손들이 그곳에서 일가를 이루어 드디어 그 현의 사람들이 되었다.

　증조께서는 일찍 아버지를 여의고 어머니를 봉양하며 두 아우와 함께 살았다. 그는 대사마大司馬 장사환공長沙桓公이신 도간陶侃의 열 번째 따님을 아내로 맞았는데 이 아내는 가정에서는 효성스럽고 우애가 있었으며 누구도 흠을 잡을 수 없을 정도여서 그 고을에 칭송을 받았다.

　증조부는 충묵沖黙한 성격에 원대한 도량이 있어 약관弱冠에 그 같은 또래의 무리들이 모두 그를 존경하였다. 같은 군의 곽손郭遜은 청렴하고 절조 있기로 이름이 높아 당시 증조부보다 더 알려진 분이었으나 항상 증조부의 온아溫雅하고 평광平曠함을 찬탄하며 자신은 그에 미치지 못할 것이라 여겼다. 곽손의 종제 곽립郭立도 또한 재능과 지조가 있어 증조부와 함께 당시 나란히 칭송을 받았으나 매번 증조부를 추천하며 감복하였다. 이로부터 증조부의 명성은 그 고을에 첫째였으며 서울建康에까지 그 명성이 전해지게 되었다.

　태위太尉였던 영천潁川 사람 유량庾亮은 당시 황제의 외삼촌으로서 백성들의 신망을 받고 있었으며 아주 높은 직책을 받아 무창武昌을 진수하면서 아울러 강주江州까지 다스리고 있었다. 이에 유량은 증조부를 불러 여릉군廬陵郡의 종사從事로 발탁하였다. 한번은 증조부가 여릉에서 무창으로 돌아오자 유량은 그를 맞아 접견하면서 여릉의 풍속과 민정의 득실을 질문하였다. 그러자 증조부는 이렇게 대답하였다.

"저는 잘 모릅니다. 전사傳舍에 돌아가 종리從吏에게 물어 보겠습니다."

그러자 유량은 주미麈尾로 입을 가리고 웃는 것이었다. 여러 종사들이 이미 떠나자 유량은 아우 유익庾翼을 불러 이렇게 말하였다.

"맹가는 본래 풍부한 덕을 갖춘 사람이로다."

증조부는 이윽고 인사를 하고 밖으로 나와서는 스스로 종사의 관직을 벗어 버리고 곧바로 걸어서 집으로 돌아왔다. 마침 어머니는 댁에 계셨으며 형제들은 모두가 그를 맞아 즐겁게 여겨 기쁨을 나누었다.

열흘이 넘어 다시 증조부께서는 권학종사勸學從事로 임명장을 받았다. 당시 유량은 학교學校 세우기를 중시하여 고매한 유관儒官을 선발하였는데 증조부께서는 명망이 실질에 맞아 그 때문에 덕을 숭상하는 이러한 직책에 천거되신 것이다. 태부太傅 하남河南 출신 저부褚裒는 간약하고 화덕하며 기량과 식견이 있어 당시 예장태수豫章太守였는데 예장을 떠나 유량에게 정무를 보고하러 와 있었다. 정월 초하루 조회가 열렸을 때 각 주부州府의 인사들이 모였는데 거의가 당시 이름 있는 인사들이었다. 증조부도 자리의 차례에 따라 먼 위치에 앉았는데 저부가 유량에게 이렇게 물었다.

"강주江州에 맹가라는 분이 있다던데 그는 지금 어디 있소?"

유량이 이렇게 대답하였다.

"자리에 앉아 있소. 그대가 스스로 찾아 보시오."

저부는 죽 훑어보다가 드디어 손가락으로 증조부를 가리키며 유량에게 이렇게 말하였다.

"바로 저분이 아닙니까?"

유량은 즐거워하며 웃었다. 저부가 증조부를 찾아낸 것을 즐겁게 여긴 것이며 증조부가 저부의 눈에 띈 것을 기이하게 여긴 것이다. 이에 유량은 증조부를 더욱 큰 그릇으로 여기게 되었다. 이리하여 수재秀才로 천거하였고 다시 안서장군安西將軍 유익庾翼의 관부官府 공조功曹가 되었으며 재차 강주별가江州別駕를 거쳐 파구령巴丘令, 정서대장군征西大將軍 초국譙國사람 환온桓溫의 참군參軍이 되신 것이다.

증조부는 표정이 온화하시되 엄정하여 환온은 그를 아주 아끼셨다.

9월 9일 환온이 용산龍山으로 나들이 하셨는데 참좌參佐들이 모두 모였다. 그의 동생 넷과 조카 둘도 모두 그 자리에 있었다. 당시 좌리佐吏들은 모두 군복을 입고 있었는데 마침 바람이 불어 증조부의 모자가 날려 땅에 떨어지고 말았다. 환온은 좌우와 빈객들에게 일러주지 말도록 눈짓을 하고는 그가 어떤 행동을 취하는가를 보고 있었다. 증조부는 처음에는 이를 눈치채지 못하고 한참 후에 변소에 가게 되었는데 환온은 그제야 모자를 되돌려 주도록 명하였다. 정위廷尉 태원太原사람 손성孫盛이 자의참군諮議參軍으로서 그 때 그 자리에 함께 있었는데 환온은 손성에게 지필을 가지고 와서 글을 지어 증조부를 희롱해 보도록 하였다. 문장이 이루어지자 이를 환온에게 보여 주었더니 환온은 그 글을 증조부가 앉았던 자리에 놓아두도록 하였다.

증조부께서 돌아와 이를 보고 웃고는 붓으로 답을 쓰겠노라 청하였다. 그러면서 조금도 생각을 할 겨를도 없이 그 문장이 뛰어나고 탁월하여 앉았던 사람들이 모두 탄복하였다.

사신의 임무를 띠고 서울로 와서 상서산정랑尙書刪定郎에 임명되었으나 이를 받지 아니하였다. 효종목황제孝宗穆皇帝께서 증조부의 명성을 듣고 그를 동당東堂에서 접견할 수 있는 기회를 내려주셨다. 증조부께서는 다리에 질환이 있어 절하고 다시 일어날 수 없는 몸이라 하여 사양하였다. 그러자 황제는 사람을 시켜 증조부를 부축하여 들어오도록 하였다.

증조부께서는 일찍이 자사刺史 사영謝永의 별가別駕를 한 적이 있다. 사영은 회계會稽사람으로 그가 죽자 증조부께서는 휴가를 얻어 조문을 가시던 중에 영흥永興을 경과하게 되었다. 고양高陽사람 허순許詢은 재능이 뛰어났으나 영화를 마다하고 벼슬을 아니하고 있었다. 그는 매번 마음대로 홀로 가고 싶은 곳을 떠돌아 다녔는데 나그네 신분으로 그곳 현의 경내에 머물고 있었다. 일찍이 그는 배를 타고 그 부근을 지나다가 마침 증조부를 만나보고는 이렇게 감탄하였다.

"도읍의 훌륭한 인사란 내 모두 알고 있는데 유독 이 사람만 몰랐구나. 단지 듣기로만 중주中州에 맹가라는 자가 있다 하였는데 혹시 이 사람이 아니겠는가? 그러나 그가 어찌 이곳을 경유하게 되었을까!"

그리고는 사람을 시켜 증조부의 시종에게 물어 보도록 하였다. 이에 증조부는 그 심부름 온 자에게 이렇게 말하였다.

"본래 마음속으로 한 번 찾아뵙고 싶었습니다. 지금 우선 조문을 가는 중이니 머지 않아 돌아오는 길에 들르도록 하겠습니다."

그리고 돌아오는 길이 드디어 그 곳에 머물러 이틀을 묵으셨는데 고아한 인품들이 서로 잘 통하여 마치 오래 사귄 사이 같았다.

환온에게로 돌아와서 다시 종사중랑從事中郎으로 전임되셨다가 얼마 뒤 장사長史 직책으로 옮기셨는데 그 막부에서 온화한 모습을 보이셨으며 공정함과 순리에 의하여 일을 처리할 뿐이셨다. 집에는 잡된 빈객이 찾아 오는 경우가 없었으며 일찍이 특별한 신정神情이 솟아나 홀로 느낌이 있을 때 문득 초연히 수레를 준비시켜 곧장 지름길로 용산으로 가서 그곳 경치를 돌아보며 술로 즐기다가 저녁이 되어서야 돌아온 적이 있었다. 환온이 조용히 이렇게 말하였다.

"사람이란 권세가 없을 수 없으니 내 이 때문에 능히 그대를 불러올 수 있었던 것입니다."

뒤에 증조부는 질환이 있어 집에서 생을 마치셨으니 그 때 51세셨다.

처음 머리를 묶는 나이부터 50에 이르도록 행동에는 구차하게 남에게 영합함이 없었으며 언어는 자랑함이 없으셨다. 일찍이 희온喜慍의 표정을 얼굴에 나타낸 적이 없었으며 술을 좋아하셨지만 많이 드실수록 더욱 흐트러짐이 없으셨다. 품은 뜻에 맡겨 득의得意하실 때면 융연融然히 세상 밖에 기탁하셨고 그 때는 곁에 아무도 없는 듯이 하셨다. 환온이 일찍이 증조부께 이렇게 물으셨다.

"술은 어떤 좋은 점이 있기에 그대는 그렇게도 즐기는 것입니까?"

그러자 증조부께서는 웃으면서 이렇게 대답하셨다.

"명공明公께서는 그 많은 것 중에 오로지 술 속의 아취만은 모르시는군요!"

환온이 다시 기녀의 음악을 들을 때 현악기 소리는 관악기만 못하고 관악기 소리는 육성만 못한 이유를 질문하자 증조부께서는 이렇게 대답하셨다.

"점점 자연에 가깝기 때문이지요."

중산대부中散大夫 계양桂陽 사람 나함羅含이 부賦를 지어 이렇게 읊었다.

"맹가는 술을 좋아하였지만 그 본성에 허물 되지는 않았도다."

광록대부光祿大夫 남양南陽사람 유탐劉耽은 옛날 증조부와 함께 환온의 막부에서 일하였는데 나 연명淵明의 종부從父 태상경太常卿 도기陶夔께서 일찍이 유탐에 이렇게 물어본 적이 있었다.

"맹가께서 지금 살아 있다면 의당 삼공三公쯤은 되지 않았겠소?"

그러자 유탐은 이렇게 대답하였다.

"이 사람은 본래 삼사三司에 해당될 인물이었지요."

당시 그분께서 존중을 받음은 이와 같았던 것이다.

나 연명의 선친 어머님은 바로 그분의 넷째 따님이셨다.《시경》개풍凱風편의 한천寒泉의 구절처럼 어머니에 대한 그리움이 진실로 내 가슴에 모여든다. 삼가 증조부의 행사行事를 살피고 채록하여 이 전傳을 짓는다. 두렵기는 혹 어그러지고 오류가 있어 대아군자大雅君子의 덕에 손상이 가지나 않을까 하는 점이다. 그 때문에 전전긍긍戰戰兢兢하여 마치 얇은 얼음 위를 걷듯, 깊은 못 앞에 서 있듯이 조심스러울 뿐이다.

君諱嘉, 字萬年, 江夏鄳人也. 曾祖父宗, 以孝行稱, 仕吳司空. 祖父揖, 元康中爲廬陵太守. 宗葬武昌新陽縣, 子孫家焉; 遂爲縣人也. 君少失父, 奉母, 二弟居. 娶大司馬長沙桓公陶侃第十女, 閨門孝友, 人無能間, 鄉閭稱之. 沖默有遠量, 弱冠, 儔類咸敬之. 同郡郭遜, 以淸操知名, 時在君右; 常歎君溫雅平曠, 自以爲不及. 遜從弟立, 亦有才志, 與君同時齊譽, 每推服焉. 由是名冠州里, 聲流京邑.

太尉潁川庾亮, 以帝舅民望, 受分陝之重, 鎮武昌, 並領江州, 辟君部廬陵從事. 下郡還, 亮引見, 問風俗得失; 對曰:「嘉不知, 還傳當問從吏」亮以塵尾掩口而笑. 諸從事旣去, 喚弟翼語之曰:「孟嘉故是盛德人也」

君旣辭出外, 自除吏名, 便步歸家; 母在堂, 兄弟共相歡樂, 怡怡如也. 旬有餘日, 更版爲勸學從事. 時亮崇修學校, 高選儒官, 以君望實, 故應尚德之舉. 太傅河南褚裒, 簡穆有器識, 時爲豫章太守, 出朝宗亮, 正旦大會, 州府人士, 率多時彥, 君在坐次甚遠, 裒問亮:「江州有孟嘉, 其人何在?」亮云:「在坐, 卿但自覓」裒歷觀, 遂指君謂亮曰:「將無是耶?」亮欣然而笑. 喜裒之得君, 奇君爲裒之所得; 乃益器焉. 舉秀才, 又爲安西將軍庾翼府功曹, 再爲江州別駕, 巴丘令, 征西大將軍譙國桓溫參軍.

君色和而正, 溫甚重之. 九月九日, 溫游龍山, 參佐畢集. 四弟二甥咸在坐. 時佐吏並著戎服, 有風吹君帽墮落, 溫目左右及賓客勿言, 以觀其舉止. 君初不自覺, 良久如厠, 溫命取以還之. 廷尉太原孫盛爲諮議參軍, 時在坐, 溫命紙筆, 令嘲之. 文成示溫, 溫以著坐處; 君歸, 見嘲笑, 而請筆作答. 了不容思, 文辭超卓, 四座歎之.

奉使京師, 除尚書刪定郎, 不拜. 孝宗穆皇帝聞其名, 賜見東堂; 君辭以脚疾, 不任拜起, 詔使人扶入. 君嘗爲刺史謝永別駕; 永, 會稽人, 喪亡, 君求赴義. 路由永興, 高陽許詢有雋才, 辭榮不仕, 每縱心獨往, 客居縣界; 嘗乘船近行,

適逢君過. 歎曰:「都邑美士, 吾盡識之, 獨不識此人; 唯聞
中州有孟嘉者, 將非是乎? 然亦何由來此!」使問君之從者,
君謂其使曰:「本心相過, 今先赴義, 尋還就君.」及歸, 遂止
信宿; 雅相知得, 有若舊交. 還至, 轉從事中郎, 俄遷長史;
在朝隤然, 仗正順而已. 門無雜賓, 嘗會神情獨得, 便超然
命駕, 逕之龍山; 顧景酣宴, 造夕乃歸. 溫從容謂君曰:「人不
可無勢, 我乃能駕御卿.」後以疾終於家, 年五十一.

　始自總髮, 至於知命, 行不苟合, 言無夸矜; 未嘗有喜慍
之容. 好酣飲, 逾多不亂; 至於任懷得意, 融然遠寄, 傍若
無人. 溫嘗問君:「酒有何好, 而君嗜之?」君笑而答曰:「明公
但不得酒中趣爾!」又問聽妓絲不如竹, 竹不如肉; 答曰:
「漸近自然.」中散大夫桂陽羅含賦之曰:「孟生善酣, 不愆
其意.」光祿大夫南陽劉耽, 昔與君同在溫府, 淵明從父大常
夔嘗問耽:「君若在, 當已作公不?」答云:「此本是三司人.」
爲時所重如此.

　淵明先親, 君之第四女也; 凱風「寒泉」之思, 實鍾厥心.
謹按採行事, 撰爲此傳. 懼或乖謬, 有虧大雅君子之德, 所以
戰戰兢兢, 若履深薄云爾.

고자 하였었음. 시호는 武侯. 그의 아들 桓玄이 드디어 제위를 찬탈하여
楚나라를 세운 다음 아버지 환온을 宣武皇帝로 추존함.《晉書》(99)에 전이
있음.

【長史】 환현의 長史. 孟嘉가 환온의 부하로서 장사의 직위를 담당하였었음.

【府君】 漢魏 이래 벼슬한 자를 부르는 존칭의 칭호. 孟嘉는 원래 도연명의
이미 죽은 外祖父로서 존경의 칭호를 붙인 것임.

【江夏】 군 이름. 지금의 湖北 安陸.

【鄳】 일부 판본에는 鄂으로 되어 있으나 江夏郡에 鄳縣은 있으나 鄂縣은
없어 잘못 기록된 것으로 여김.

【司馬】 벼슬 이름. 그러나 다른 기록에는 모두 '司空'으로 되어 있음. 사공은
토목공사를 담당하는 직책.

【元康】 西晉 惠帝 司馬衷의 연호. 291년부터 299년까지.

【廬陵】 지명, 군 이름. 치소는 石陽. 지금의 江西 吉水縣.

【武昌】 군 이름 치소는 지금의 湖北 鄂城.

【新陽縣】 陽新縣의 오기. 무창에 陽新縣이 있으나 新陽縣은 없음. 지금의
湖北 陽新縣.

【大司馬】 관직 이름. 남북조 때 大將軍과 병칭되었으며 三公의 지위보다
높았음.

【長沙桓公】 陶侃이 晉나라 벼슬하면서 큰 공을 세워 일찍이 長沙郡公에
봉해졌으며 죽은 뒤 大司馬에 추증되었고 시호는 桓이었음,

【陶侃】 도연명의 증조부. 259~334. 자는 士行 혹은 士衡. 본래 鄱陽 사람이
었으나 뒤에 潯陽(지금의 九江)으로 이주하였음. 진나라 內亂을 안정시킨
공로로 각 곳의 刺史·侍中·太尉·都督 등을 지냈으며 長沙郡公에 봉해짐.
《晉書》(66)에 전이 있음.

【弱冠】 나이 20. 성년이 되었음을 말함. 禮記 曲禮(上)에 "二十曰弱, 冠"이라 함.

【儔類】 같은 나이 또래.

【郭遜】 인명. 구체적인 사적은 미상.

【推服】 추앙하여 복종함. 잘 따름. 칭찬하고 탄복함.

【京邑】 東晉의 수도 建康. 지금의 南京시.

【大尉】 太尉. 관직 이름. 三公의 하나.

【潁川】 穎川으로 잘못 표기된 판본도 있음. 군 이름으로 豫州에 속하였으며
치소는 許昌.

【庾亮】 289~340. 자는 元規. 蘇峻, 祖約의 난을 평정하였으며 명제 때 王導를 이어 中書監이 됨. 征西大將軍, 荊州刺史 등을 지냄. 청담을 좋아하였으며 老莊에 밝았음. 죽은 후 太尉에 추증되었고 시호는 文康.《晉書》(73)에 전이 있음.

【帝舅】 황제의 외삼촌. 晉 成帝는 유량의 여동생 소생이었음.

【分陝之重】 陝 땅을 나누어 다스리는 중책. 임금의 훌륭한 보좌를 뜻함. 周初 周公이 成王을 보필하면서 陝 땅의 동쪽은 주공이 맡아 다스리고 서쪽은 召公이 맡아 다스린 데서 연유함. 陝은 지금의 河南 서쪽 三門峽 근처. 한편 晉 明帝가 병이 들자 유량과 王導에게 遺詔를 내려 어린 成帝를 보필하도록 하였으며 유량의 여동생 庾太后는 모든 정사를 유량에게 맡겼었음.

【鎭武昌】 성제가 일찍이 유량을 江都, 豫州, 荊州, 益州, 梁州, 雍州를 都督 으로 삼아 다스리게 하였으며 江州, 豫州, 荊州 刺史로 삼았고, 나아가 征西 將軍의 직호를 주어 武昌을 鎭守하도록 하였음.

【江州】 지금의 江西 九江市.

【廬陵從事】 여릉은 군 이름. 그 군의 從事 벼슬을 말함.

【塵尾】 육조시대 청담·현학의 선비들이 서로 토론할 때 손에 들고 儀容을 부리던 기구. 사슴꼬리에 상아, 금은, 옥 등으로 장식하였었음. '불주'(拂塵) 이라고도 함.《埤雅》釋獸에 "麈, 似鹿而大, 其尾辟塵"라 함.

【翼】 庾翼(303~345). 字는 穉恭. 太傅이 庾亮의 셋째 동생. 征西將軍과 荊州 刺史를 지냄. 庾征西로도 불림.《晉書》(73)에 전이 있음.

【在堂】 건재함을 말함.《左傳》哀公 2년에 "君夫人在堂, 三揖在下"라 함.

【更版】 직책을 바꿈. 다른 관직을 줌. 版은 임명장.

【勸學從事】 관직 이름.

【太傅】 관직 이름. 진나라 때는 太史, 太傅, 太保를 上公이라 하였으며 太尉, 司徒, 司空을 三公이라 하여 상공이 삼공보다 높은 지위였음.

【河南】 군 이름.

【褚裒】 자는 季野(303~349). 저포(褚襃)로 잘못 표기된 판본도 있음. 東晉 康帝(343~344 재위)의 장인이며 後趙를 토벌하러 나섰으나 병을 얻어 귀환 중에 죽음. 侍中太傅에 추증됨.《晉書》(93)에 전이 있음.

【豫章】 군 이름. 치소는 지금의 江西 南昌市.

【將無】 아닐 수 없음.

【秀才】 한나라 때부터 시작되었던 인재등용의 한 제도. 뛰어난 인물을 직접

천거받아 관리로 등용하는 제도.

【府功曹】軍府의 공조 벼슬.

【別駕】자사의 보좌관 벼슬.

【巴丘】현 이름. 廬陵郡에 속하였으며 지금의 江西 峽江縣.

【譙國】지금의 安徽 懷遠縣.

【龍山】지금의 湖北 江陵縣 서북쪽.

【四弟】환온의 네 아우. 즉 桓雲, 桓豁, 桓秘, 桓沖.

【戎服】군복.

【廷尉】법을 담당하는 형법관.

【太原】지금의 山西 太原市.

【孫盛】자는 安國(302?~373). 어릴 때 渡江하여 殷浩와 이름을 같이함. 차례로 陶侃·庾亮·桓溫의 막부에서 일하였고 秘書監을 거쳐 侍中에 오름. 학문에 뛰어나 《魏氏春秋》, 《晉陽秋》, 《易象妙於見形論》 등을 지음. 《晉書》(82)에 전이 있음.

【京師】당시 수도 建康. 지금의 江蘇 南京市.

【孝宗穆皇帝】晉 穆帝 司馬聃. 자는 彭子, 晉 康帝의 아들이며 廟號는 孝宗. 시호는 穆. 345~361년 재위.

【謝永】인명. 생애는 미상.

【會稽】군 이름. 지금의 浙江 紹興.

【永興】현 이름. 회계군에 속하였음.

【高陽】나라 이름. 冀州에 속하였으며 博陸, 高陽, 北新城, 蠡吾 등 4개 현을 관할하였음.

【許珣】당시의 이름난 高士.

【中州】고대 豫州(지금의 河南省)를 '中州'라 불렀음. 그러나 孟嘉는 河南 羅山縣 출신으로 당시 荊州에 속하였음.

【信宿】이틀을 머물러 자는 것을 말함. 고대 하루 묵는 것을 '宿', 이틀 묵는 것을 '信'이라 하였음.

【隤然】부드럽고 온화한 모습. 《周易》 繫辭(下)에 "夫坤隤然, 示人簡矣"라 함.

【總髮】머리카락을 모두 묶은 나이. 성년을 뜻함.

【五十一】《晉書》 孟嘉傳(桓溫傳에 부록으로 실려 있음)에는 '五十三'으로 되어 있음.

【知命】나이 50. 《論語》 爲政篇에 "五十而知天命"이라 함.

【桂陽】군 이름. 郴, 耒陽, 便, 臨武, 晉寧, 南平 등 6개 현을 관할하였음.

【羅含】자는 君章. 문장에 뛰어나 謝尙과 桓溫이 '湘中之琳琅', '江右之秀', '荊楚之才'라 극찬하였던 인물. 《晉書》(92) 文苑傳 참조.

【南陽】군 이름. 荊州에 속하였으며 14개 현을 관할하였음.

【劉耽】남양 사람으로 자는 敬道. 桓玄의 장인으로 尙書令을 거쳐 金紫光祿 大夫로 특진되었음. 《晉書》(61)에 전이 있음.

【大常】太常과 같음. 太常卿의 관직.

【三司】삼공을 말함. 周代에는 司徒, 司馬, 司空을 三公이라 하였으나 東漢 이후로는 司徒, 太尉, 司空을 삼공이라 하였음.

【凱風寒泉】《詩經》邶風 凱風에 "凱風自南, 吹彼棘心. 棘心夭夭, 母氏劬勞. ……爰有寒泉, 在浚之下. 有子七人, 母氏勞苦"라 하여 효자가 어버이를 생각 하는 마음을 읊은 것.

【鍾】동사로 '모두 모이다, 집중하다'의 뜻.

【戰戰兢兢】《詩經》小雅 小旻에 "戰戰兢兢, 如臨深淵, 如履薄水"이라 함. 조심 하고 삼가는 태도를 말함.

찬贊

공자께서는 덕을 지향하고 업을 잘 닦아 그 시기가 왔을 때에 이를 쓰임이 되도록 하라고 하셨네.

그분께서는 형문衡門에서 맑게 사셔서 그 훌륭한 명성이 크고 밝았네.

갓끈을 털고 조정에 나가시니 그 덕에 대한 찬미가 아름답게 집중되네.

천도는 유장悠長하나 사람의 목숨은 짧아 그 원대한 업적을 완성하지 못하셨네.

안타깝도다! 어진 사람은 틀림없이 장수한다 하였는데 어찌하여 이 말 에도 틀림이 있을 줄이야!

贊曰:

孔子稱進德修業, 以及時也.

君淸蹈衡門, 則令聞孔昭;

振纓公朝, 則德音允集.

道悠運促, 不終遠業.

惜哉! 仁者必壽, 豈斯言之謬乎!

【進德修業】《周易》乾卦 文言傳에 "君子進德修業, 忠信所以進德也. ……君子
進德修業, 欲及時也"라 함.
【淸蹈衡門】고결한 성품으로 집에 은거하고 있을 때를 가리킴. '衡門'은
나무를 가로로 걸쳐 대문을 삼은 집. 衡은 橫과 같음. 가난한 집, 혹은
은거하고 있는 집을 가리킴.《詩經》陳風 衡門에 "衡門之下, 可以棲遲"라 함.
【令聞】일부 본에 '令問'으로 되어 있으나 '令聞'이어야 맞음. 훌륭하다고
소문이 남.
【振纓】갓끈을 떪. 벼슬길에 나섬을 뜻함.
【仁者必壽】어진 자는 틀림없이 장수함.《論語》雍也篇에 "子曰:「知者樂水,
仁者樂山. 知者動, 仁者靜. 知者樂, 仁者壽.」"라 함.

참고 및 관련 자료

1. 이 문장은 도연명이 이미 작고한 증조부 맹가를 위해 지은 한편의 전기이다.
2.《世說新語》識鑑篇
武昌孟嘉作庾太尉州從事, 已知名. 褚太傅有知人鑒, 罷豫章還, 過武昌, 問庾
曰:「聞孟從事佳, 今在此不?」庾云:「試自求之」褚眄睞良久, 指嘉曰:「此君
小異, 得無是乎!」庾大笑曰:「然」于時旣歎褚之默識, 又欣嘉之見賞.
3.《世說新語》識鑑篇 劉孝標 注〈嘉別傳〉
嘉字萬年, 江夏鄳人. 曾祖父宗, 吳司空. 祖父揖, 晉廬陵太守. 宗葬武昌陽新縣,
子孫家焉. 嘉少以淸操知名. 太尉庾亮領江州, 辟嘉部廬陵從事. 下郡還, 亮引
問風俗得失. 對曰:「待還, 當問從事吏」亮擧塵尾掩口而笑, 語弟翼曰:「孟嘉
故是盛德人!」轉勸學從事. 太傅褚裒有器識, 亮正旦大會, 裒問亮:「聞江州
有孟嘉, 何在?」亮曰:「在坐, 卿但自覓」裒歷觀久之, 指嘉曰:「將無是乎!」

亮欣然而笑, 喜裒得嘉, 奇嘉爲裒所得, 乃益器之. 後爲征西桓溫參軍, 九月九日,
溫遊龍山, 參寮畢集, 時佐史並箸戎服, 風吹嘉帽墮落, 溫戒左右勿言, 以觀其
舉止. 嘉初不覺, 良久如厠, 命取還之; 令孫盛作文嘲之, 成, 箸嘉坐. 嘉還見
卽答, 四坐嗟嘆. 嘉善酣暢, 愈多不亂 溫問:「酒有何好, 而卿嗜之?」嘉曰:
「明公未得酒中趣爾.」又問:「聽伎, 絲不如竹, 竹不如肉, 何也?」答曰:「漸近
自然.」轉從事中郞, 遷長史. 年五十三而卒.

4. 《晉書》(98) 孟嘉傳

孟嘉字萬年, 江夏鄳人, 吳司空宗曾孫也. 嘉少知名, 太尉庾亮領江州, 辟部廬
陵從事. 嘉還都, 亮引問風俗得失, 對曰:「還傳當問吏.」亮舉麈尾掩口而笑,
謂弟翼曰:「孟嘉故是盛德之人.」轉勸學從事. 褚裒時爲豫章太守, 正旦朝亮,
裒有器識, 亮大會州府人士, 嘉坐次甚遠, 裒問亮:「聞江州有孟嘉, 其人
何在?」亮曰:「在坐, 卿但自覓.」裒歷觀, 指嘉謂亮曰:「此君小異, 將無是乎?」
亮欣然而笑, 喜裒得嘉, 奇嘉爲裒所得, 乃益器焉. 後爲征西桓溫參軍, 溫甚重之.
九月九日, 溫燕龍山, 僚佐畢集. 時佐吏並著戎服, 有風至, 吹嘉帽墮落, 嘉不
之覺. 溫使左右勿言, 欲觀其舉止. 嘉良久如厠, 溫令取還之, 命孫盛作文嘲嘉,
著嘉坐處. 嘉還見, 卽答之, 其文甚美, 四坐嗟歎. 嘉好酣飲, 愈多不亂. 溫問嘉:
「酒有何好, 而卿嗜之?」嘉曰:「公未得酒中趣耳.」又問:「聽妓, 絲不如竹,
竹不如肉, 何謂也?」嘉答曰:「漸近使之然.」一坐咨嗟. 轉從事中郞, 遷長史.
年五十三卒于家.

062 〈五柳先生傳〉(并贊)
『오류선생전』

선생은 어디 사람인지 알 수 없으며, 그 성씨나 자도 상세하지 않다. 집 주변에 다섯 그루의 버드나무가 있어 그 때문에 이를 호로 삼았다. 한정閑靜하여 말이 적으며 영리榮利를 사모하지 않았다. 독서를 좋아하되 심해甚解하기를 구하지 아니하나 매번 뜻에 맞는 것이 있으며 문득 흔연欣然히 밥먹는 것도 잊을 지경이었다. 성품이 술을 즐기지만 집이 가난하여 언제나 술을 얻을 수 있는 것은 아니었다. 친구가 그의 이와 같음을 알고 혹시 술을 차려 놓고 초대하면 급히 이를 다 비워 반드시 취하는 데에 이르기까지 기한期限한다.

그러나 이미 취하고 나서 물러설 때에는 떠나고 남고 하는 정에 인색함을 보인 적이 없다. 집안에는 사방에 벽 밖에 없어 바람이나 해를 가릴 수 없었고, 짧은 갈의葛衣는 구멍을 기운 것이었으며, 단표單瓢는 자주 비었으나 태연하였다.

항상 문장을 지어 스스로의 즐김으로 삼아 자못 자신을 뜻을 나타내되 마음속에 득실은 잊은 채 이것으로 일생을 마치리라 여겼다.

先生不知何許人, 亦不詳其姓字. 宅邊有五柳樹, 因以爲號焉.

閑靖少言, 不慕榮利. 好讀書, 不求甚解, 每有會意, 便欣

然忘食. 性嗜酒, 家貧不能常得. 親舊知其如此, 或置酒而

招之, 造飮輒盡, 期在必醉. 旣醉而退, 曾不吝情去留. 環堵
蕭然, 不蔽風日. 短褐穿結, 簞瓢屢空, 晏如也. 常著文章自娛,
頗示己志. 忘懷得失, 以此自終.

【何許】 '許'는 시간과 공간으로 보아 '쯤'에 해당하는 말. 여기서는 '何處'의
  의미로 봄.
【姓字】 성씨와 자. 자는 관례를 치른 후 본명 이외의 이름을 지어 부르는 것.
  《禮記》曲禮(上)에 "男子二十, 冠而字"라 함.
【閑靖】 '閑靜'과 같음. 판본에 따라서는 '閑靜'으로 표기된 것도 있음.
【不求甚解】 깊이 파고들어 그 뜻을 끝까지 窮究하거나 訓詁하고자 하지 않음.
【吝情去留】 떠나거나 머물거나 하는 정에 얽매이지 않고 자유로움. 인사를
  갖추는 일에는 인색함.
【環堵】 사방의 벽. 담장이 곧 방의 벽이 됨을 말함.
【蕭然】 텅텅 빈 모양. 쓸쓸한 모습.
【穿結】 옷이 낡아 구멍이 나기도 하고 기워 입은 모습이 드러나기도 함.
【簞瓢屢空】 '簞瓢'는 '一簞食一瓢飮'의 줄인 말. 빈한함을 거역하지 않고 견뎌
  내는 顏回를 칭찬한 말. 《論語》雍也篇에 "一簞食, 一瓢飮, 在陋巷, 人不堪
  其憂, 回也不改其樂, 賢哉回也"라 함. '屢空'은 먹을 것이 자주 떨어져 굶음.
  《論語》先進篇에 "子曰:「回也其庶乎, 屢空. 賜不受命, 而貨殖焉, 億則
  屢中.」"이라 함.

찬贊

  검루의 아내가 "빈천에 안쓰러워하지 않으며, 부귀를 안달하지 않도다"
라 하였는데,
  그것은 이러한 사람과 같은 무리를 두고 한 말인가?
  술잔에 취하여 시詩를 짓고 그 뜻을 이로써 즐겼으니
  무회씨無懷氏 시대의 백성인가? 갈천씨葛天氏 시대의 백성인가?

贊曰:

「黔婁之妻有言:『不戚戚於貧賤, 不汲汲於富貴.』

其言兹若人之儔乎?

酣觴賦詩, 以樂其志.

無懷氏之民歟? 葛天氏之民歟?」

【黔婁】 춘추시대 魯나라 사람으로 曾子와 동시대 인물.《列女傳》과《高士傳》
등에 그 행적이 실려 있음.

【若人】 이와 같은 사람.《論語》憲問篇에 "子曰: 君子哉若人!"이라 함.

【無懷氏·葛天氏】 고대 전설상의 제왕들. 태평성대에 그 백성들이 아무런 근심
없이 살았던 시대를 말함.《十八史略》(1)에 "女媧氏沒, 有共工氏·太庭氏·
柏皇氏·中央氏·歷陸氏·驪連氏·赫胥氏·尊盧氏·混沌氏·昊英氏·朱襄氏·
葛天氏·陰康氏·無懷氏, 姓相承者十五世"라 함.

참고 및 관련 자료

1. 이 문장은 작자 陶淵明이 晉 義熙 6년(410, 작자 46세)에 쓴 것으로 알려져
있다. 傳記體로 자신을 객관화하여 표현하였다. 실제로는 자신의 抒懷를 散文
傳記體 形式을 빌어 쓴 것이다.

2.《高士傳》(皇甫謐) 卷中 黔婁先生

黔婁先生者, 齊人也. 修身清節, 不求進於諸侯. 魯恭公聞其賢, 遣使致禮賜粟
三千鍾, 欲以爲相, 辭不受. 齊王又禮之以黃金百斤聘爲卿, 又不就. 著書四篇,
言道家之務, 號黔婁子, 終身不屈以壽終.

3.《列女傳》卷二 魯黔婁妻

魯黔婁先生之妻也. 先生死, 曾子與門人往弔之. 其妻出戶, 曾子弔之. 上堂,
見先生之尸在牖下, 枕墼席稿·縕袍不表. 覆以布被, 首足不盡斂. 覆頭則足見,
覆足則頭見. 曾子曰:「邪引其被則斂矣.」妻曰:「邪而有餘, 不如正而不足也.
先生以不邪之故, 能至於此. 生時不邪, 死而邪之, 非先生意也.」曾子不能應.
遂哭之曰:「嗟乎! 先生之終也, 何以爲諡?」其妻曰:「以康爲諡.」曾子曰:

「先生在時, 食不充虛, 衣不蓋形, 死則手足不斂, 旁無酒肉. 生不得其美, 死不得其榮, 何樂於此? 而諡爲康乎?」其妻曰:「昔先生, 君嘗欲授之政, 以爲國相, 辭而不爲, 是有餘貴也; 君嘗賜之粟三十鍾, 先生辭而不受, 是有餘富也. 彼先生者, 甘天下之淡味, 安天下之卑位; 不戚戚於貧賤, 不忻忻於富貴, 求仁而得仁, 求義而得義, 其諡爲康, 不亦宜乎?」曾子曰:「唯斯人也而有斯婦.」君子謂:「黔婁妻爲樂貧行道」詩曰:『彼美淑姬, 可與寤言.』此之謂也. 頌曰:『黔婁旣死, 妻獨主喪, 曾子弔焉, 布衣褐衾, 安賤甘淡, 不求豐美, 尸不揜蔽, 猶諡曰康.』

〈觀荷圖〉淸 金農 미 샌프란시스코 아시아미술관 소장

063 〈讀史述九章〉
『사기를 읽으며 9편의 글을 짓다』

"내 《사기》를 읽다가 느낀 바 있어 다음과 같이 기술한다."

余讀《史記》, 有所感而述之.

063-1 夷齊
『백이와 숙제』

두 분께서는 나라를 양보하고,
함께 서로 이끌고 바닷가로 갔네.
천명과 사람의 요구에 따라 혁명을 하였다지만
그들은 그림자조차 끊고 궁벽하게 살았다네.
고사리 캐 먹으며 고고한 노래 불러,
개연히 황제와 순임금을 그리워하였네.

곧은 지조 세속을 뛰어넘었으니
나약한 사나이를 격동시켰구나.

二子讓國, 相將海隅;

天人革命, 絶景窮居.

采薇高歌, 慨想黃虞;

貞風凌俗, 爰感懦夫.

【夷齊】 伯夷와 叔齊. 고대 孤竹國의 왕자로 왕위를 서로 양보하다가 西伯
昌(周 文王)을 찾아 중국으로 들어왔다가 희창이 이미 죽고 그 아들 姬發
(武王)이 아버지의 위패를 모신 채 殷의 紂王을 정벌하는 것을 반대하다가
들어주지 않자 首陽山에 들어가 고사리를 캐 먹으며 살다가 죽었다 함.
《史記》伯夷列傳 참조.
【海隅】 바닷가.《孟子》盡心章(上)에 "伯夷辟紂, 居北海之濱"이라 함.
【天人】 천명에 순응하고 사람들의 마음에 응함. 혁명의 명분과 성공을 말함.
《周易》革卦 象辭에 "湯武革命, 順乎天而應乎人"이라 함.
【革命】 고대 제왕은 하늘로부터 천명을 받은 것인데 이를 뒤엎는 것은
하늘의 명을 변혁하는 것이라 하여 '革命'이라 칭함. 여기서는 周 武王이
殷 紂王을 엎어버림을 뜻함.
【絶景】 '景'은 '影'의 본자. 은거하여 종적을 남기지 않음을 뜻함.
【采薇歌】 백이 숙제가 고사리를 뜯어먹으며 부른 노래. 薇는 '蕨菜'로 고사리
를 말함. 참고란을 볼 것.
【黃虞】 黃帝(軒轅氏)와 虞舜(有虞氏). 고대 태평성대의 두 임금.
【感懦夫】 나약한 장부에게 부끄러움을 느끼도록 함.《孟子》萬章(下)에 "孟子
曰:「伯夷, 目不視惡色, 耳不聽惡聲. 非其君不事, 非其民不使. 治則進, 亂則退.
橫政之所出, 橫民之所止, 不忍居也. 思與鄕人處, 如以朝衣朝冠坐於塗炭也.
當紂之時, 居北海之濱, 以待天下之淸也. 故聞伯夷之風者, 頑夫廉, 懦夫有
立志」라 함.

1. 이는 도연명이 《史記》를 읽으면서 느꼈던 일을 술회한 것으로 晉宋 朝代
變易의 심정을 읊은 것이라 한다.

2. 《史記》 伯夷列傳

伯夷·叔齊, 孤竹君之二子也. 父欲立叔齊, 及父卒, 叔齊讓伯夷. 伯夷曰:「父
命也.」遂逃去. 叔齊亦不肯立而逃之. 國人立其中子. 於是伯夷·叔齊聞西伯昌
善養老, 盍往歸焉. 及至, 西伯卒, 武王載木主, 號爲文王, 東伐紂. 伯夷·叔齊
叩馬而諫曰:「父死不葬, 爰及干戈, 可謂孝乎? 以臣弑君, 可謂仁乎?」左右欲
兵之. 太公曰:「此義人也.」扶而去之. 武王已平殷亂, 天下宗周, 而伯夷·叔齊
恥之, 義不食周粟, 隱於首陽山, 采薇而食之. 及餓且死, 作歌. 其辭曰:「登彼
西山兮, 采其薇矣. 以暴易暴兮, 不知其非矣. 神農·虞·夏忽焉沒兮, 我安適歸矣?
于嗟徂兮, 命之衰矣!」遂餓死於首陽山.

063-2 箕子

『기자』

고향을 등질 때의 그 느낌
오히려 발걸음 느리고 느린데,
하물며 조대가 바뀌어
보이는 물건마다 자기 것이 아님에랴!
애처롭다 기자여,
어찌 그 마음 평온하리오!
교활한 그 주紂임금을 두고 노래하노니
처절하다 그 슬픔이여.

去鄕之感, 有猶遲遲;
矧伊代謝, 觸物皆非.
哀哀箕子, 云胡能夷!
狡童之歌, 悽矣其悲.

【箕子】 이름은 胥餘. 紂王의 친족. 箕(지금의 山西 太谷縣 동북) 땅에 봉하여 箕子라 부름. 子는 公侯伯子男의 작위 명칭. 紂의 폭정을 간하자 紂가 그의 심장이 도려내었다 함.《史記》宋微子世家 참조.
【去鄕】 고향이나 고국을 떠남. 공자가 고향 노나라를 떠나면서 발걸음이 느리고 느렸다는 표현을 말함.《孟子》萬章(下)에 "孔子之去齊, 接淅而行; 去魯曰:「遲遲吾行也.」去父母國之道也. 可以速而速, 可以久而久, 可以處而處, 可以仕而仕, 孔子也"라 함.

【代謝】조대가 바뀜.
【觸物】기자가 나라가 망한 뒤 모습을 모든 보이는 물건마다 자신들의 것이 아님을 보고 감회에 젖음을 말함.
【狡童之歌】교활하고 못된 아이. 기자가 지은 《麥秀》라는 시. '狡童'은 紂를 두고 한탄한 말. 〈麥秀歌〉의 구절.
【夷】'平'의 뜻.

1.《史記》宋微子世家

箕子者, 紂親戚也. 紂始爲象箸, 箕子歎曰:「彼爲象箸, 必爲玉桮; 爲桮, 則必思遠方珍怪之物而御之矣. 輿馬宮室之漸自此始, 不可振也.」紂爲淫泆, 箕子諫, 不聽. 人或曰:「可以去矣.」箕子曰:「爲人臣諫不聽而去, 是彰君之惡而自說於民, 吾不忍爲也.」乃被詳狂而爲奴. 遂隱而鼓琴以自悲, 故傳之曰箕子操. ……其後箕子朝周, 過故殷虛, 感宮室毁壞, 生禾黍, 箕子傷之, 欲哭則不可, 欲泣爲其近婦人, 乃作麥秀之詩以歌詠之. 其詩曰:「麥秀漸漸兮, 禾黍油油. 彼狡僮兮, 不與我好兮!」所謂狡童者, 紂也. 殷民聞之, 皆爲流涕.

063-3 管鮑

『관중과 포숙』

사람 마음 알기란 쉽지 않으며,
서로 알아주기란 실로 어려운 법.
처음 사귐은 담담하고 아름다웠으나,
이익이 세한의 송백같은 절개를 허물어 버린다네.
관중이 마음에 맞는 일만 있으면
포숙은 무조건 편안히 여겼다네.
기이한 우정 둘 모두 반짝이니
아름다운 그 명성 둘 모두 온전했네.

知人未易, 相知實難;
淡美初交, 利乖歲寒.
管生稱心, 鮑叔必安;
奇情雙亮, 令名俱完.

【管鮑】管仲과 鮑叔. 춘추시대 齊나라 두 사람으로 管鮑之交의 고사를 낳음.
《列子》및 《史記》管晏列傳 및 齊太公世家 등에 두 사람의 우정과 齊 桓公
을 도와 齊나라를 크게 일으킨 이야기가 자세히 실려 있음.
【淡美初交】군자의 사귐은 처음은 물처럼 담담하다는 뜻. 《禮記》表記에
「故君子之接如水, 小人之接如醴, 君子淡以成, 小人甘以壞」라 하였고,《莊子》
山木篇에는 「且君子之交淡若水, 小人之交甘若醴; 君子淡以親, 小人甘以絶」

이라 하였으며,《幼學瓊林》朋友賓主篇 續增에「君子之交淡如水, 同心之言 臭如蘭」이라 함.《昔時賢文》에도「君子之交淡以成, 小人之交甘以壞」라 한 구절이 있음.
【利乖歲寒】이익이 서로 위배되어도 변치않는 우정을 지킨다는 뜻. '歲寒'은 절개가 굳은 송백을 가리킴.
【双亮】서로 어울려서 빛나다.

참고 및 관련 자료

1.《史記》管晏列傳

管仲夷吾者, 潁上人也. 少時常與鮑叔牙游, 鮑叔知其賢. 管仲貧困, 常欺鮑叔, 鮑叔終善遇之, 不以爲言. 已而鮑叔事齊公子小白, 管仲事公子糾. 及小白立爲桓公, 公子糾死, 管仲囚焉. 鮑叔遂進管仲. 管仲旣用, 任政於齊, 齊桓公以霸, 九合諸侯, 一匡天下, 管仲之謀也. 管仲曰:「吾始困時, 嘗與鮑叔賈, 分財利多自與, 鮑叔不以我爲貪, 知我貧也. 吾嘗爲鮑叔謀事而更窮困, 鮑叔不以我爲愚, 知時有利不利也. 吾嘗三仕三見逐於君, 鮑叔不以我爲不肖, 知我不遭時也. 吾嘗三戰三走, 鮑叔不以我爲怯, 知我有老母也, 公子糾敗, 召忽死之, 吾幽囚受辱, 鮑叔不以我爲無恥, 知我不羞小節而恥功名不顯于天下也. 生我者父母, 知我者鮑子也.」

鮑叔旣進管仲, 以身下之. 子孫世祿於齊, 有封邑者十餘世, 常爲名大夫. 天下不多管仲之賢而多鮑叔能知人也.

063-4 程杵

『정영과 공손저구』

목숨을 버리기란 진실로 어려우나,
선비는 자신을 알아주는 이를 위해 기꺼이 죽지.
의를 보고 죽는 것을 집으로 돌아가는 것으로 여기니
아름답다, 두 사람 그런 인물들이었네.
정영이 칼을 휘둘러 자결한 것은
살아남는 것을 부끄럽게 여긴 때문.
훌륭한 덕 영원히 전해져
백대를 두고 기록되어 내려오네.

遺生良難, 士爲知己,
望義如歸, 允伊二子.
程生揮劍, 懼茲餘恥;
令德永聞, 百代見紀.

【程杵】춘추 말기 程嬰과 公孫杵臼 두 사람을 가리킴. 晉나라 景公 때 장군
趙朔이 司寇 屠岸賈에게 핍박을 받아 죽자 趙朔의 유복자를 살려 조씨 집안의
대를 잇도록 한 충신들.《史記》趙世家와《新序》節士篇,《說苑》復思篇,
《左傳》宣公 2년 등에 그 내용이 자세히 실려 있음.
【遺生】생명을 버림.
【士爲知己】선비는 자신을 알아주는 자를 위해 목숨을 바침.《史記》豫讓

傳과 荊軻傳에 나오는 "士爲知己者死, 女爲說己者容"과 같은 뜻. 용사는
자신을 알아주는 자를 위해 목숨을 바침.
【允伊二子】 '훌륭하도다, 저 두 사람이여'의 뜻. '允'은 '實'의 뜻, '伊'는 '저'
(彼, 那)의 뜻. '二子'는 정영과 공손저구 두 사람.
【揮劍·餘恥】 정영이 결국 일을 끝내 놓고 스스로 목숨을 끊어 저승에 미리
가 있는 공손저구에게 부끄러움을 남기지 않음.
【見紀】 '見'은 피동사, '紀'는 역사 기록을 뜻함. 靑史에 기록되어 길이 남음.

1. 《史記》 趙世家

趙朔, 晉景公之三年, 朔爲晉將下軍救鄭, 與楚莊王戰河上. 朔娶晉成公姊爲夫人.
晉景公之三年, 大夫屠岸賈欲誅趙氏. 初, 趙盾在時, 夢見叔帶持要而哭, 甚悲;
已而笑, 拊手且歌. 盾卜之, 兆絶而後好. 趙史援占之, 曰:「此夢甚惡, 非君之身,
乃君之子, 然亦君之咎. 至孫, 趙將世益衰.」屠岸賈者, 始有寵於靈公, 及至於
景公而賈爲司寇, 將作難, 乃治靈公之賊以致趙盾, 遍告諸將曰:「盾雖不知,
猶爲賊首. 以臣弑君, 子孫在朝, 何以懲罪? 請誅之.」韓厥曰:「靈公遇賊, 趙盾
在外, 吾先君以爲無罪, 故不誅. 今諸君將誅其後, 是非先君之意而今妄誅. 妄誅
謂之亂. 臣有大事而君不聞, 是無君也.」屠岸賈不聽. 韓厥告趙朔趣亡. 朔不肯,
曰:「子必不絶趙祀, 朔死不恨.」韓厥許諾, 稱疾不出. 賈不請而擅與諸將攻趙氏
於下宮, 殺趙朔·趙同·趙括·趙嬰齊, 皆滅其族.
趙朔妻成公姊, 有遺腹, 走公宮匿. 趙朔客曰公孫杵臼, 杵臼謂朔友人程嬰曰:
「胡不死?」程嬰曰:「朔之婦有遺腹, 若幸而男, 吾奉之; 卽女也, 吾徐死耳.」
居無何, 而朔婦免身, 生男. 屠岸賈聞之, 索於宮中. 夫人置兒絝中, 祝曰:「趙宗
滅乎, 若號; 卽不滅, 若無聲.」及索, 兒竟無聲. 已脫, 程嬰謂公孫杵臼曰:
「今一索不得, 後必且復索之, 奈何?」公孫杵臼曰:「立孤與死孰難?」程嬰曰:
「死易, 立孤難耳.」公孫杵臼曰:「趙氏先君遇子厚, 子彊爲其難者, 吾爲其易者,
請先死.」乃二人謀取他人嬰兒負之, 衣以文葆, 匿山中. 程嬰出, 謬謂諸將軍曰:
「嬰不肖, 不能立趙孤. 誰能與我千金, 吾告趙氏孤處.」諸將皆喜, 許之, 發師
隨程嬰攻公孫杵臼. 杵臼謬曰:「小人哉, 程嬰! 昔下宮之難不能死, 與我謀匿
趙氏孤兒, 今又賣我. 縱不能立, 而忍賣之乎!」抱兒呼曰:「天乎天乎! 趙氏孤兒

何罪? 請活之, 獨殺杵臼可也.」諸將不許, 遂殺杵臼與孤兒. 諸將以爲趙氏孤兒良已死, 皆喜. 然趙氏眞孤乃反在, 程嬰卒與俱匿山中.

居十五年, 晉景公疾, 卜之, 大業之後不遂者爲祟. 景公問韓厥, 厥知趙孤在, 乃曰:「大業之後在晉絶祀者, 其趙氏乎? 夫自中衍者皆嬴姓也. 中衍人面鳥噣, 降佐殷帝大戊, 及周天子, 皆有明德. 下及幽屬無道, 而叔帶去周適晉, 事先君文侯, 至于成公, 世有立功, 未嘗絶祀. 今吾君獨滅趙宗, 國人哀之, 故見龜策. 唯君圖之.」景公問:「趙尙有後子孫乎?」韓厥具以實告. 於是景公乃與韓厥謀立趙孤兒, 召而匿之宮中. 諸將入問疾, 景公因韓厥之衆以脅諸將而見趙孤. 趙孤名曰武. 諸將不得已, 乃曰:「昔下宮之難, 屠岸賈爲之, 矯以君命, 並命群臣. 非然, 孰敢作難! 微君之疾, 群臣固且請立趙後. 今君有命, 群臣之願也.」於是召趙武·程嬰遍拜諸將, 遂反與程嬰·趙武攻屠岸賈, 滅其族. 復與趙武田邑如故. 及趙武冠, 爲成人, 程嬰乃辭諸大夫, 謂趙武曰:「昔下宮之難, 皆能死. 我非不能死, 我思立趙氏之後. 今趙武旣立, 爲成人, 復故位, 我將下報趙宣孟與公孫杵臼.」趙武啼泣頓首固請, 曰:「武願苦筋骨以報子至死, 而子忍去我死乎!」程嬰曰:「不可. 彼以我爲能成事, 故先我死; 今我不報, 是以我事爲不成.」遂自殺. 趙武服齊衰三年, 爲之祭邑, 春秋祠之, 世世勿絶.

2.《新序》節士篇

公孫杵臼·程嬰者, 晉大夫趙朔客也. 晉趙穿弑靈公, 趙盾時爲貴大夫, 亡不出境, 還不討賊, 故春秋責之, 以盾爲弑君. 屠岸賈者, 幸於靈公. 晉景公時, 賈爲司寇, 欲討靈公之賊, 盾已死, 欲誅盾之子趙朔. 徧告諸將曰:「盾雖不知, 猶爲首賊, 賊臣弑君, 子孫在朝, 何以懲罪? 請誅之.」韓厥曰:「靈公遇賊, 趙盾在外, 吾先君以爲無罪, 故不誅. 今諸君將妄誅, 妄誅謂之亂. 臣有大事, 君不聞, 是無君也.」屠岸賈不聽, 韓厥告趙朔趣亡, 趙朔不肯, 曰:「子必不絶趙祀, 予死不恨.」韓厥許諾, 稱疾不出. 賈不請而擅與諸將攻趙氏於下宮, 殺趙朔·趙同·趙括·趙嬰齊, 皆滅其族.

趙朔妻, 成公姊, 有遺腹, 走公宮匿. 公孫杵臼謂程嬰:「胡不死?」嬰曰:「朔之妻有遺腹, 若幸而男, 吾奉之; 卽女也, 吾徐死耳.」無何而朔妻免, 生男. 屠岸賈聞之, 索於宮. 朔妻置兒袴中, 祝曰:「趙宗滅乎? 若號; 卽不滅乎? 若無聲.」及索, 兒 竟無聲. 已脫, 程嬰謂杵臼曰:「今一索不得, 後必且復之, 奈何?」杵臼曰:「立孤與死, 孰難?」嬰曰:「立孤亦難耳.」杵臼曰:「趙氏先君遇子厚, 子强爲其難者, 吾爲其易者, 吾請先死.」而二人謀, 取他嬰兒, 負以文褓, 匿山中. 嬰謂諸將曰:「嬰不肖, 不能立孤, 誰能與吾千金, 吾告趙氏孤處.」諸將皆喜,

許之, 發師隨嬰攻杵臼. 杵臼曰:「小人哉, 程嬰! 下宮之難不能死, 與我謀匿
趙氏孤兒, 今又賣之. 縱不能立孤兒, 忍賣之乎?」抱而呼:「天乎! 趙氏孤兒
何罪? 請活之, 獨殺杵臼也.」諸將不許, 遂并殺杵臼與兒. 諸將以爲趙氏孤兒
已死, 皆喜. 然趙氏眞孤兒乃在, 程嬰卒與俱匿山中.

居十五年, 晉景公病, 卜之, 大業之胄者爲祟, 景公問韓厥, 韓厥知趙孤存, 乃曰:
「大業之後, 在晉絶祀者, 其趙氏乎? 夫自中行衍, 皆嬴姓也. 中行衍人面鳥噣,
降佐帝大戊及周天子, 皆有明德, 下及幽厲無道, 而叔帶去周適晉, 事先君繆侯,
至于成公, 世有立功, 未嘗絶祀. 今及吾君, 獨滅之趙宗, 國人哀之, 故見龜, 唯君
圖之.」景公問:「趙尙有後子孫乎?」韓厥具以實告. 景公乃與韓厥謀立趙氏孤兒,
召匿之宮中. 諸將入問病, 景公因韓厥之衆以脅諸將, 而見趙氏孤兒, 孤兒名武,
諸將不得已, 乃曰:「昔下宮之難, 屠岸賈爲之. 矯以君命, 幷命群臣. 非然,
孰敢作難? 微君之病, 群臣固將請立趙後. 今君有命, 群臣願之.」於是召趙氏,
程嬰徧拜諸將, 遂俱與程嬰·趙氏攻屠岸賈, 滅其族. 復與趙氏田邑如故. 趙武冠
爲成人. 程嬰乃辭大夫, 謂趙武曰:「昔下宮之難, 皆能死. 我非不能死, 思立
趙氏後. 今子旣立爲成人, 趙宗復故, 我將下報趙孟與公孫杵臼.」趙武號泣,
固請曰:「武願苦筋骨以報子至死, 而子忍棄我而死乎?」程嬰曰:「不可. 彼以
我爲能成事, 故皆先我死. 今我不下報之, 是以我事爲不成也.」遂以殺. 趙武
服衰三年, 爲祭邑, 春秋祠之, 世不絶. 君子曰:「程嬰, 公孫杵臼, 可謂信交厚
士矣. 嬰之自殺下報, 亦過矣.」

063-5 七十二弟子

『공자의 72제자』

정성을 다해 스승 따르며 무우舞雩에 노닐기도 하여
그 누구도 현명하지 않다고 말할 수 없네.
해와 달과 함께 비추며 함께 지극한 말씀 실컷 맛보았네.
공자는 인재 얻기 어렵다고 애통해 하셨고
언제나 제자들을 위해 염려하셨으니
안회는 일찍 죽고 자공만은 장수를 누렸네.

恂恂舞雩, 莫曰匪賢;
俱映日月, 共餐至言.
慟由才難, 感爲情牽;
回也早夭, 賜獨長年.

【七十二弟子】 공자의 뛰어난 제자 72인. 《史記》 孔子世家에 "孔子以詩書禮
樂敎, 弟子蓋三千焉. 身通六藝者七十有二人"이라 하였고, 仲尼弟子列傳에는
"受業身通者七十有七人, 皆異能之士也"라 하였음. 한편 《孔子家語》에는
〈七十二弟子解〉편이 있음.
【舞雩】 地名. 원래 祈雨祭를 지내던 곳. 지금의 山東省 曲阜 남쪽에 있음.
《水經注》에는 「沂水北對稷門, 一名高門, 一名雩門. 南隔水有雩壇, 壇高三丈,
卽曾點所欲風處也」라 하였음. 공자가 번지를 데리고 놀이를 나갔던 적이
있으며 증점의 말을 칭찬한 곳이기도 함. 《論語》 顔淵篇에 "樊遲從遊於舞

雩之下, 曰:「敢問崇德·修慝·辨惑.」子曰:「善哉問! 先事後得, 非崇德與? 攻其惡, 無攻人之惡, 非修慝與? 一朝之忿, 忘其身, 以及其親, 非惑與?」라 하였으며, 先進篇에는 "「點! 爾何如?」鼓瑟希, 鏗爾, 舍瑟而作, 對曰:「異乎 三子者之撰.」子曰:「何傷乎? 亦各言其志也.」曰:「莫春者, 春服旣成, 冠者 五六人, 童子六七人, 浴乎沂, 風乎舞雩, 詠而歸.」夫子喟然歎曰:「吾與 點也!」라 함.

【餐】달게 맛을 보며 영양을 삼음. 여기서는 이해하다, 깨닫다의 뜻. 다른 판본에는 '飡'으로 되어 있음.

【至言】지극히 가치로운 말. 공자의 가르침을 뜻함.

【慟】안타까워 함.《史記》仲尼弟子列傳에 顔回가 29세로 죽자 공자가 통탄 하였으며《論語》雍也篇에도 "哀公問:「弟子孰爲好學?」孔子對曰:「有顔 回者好學, 不遷怒, 不貳過. 不幸短命死矣, 今也則亡, 未聞好學者也.」라 함.

【才難】인재를 얻기 어려움.《論語》泰伯篇에 "孔子曰:「才難, 不其然乎? 唐虞 之際, 於斯爲盛. 有婦人焉, 九人而已. 三分天下有其二, 以服事殷. 周之德, 其可謂至德也已矣.」라 함.

【感爲情牽】공자가 언제나 제자들을 위해 염려한다는 뜻.

【回】공자의 수제자 顔回. 자는 子淵. 일찍 죽음. 노나라 사람으로 공자 보다 30세 어렸다 함.

【賜】공자제자 端木賜. 자는 子貢. 공자보다 31세 어렸음. 활달하고 저돌적 이며 사업 수단에 능하였음.

참고 및 관련 자료

《史記》孔子世家 및 仲尼弟子列傳, 그리고《孔子家語》七十二弟子解를 참고 할 것.

063-6 屈賈

『굴원과 가의』

덕을 지향하여 나가면서 학업을 닦아
장차 때가 이르면 사용하라 하였네.
저 후직后稷이나 설契과 같은 분들이라면
누가 그렇게 되길 원치 않으리!
안쓰러워라, 두 현인이여,
의심 많은 세상을 만나셨구나.
굴원은 정첨윤鄭瞻尹을 찾아갔다가 자신의 뜻을 글로 지었고
가의는 복조가 날아들자 글을 지어 자신의 운명을 한탄하였네.

進德修業, 將以及時;
如彼稷契, 孰不願之!
嗟乎二賢, 逢世多疑,
候詹寫志, 感鵩獻辭.

【屈賈】 屈原과 賈誼. 굴원은 이름은 平, 전국시대 楚나라 사람으로 楚 懷王의
어리석음을 비판하다가 참언에 걸려 추방당함. 〈離騷〉를 지어 자신의 심회를
읊었으며 회왕이 다시 張儀의 속임에 걸려들자 이를 다시 비판하여 〈懷沙賦〉를
지었으며 결국 단오날 汨羅水에 뛰어들어 투신자살함. 賈誼는 漢 文帝 때
博士로 洛陽 사람이며 어린 나이에 이미 이름을 날려 太中大夫에 올랐으나
周勃과 灌嬰 張相如, 馮敬 등의 반대로 밀려나 長沙王의 太傅로 멀리 쫓겨남.

이에 가는 도중 湘水를 지나면서 굴원의 처지를 자신에게 비유하여 〈弔屈
原賦〉를 지음. 뒤에 문제가 다시 불러 梁 懷王의 태부로 삼았으나 양 회왕이
말에서 떨어져 죽자 자신의 보필이 잘못되었다고 여겨 33세에 자결함. 이상
《史記》屈原賈生列傳 참조.

【進德修業】《周易》乾卦 文言傳에 "君子進德修業, 欲及時也"라 함.

【稷】주나라 시조인 姬棄. 堯임금에 의사 農師官인 后稷의 직위를 받음.

【契】夏禹를 도와 治水의 공을 세워 舜임금 때 敎育官이 司徒의 벼슬을 받음.

【候瞻】'候詹'이 맞음. 候는 '방문하다'의 뜻이며 詹은 鄭詹尹. 정첨윤은 당시
太卜의 벼슬을 하고 있었음. 굴원이 추방을 당한 뒤 그를 찾아가 점을 쳐
달라 한 적이 있음.

【寫志】굴원이 마음을 정하지 못하여 太卜 鄭詹尹을 찾아가 점을 쳐보고
나서 〈卜居〉를 지어 자신은 결국 고통을 받더라도 깨끗하게 살다가 죽겠
다는 결정을 하였음을 말함.

【感鵩獻辭】가의가 長沙王 太傅로 있을 때 불길한 새의 상징인 鵩鳥라는
새가 서재에 날아들자 가의는 자신에게 재앙이 닥칠 것임을 예견하고 〈鵩
鳥賦〉를 지어 화복의 무상함을 읊었음.《史記》및《西京雜記》,《搜神記》
등 참조.

司徒 설(契)《三才圖會》

1.《史記》屈原賈生列傳.

『賈生爲長沙王太傅三年, 有鵩入賈生舍, 止于坐隅. 楚人名鵩曰服. 賈生旣以適居長沙, 長沙卑濕, 自以爲壽不得長, 傷悼之, 乃爲賦以自廣. 其辭曰:』(이하는 〈鵩鳥賦〉의 原文임.《文選》권13〈鵩鳥賦〉를 볼 것.)

2.《漢書》卷48 賈誼傳.

『誼爲長沙傅三年, 有服飛入誼舍, 止於坐隅. 服似鵩, 不祥鳥也. 誼旣以適居長沙, 長沙卑濕, 誼自傷悼, 以爲壽不得長, 乃爲賦以自廣. 其辭曰:』(이하는 〈鵩鳥賦〉의 原文.)

3.《西京雜記》卷5

『賈誼在長沙, 鵩鳥集其承塵. 長沙俗以鵩鳥至人家, 主人死. 誼作〈鵩鳥賦〉, 齊死生, 等榮辱, 以遣憂累焉.』

4.《搜神記》(9) 賈誼鵩鳥賦

賈誼爲長沙王太傅傳, 四月庚子日, 有鵩鳥飛入其舍, 止于坐偶, 良久乃去. 誼發書占之, 曰:「野鳥入室, 主人將去.」誼忌之, 故作「鵩鳥賦」, 齊死生而等禍福, 以致命定志焉.

后稷 棄, 周나라의 시조《三才圖會》

063-7 韓非

『한비』

큰 여우는 깊은 굴에 숨어 있어도,
그 아름다운 털 무늬 때문에 화를 입는 것.
군자로서 때를 놓치면
흰머리 다 되도록 험한 일로 고생하지.
교묘한 행동은 재앙으로 몰아넣고
남 거슬리는 변론은 화환을 부르는 법.
슬프다, 한비의 운명이여,
진나라에 유세하다 끝내 '세난'처럼 죽고 말았네.

豊狐隱穴, 以文自殘;
君子失時, 白首抱關.
巧行居災, 忮辯召患,
哀矣韓生, 竟死說難.

【韓非】 전국시대 韓나라의 공자. 말더듬이였으나 刑名學과 法術에 밝았음.
한나라가 기울어져 가는 것을 두고 여러 차례 상소하였으나 들어주지 않았음.
마침 秦王 政(진시황)이 그의 저술을 보고 韓나라를 공격하여 한비를 자신의
나라로 파견할 것을 종용함. 그러나 한비는 李斯와 姚賈의 모함을 받고
결국 옥사하고 말았음. 法家의 대표적인 학자이며 《韓非子》를 남김.
【豊狐】 큰 여우. 《韓非子》喩老篇에 翟人이 豊狐와 玄豹의 가죽을 晉 文公

에게 바치자 문공은 이를 두고 "이 동물은 자신의 좋은 가죽이 죄라면 죄겠지"라고 탄식하였다 함. 참고란을 볼 것

【抱關】 문 지키는 작은 관리. 지위가 낮음을 말함. 참고란을 볼 것.

【忮辯】 교묘한 변론을 원망함. 남이 꺼리고 싫어하는 말솜씨. 여기서는 한비가 책을 저술하여 주장을 내놓는 데 능함을 가리킴. 《戰國策》秦策(5)에 의하면 秦王(秦始皇)이 姚賈를 장수로 삼아 동쪽 네 나라의 공격을 막고자 하였을 때 한비가 요가를 험담함. 요가가 이를 하나씩 해명하자 진왕이 요가의 말을 믿어 말 잘하는 한비를 꺼려 죽여 버림.

【居災】 화를 불러오다. 화를 입다.

【竟死說難】 세난(說難)은 한비자의 주장이며 《韓非子》의 篇名. 遊說가 얼마나 어려운 것인가를 알면서도 한비는 결국 유세를 잘못하여 죽었다는 뜻. 司馬遷의 《史記》에 "韓非知說之難, 爲說難書甚具, 終死於秦, 不能自脫. ……余讀悲韓子爲說難而不能自脫耳"라 하였고 《한비자》의 〈說難〉에 "非知之難也, 處知則難矣"라 함.

1. 《史記》 老莊申韓列傳(韓非子)

韓非者, 韓之諸公子也. 喜刑名法術之學, 而其歸本於黃老. 非爲人口吃, 不能道說, 而善著書. 與李斯俱事荀卿, 斯自以爲不如非.

非見韓之削弱, 數以書諫韓王, 韓王不能用. 於是韓非疾治國不務脩明其法制, 執勢以御其臣下, 富國彊兵而以求人任賢, 反擧浮淫之蠹而加之於功實之上.

以爲儒者用文亂法, 而俠者以武犯禁. 寬則寵名譽之人, 急則用介冑之士. 今者所養非所用, 所用非所養. 悲廉直不容於邪枉之臣, 觀往者得失之變, 故作《孤憤》·《五蠹》·《內外儲》·《說林》·《說難》十餘萬言. 然韓非知說之難, 爲《說難》書甚具, 終死於秦, 不能自脫. ……人或傳其書至秦. 秦王見〈孤憤〉·〈五蠹〉之書, 曰:「嗟乎, 寡人得見此人與之游, 死不恨矣!」李斯曰:「此韓非之所著書也.」秦因急攻韓. 韓王始不用非, 及急, 迺遣非使秦. 秦王悅之, 未信用. 李斯·姚賈害之, 毀之曰:「韓非, 韓之諸公子也. 今王欲幷諸侯, 非終爲韓不爲秦, 此人之情也. 今王不用, 久留而歸之, 此自遺患也, 不如以過法誅之」秦王以爲然, 下吏治非. 李斯使人遺非藥, 使自殺. 韓非欲自陳, 不得見. 秦王後悔之, 使人赦之,

非已死矣. ……申子·韓子皆著書, 傳於後世, 學者多有. 余獨悲韓子爲〈說難〉
而不能自脫耳.

2. 《韓非子》 喩老篇

翟人有獻豐狐·玄豹之皮於晉文公. 文公受客皮而歎曰:「此以皮之美自爲罪.」
夫治國者以名號爲罪, 徐偃王是也; 以城與地爲罪, 虞·虢是也. 故曰:「罪莫
大於可欲.」

3. 《孟子》 萬章(下)

孟子曰:「仕非爲貧也, 而有時乎爲貧; 娶妻非爲養也, 而有時乎爲養. 爲貧者,
辭尊居卑, 辭富居貧. 辭尊居卑, 辭富居貧, 惡乎宜乎? 抱關擊柝. 孔子嘗爲委
吏矣, 曰:『會計當而已矣.』嘗爲乘田矣, 曰:『牛羊茁壯, 長而已矣.』位卑而言高,
罪也; 立乎人之本朝, 而道不行, 恥也.」

〈韓非子〉(韓非) 법가 학설을 완성한 학자. 夢谷 姚谷良(그림)
"國無常彊無常弱, 擧法者强, 則國彊; 擧法者弱, 則國弱."

063-8 魯二儒

『노나라의 두 선비』

나라의 조대가 바뀌면 그 때를 따라야 하며,
그런 변화에 헤맨다면 이는 어리석은 짓이라 하였지만,
올곧고 강직한 두 선비는
특이하게 스스로 굳은 사나이였네.
나라 세운 지 백년이 되기도 전인데
예악을 정한다니 이는 나의 시서를 더럽히는 일이라 주장했네.
훌쩍 떠나며 부름은 돌아보지도 않은 채
갈의를 걸쳐 입고 숨어살았네.

易大隨時, 迷變則愚,
介介若人, 特爲貞夫.
德不百年, 汙我詩書,
逝然不顧, 被褐幽居.

【魯二儒】 노나라의 두 선비. 숙손통이 한 고조 유방을 위해 예악을 제정하고자 하여 예에 밝은 노나라(공자 유가의 유훈이 남아 있는 곳) 선비 30명을 초빙하여 그 일을 추진하게 되었음. 그런데 그 중 두 명의 유생만은 "예악이란 나라 세운 지 백년이 흘러 안정되어야 제정할 수 있는 것"이라며 단호히 이에 참여하기를 거부함. 참고란을 볼 것.
【易大】 '易代'와 같음. 조대가 바뀜. 때에 맞추어 조대가 바뀜을 말함. 《周易》

隨卦에 "隨時之義大矣哉"라 함.

【隨時】시대 변화에 따름. 이상은 숙손통이 자신은 원래 秦나라 때의 博士
였으며 山東의 호걸이 反秦 기치를 들었을 때 진 二世 胡亥를 버리고
項梁과 楚懷王, 그리고 項羽를 따라 나섰다가 다시 劉邦에게 투항하여 漢
나라 건국 후 禮制를 제정하는 등 시대 변화에 적극 적응하였으나 魯나라
두 儒生은 이에 참여하기를 거절하고 있으니 이는 時變을 알지 못하는
것이라 여긴 것을 말함. 司馬遷도 숙손통을 "與時變化, 卒爲漢家儒宗"이라
평가하였음.

【貞夫】충직한 사람.

【德不百年】백년 덕을 쌓은 뒤에야 禮를 제정할 수 있다는 주장을 편
두 유생의 말을 거론한 것.

【汙我詩書】자신들이 높이 받드는 《詩》와 《書》 등 유가의 經書를 더럽히고
있다는 뜻.

【逝然】떠나 버림.

【幽居】은거를 뜻함.

1.《史記》叔孫通列傳

於是叔孫通使徵魯諸生三十餘人. 魯有兩生不肯行, 曰:「公所事者且十主, 皆面
諛以得親貴. 今天下初定, 死者未葬, 傷者未起, 又欲起禮樂. 禮樂所由起, 積德
百年而後可興也. 吾不忍爲公所爲. 公所爲不合古, 吾不行. 公往矣, 無汙我!」
叔孫通笑曰:「若眞鄙儒也, 不知時變.」

2.《十八史略》卷二

帝懲秦苛法爲簡易. 羣臣飮酒爭功, 醉或妄呼, 拔劍擊柱. 叔孫通說上曰:「儒者
難與進取, 可與守成. 願徵魯諸生, 共起朝儀.」上從之, 魯有兩生不肯行, 曰:
「禮樂積德, 而後可興也.」通與所徵及上左右, 與弟子百餘人, 爲縣蕝野外習之.

063-9 張長公

『장장공』

원대하다, 장장공이여,
쓸쓸하게 살았다니 무슨 일로 그랬던가!
세상의 길이란 갈래도 많아
모두가 나와는 다르기 때문이었지.
고삐 거두어 헌걸하게 돌아와서는
홀로 그 뜻을 수양하며 살았다네.
자취 감추고 일생을 다하였으니
그런 깊은 속마음을 누가 알리오!

遠哉長公, 蕭然何事!
世路多端, 皆爲我異.
斂轡揭來, 獨養其志;
寢跡窮年, 誰知斯意!

【張長公】《史記》張釋之列傳에 의하면 장석지의 아들은 이름이 張摯이며
자는 長公으로 大夫에 이르렀으나 벼슬에서 물러나 당세에는 자신이 용납되지
않는다고 여겨 종신토록 벼슬길에 나서지 않았다고 함. 도연명 자신의
〈飮酒詩〉(12)에서 "長公曾一仕, 壯節忽失時. 杜門不復出, 終身與世辭"라 하였음.
【蕭然】쓸쓸하게 삶. 부귀의 조건이 되면서도 이를 뿌리쳤음을 말함.

【斂轡】 벼슬길의 말고삐를 거두어들임. 은거함. '斂策'과 같은 말. 〈祭從弟
  敬遠文〉에 "斂策歸來, 爾知我意"라 함.
【竭來】 '걸래'로 읽으며 헌걸차게 떠나 버리다는 뜻. 은거함을 가리킴.
【寢跡】 자취를 감추고 은거함.

1.《史記》張釋之馮唐列傳

張廷尉事景帝歲餘, 爲淮南王相, 猶尙以前過也. 久之, 釋之卒. 其子曰張摯,
字長公, 官至大夫, 免. 以不能取容當世, 故終身不仕.

064 〈扇上畫贊〉
『부채에 그려진 인물들에 대한 찬』

하조장인荷篠丈人, 장저長沮와 걸닉桀溺, 오릉중자於陵仲子, 장장공張長公,
병만용丙曼容, 정차도鄭次都, 설맹상薛孟嘗, 주양규周陽珪이다.

荷篠丈人, 長沮·桀溺, 於陵仲子, 張長公, 丙曼容, 鄭次都,
薛孟嘗, 周陽珪.

삼황오제의 도가 까마득히 멀어져
순박한 풍습이 날로 소진되어 가는구나.
구류의 학파들은 주장이 각기 달라
서로가 밀어내고 허물고 하였구나.
형체는 사물을 따라 변해 가는 것,
마음에 불변하는 표준이란 없구나.
이 까닭으로 통달한 사람이라면
그런 때가 되면 세상을 피해 숨어 버리지.

○ 하조장인荷篠丈人：
사지를 부지런히 움직이지도 아니하고,
오곡이 무언지 구분도 못한다고 꾸짖으면서

세상을 초탈한 하조장인은
날이 저물도록 김매고 있지.

○ 장저長沮·걸닉桀溺:
멀고 먼 옛날 장저와 걸닉,
짝을 이뤄 밭을 갈면서 스스로 즐거워하였네.
새 무리 사이에 들어가도 놀라지 않고,
짐승들과 섞여도 함께 무리를 이루었지.

○ 오릉중자於陵仲子:
지극하다 오릉중자,
호연지기를 길렀다네.
저 잘난 네 필 말 부귀영화를 멸시하고
이렇게 정원에서 물주는 일을 달게 여겼네.

○ 장장공張長公:
장장공은 딱 한 번 벼슬해 보고
어떤 일을 겪자 귀향해 버렸네.
스스로 돌아보아 세속에 영합할 수 없다고 여겨
인간 세상을 고고히 사양하였네.

○ 병만용丙曼容:
높고 높은 병만용이여,
높은 벼슬 봉해지자 곧바로 귀향했네.
교만하지도 않았고 인색하지도 않았으니
앞으로의 벼슬길이 위험할 것을 알았기 때문.

○ 정차도鄭次都:
정차도 노인은 세속과 맞지 않아

시냇가에 낚시나 드리웠다네.
친구와 숲 속에서 술잔을 주고받으며,
청언淸言으로 오묘한 이치 토론했지.

○ 설맹상薛孟嘗:
설맹상은 공부하러 멀리 갔을 때
천하의 법망이 당시엔 성글어,
훌륭한 친구 그립고 보고파
거친 베옷 떨쳐입고 함께 은둔했지.

○ 주양규周陽珪:
영명하다, 주양규여.
병을 구실삼아 한가롭게 살았다네.
마음은 청상淸尙함에 뜻을 두고서,
유유하게 스스로 즐거움을 삼았네.

어둑어둑 고요한 초가집 앞에
넘실넘실 흐르는 시냇물 구비.
거문고라 책이라 갖추어 있고
눈길 닿는 곳에 친구들도 있으니
하수를 다 마셔야 배가 부르나,
이것 이외에는 모두가 필요 없는 것.
아득히 옛사람을 생각하노니
그렇게 홀로 노닌 사람들 내 마음에 맞구나.

三五道邈, 淳風日盡.

九流參差, 互相推陷.

形逐物遷, 心無常準,
是以達人, 有時而隱.

四體不勤, 五穀不分,
超超丈人, 日夕在耘.

遼遼沮溺, 耦耕自欣,
入鳥不駭, 雜獸斯羣.
至矣於陵, 養氣浩然,
蔑彼結駟, 甘此灌園.

張生一仕, 曾以事還,
顧我不能, 高謝人間.

岧岧丙公, 望崖輒歸,
匪驕匪吝, 前路威夷.

鄭叟不合, 垂釣川湄;
交酌林下, 清言究微.

孟嘗遊學, 天網時疏,
眷言哲友, 振褐偕徂.

英哉周子, 稱疾閒居;
寄心淸尙, 悠然自娛.

翳翳衡門, 洋洋泌流,
日琴日書, 顧眄有儔.
飮河旣足, 自外皆休;
緬懷千載, 託契孤遊.

【三五】 三皇五帝의 시대. 아득한 고대 태평성대를 말함.
【九流】 九流十家를 말함. 왕도가 쇠미해지자 나타난 제자백가들.《漢書》
  藝文志 諸子略에 "諸子十家, 其可觀者九家而已. 皆起於王道旣微, 諸侯力政,
  時君世主, 好惡殊方, 是以九家之術, 蜂出並作, 各引一端, 崇其所善, 以此馳說,
  取合諸侯. 其言雖殊, 辟猶水火, 相滅亦相生也"라 함. 참고로 九家는 儒家,
  道家, 陰陽家, 法家, 名家, 墨家, 縱橫家, 雜家, 農家이며 그 외에 小說家를
  넣어 十家라 하였음.
【形逐物遷】 형태가 물건의 변화에 따라 변천함.
【四體·五穀】《論語》微子篇의 荷蓧丈人의 고사를 말함. 참고란을 볼 것.
【沮溺】《論語》微子篇의 長沮와 桀溺의 고사를 말함. 참고란을 볼 것.
【於陵】 齊나라의 介士. 田仲·陳仲·오릉중자(於陵仲子) 등으로도 불리며,《荀子》
  不苟篇,《韓非子》外儲說右,《荀子》非十二子篇,《淮南子》氾論訓,《戰國策》
  齊策(四),《高士傳》卷中,《列女傳》 등에 그의 일화가 널리 전재되어 있음.
  '於陵'은 '오릉'으로 읽으며 齊나라의 邑이름. 지금의 山東省 長山縣 서남쪽
  이라 함.
【浩然】 호연지기를 뜻함.《孟子》公孫丑(上)에 "我善養吾浩然之氣"라 함.
【張生】 張長公을 가리킴.《史記》張釋之列傳에 의하면 장석지의 아들은
  이름이 張摯이며 자는 長公으로 大夫에 이르렀으나 벼슬에서 물러나 당세
  에는 자신이 용납되지 않는다고 여겨 종신토록 벼슬길에 나서지 않았다고 함.
  도연명 자신의 〈飮酒詩〉(12)에서 "長公曾一仕, 壯節忽失時. 杜門不復出, 終身
  與世辭"라 하였음. 〈讀史述九章〉 張長公을 볼 것.

【丙公】丙曼容(邴曼容)을 가리킴. 한나라 사람으로 邴漢의 조카.《漢書》龔勝傳에 의하면 병만용은 6백 석 이상의 벼슬을 하지 않겠다고 하였으며 漢末 王莽의 찬탈을 보고 삼촌 병한과 함께 벼슬을 버림.

【望崖】높은 언덕은 6백 석 이상의 벼슬을 말함. 그와 같은 벼슬을 하지 않겠다고 돌아섰음을 표현한 것임.

【匪驕匪吝】교만하지도 않고 인색하지도 않음.《論語》泰伯篇에 “子曰: 如有周公之才之美, 使驕且吝, 其餘不足觀也”라 함.

【威夷】위험함.

【鄭叟】鄭敬을 가리킴. 동한 때 인물로 자는 次都.《後漢書》郅惲傳과 李賢 주에 인용된 〈謝沈書〉에 의하면 질운이 정경에게 벼슬길로 나설 것을 권유하였으나 거부하였으며 光武帝가 그를 불러 벼슬을 시키고자 하였지만 역시 나가지 않음. 뒤에 新遷縣의 都尉가 그를 억지로 功曹를 시키자 병을 핑계로 짐을 싸서 산 속으로 은거하였다 함.

【交酌】정경이 은거하여 蛾陂에서 공부할 때 고향 친구 鄧敬이 그와 교유하면서 “折茭爲坐, 以荷薦肉, 瓠瓢盈酒, 言談彌日. 蓬廬蓽門, 琴書自娛”라 하였는데 그 때의 정경을 표현한 것임.

【孟嘗】동한 때의 薛包를 가리킴. 字는 孟嘗. 참고란을 볼 것.

【天網】하늘의 그물.《老子》73장에 “天網恢恢, 疏而不失”이라 함.

【偕徂】함께 감. 함께 은거하러 떠남.

【周子】周陽珪. 당시 은거하였던 인물. 구체적인 사적은 알 수 없음.《藝文類聚》(36)에는 周妙珪라는 하함. 참고란을 볼 것.

【翳翳】여기서는 나무 그늘에 가려 어두운 모양을 가리킴.

【衡門】은사의 초라한 집 대문.《詩經》陳風 衡門에 “衡門之下, 可以棲遲, 泌之洋洋, 可以樂飢”라 하였고, 毛傳에 “衡門, 橫木爲門, 言淺陋也. 棲遲, 遊息也. 泌, 泉水也. 洋洋, 廣大也. 樂飢, 可以樂道忘飢”라 함.

【日琴日書, 顧盼有儔】일부본에는 “日玩琴書, 顧盼寡儔”로 되어 있으며, ‘顧盼’는 ‘顧盼’으로 된 판본도 있음.

【飮河】하수를 마신들 다 마실 수 없음. 두더지가 하수를 마신다해도 배만 부르면 더 마실 수 없음.《莊子》逍遙遊에 “偃鼠飮河, 不過滿腹”이라 함.

【皆休】모두가 필요 없음. ‘萬事休矣’와 같음.

【獨往】은거의 다른 말.《宋書》隱逸傳에 “逸民隱居, 皆獨往之稱”이라 함.

1. 이는 부채에 그린 인물 화상을 주제로 찬을 쓴 글이다. 四言으로 운을 맞추어 앞의 8구와 뒤의 8구는 緖言과 結言에 해당하며 중간의 32구는 매 4구씩 한 사람이다. 다만 長沮와 桀溺은 하나로 묶어 처리하였다. 이리하여 모두 9인을 거론하고 있으며 이들은 모두 고대 은사들이다. 〈詠貧士七首〉와 〈讀史述九章〉과 매우 비슷하다. 만년의 작품으로 보인다.

2.《論語》微子篇

子路從而後, 遇丈人, 以杖荷蓧. 子路問曰:「子見夫子乎?」丈人曰:「四體不勤, 五穀不分. 孰爲夫子?」植其杖而芸. 子路拱而立. 止子路宿, 殺雞爲黍而食之, 見其二子焉. 明日, 子路行以告. 子曰:「隱者也」使子路反見之. 至, 則行矣. 子路曰:「不仕無義. 長幼之節, 不可廢也; 君臣之義, 如之何其廢之? 欲潔其身, 而亂大倫. 君子之仕也, 行其義也. 道之不行, 已知之矣.」

3.《論語》微子篇

長沮·桀溺耦而耕, 孔子過之, 使子路問津焉. 長沮曰:「夫執輿者爲誰?」子路曰:「爲孔丘.」曰:「是魯孔丘與?」曰:「是也.」曰:「是知津矣.」問於桀溺. 桀溺曰:「子爲誰?」曰:「爲仲由」曰:「是魯孔丘之徒與?」對曰:「然」曰:「滔滔者天下皆是也, 而誰以易之? 且而與其從辟人之士也, 豈若從辟世之士哉?」耰而不輟. 子路行以告. 夫子憮然曰:「鳥獸不可與同群, 吾非斯人之徒與而誰與? 天下有道, 丘不與易也.」

4.《列女傳》(2) 楚於陵妻

楚於陵子終之妻也. 楚王聞於陵子終賢, 欲以爲相, 使使者持金百鎰往聘迎之, 於陵子終曰:「僕有箕帚之妾, 請入與計之」即入, 謂其妻曰:「楚王欲以我爲相, 遣使者持百金來. 今日爲相, 明日結駟連騎, 食方丈於前, 可乎?」妻曰:「夫子織屨以爲食, 非與物無治也. 左琴右書, 樂亦在其中矣. 夫結駟連騎, 所安不過容膝; 方丈於前, 所甘不過一肉. 今以容膝之安, 一肉之味, 而懷楚國之憂, 其可乎? 亂世多害, 妾恐先生之不保命也」於是子終出謝使者而不許也, 遂相與逃而爲人灌園. 君子謂:「於陵妻爲有德行」詩云:『愔愔良人, 秩秩德音.』此之謂也. 頌曰:『於陵處楚, 王使聘焉. 入與妻謀, 懼世亂煩. 進往遇害, 不若身安. 左琴右書, 爲人灌園.』

5.《高士傳》(皇甫謐) 仲卷 陳仲子

陳仲子者, 齊人也. 其兄戴爲齊卿, 食祿萬鍾, 仲子以爲不義, 將妻子適楚,

居於陵. 自謂於陵仲子. 窮不苟求不義之食. 不食遭歲饑乏糧, 三日乃匍匐而食
井上李實之蟲者, 三咽而能視. 身自織屨, 妻擘纑以易衣食. 楚王聞其賢, 欲以
爲相. 遣使持金百鎰至於陵聘仲子. 仲子入謂妻曰:「楚王欲以我爲相. 今日爲相,
明日結駟連騎, 食方丈於前, 意可乎?」妻曰:「夫子左琴右書, 樂在其中矣. 結駟
連騎, 所安不過容膝; 食方丈於前, 所甘不過一肉. 今以容膝之安·一肉之味,
而懷楚國之憂, 亂世多害, 恐先生不保命也.」於是出謝使者, 遂相與逃去, 爲人灌園.

6.《孟子》滕文公(下)

匡章曰:「陳仲子豈不誠廉士哉? 居於陵, 三日不食, 耳無聞, 目無見也. 井上有李,
螬食實者過半矣, 匍匐往將食之, 三咽, 然後耳有聞, 目有見.」孟子曰:「於齊國
之士, 吾必以仲子爲巨擘焉. 雖然, 仲子惡能廉? 充仲子之操, 則蚓而後可者也.
夫蚓, 上食槁壤, 下飮黃泉. 仲子所居之室, 伯夷之所築與? 抑亦盜跖之所築與?
所食之粟, 伯夷之所樹與? 抑亦盜跖之所樹與? 是未可知也.」曰:「是何傷哉?
彼身織屨, 妻辟纑, 以易之也.」曰:「仲子, 齊之世家也. 兄戴, 蓋祿萬鍾. 以兄之
祿爲不義之祿而不食也, 以兄之室爲不義之室而不居也, 辟兄離母, 處於於陵.
他日歸, 則有饋其兄生鵝者, 己頻顣曰:『惡用是鶃鶃者爲哉?』他日, 其母殺是鵝也,
與之食之. 其兄自外至, 曰:『是鶃鶃之肉也.』出而哇之. 以母則不食, 以妻則食之;
以兄之室則弗居, 以於陵則居之. 是尚爲能充其類也乎? 若仲子者, 蚓而後充
其操者也.」

7.《戰國策》齊策(四) 趙 威后가 혹독히 비판한 내용

「於陵子仲尚存乎? 是其爲人也, 上不臣於王, 下不治其家, 中不索交諸侯. 此率
民而出於無用者, 何爲至今不殺乎?」

8.《史記》張釋之列傳

張廷尉事景帝歲餘, 爲淮南王相, 猶尚以前過也. 久之, 釋之卒. 其子曰張摯,
字長公, 官至大夫, 免. 以不能取容當世, 故終身不仕.

9.《漢書》龔勝傳

於是勝·漢遂歸老于鄕里. 漢兄子曼容亦養志自修, 爲官不肯過六百石, 輒自免去,
其名過出於漢.

10.《後漢書》郅惲傳과 李賢 주에 인용된〈謝沈書〉鄭敬素與惲厚, 見其言
忤歆, 乃相招去, 曰:「子廷爭縣延, 君猶不納. 延今雖去, 其埶必還. 直心無諱,
誠三代之道. 然道不同者不相爲謀, 吾不能忍見子有不容君之危, 盍去之乎!」
惲曰:「孟軻以彊其君之所不能爲忠, 量其君之所不能爲賊. 惲業已彊之矣. 障君
於朝, 旣有其直, 而不死職, 罪也. 延退而惲.又去, 不可.」敬乃獨隱於弋陽山中.

居數月, 歆果復召延, 憚於是乃去, 從敬止, 漁釣自娛, 留數十日. 憚志在從政,
旣乃喟然而歎, 謂敬曰:「天生俊士, 以爲人也. 鳥獸不可與同羣, 子從我爲伊
呂乎? 將爲巢許, 而父老堯舜乎?」敬曰:「吾足矣. 初從生步重華於南野, 謂來
歸爲松子, 今幸得全軀樹類, 還奉墳墓, 盡學問道, 雖不從政, 施之有政, 是亦
爲政也. 吾年耄矣, 安得從子? 子勉正性命, 勿勞神以害生.」憚於是告別而去.
敬字次都, 清志高世, 光武連徵不到.

○ 李賢 주《謝沈書》

敬閑居不脩人倫. 新遷都尉(王莽)逼爲功曹. 廳事前樹時有清汁, 以爲甘露. 敬曰:
「明府政未能致甘露, 此淸木汁耳.」辭病去, 隱處精學蛾陂中. 陰就·虞延並辟,
不行. 同郡鄧敬因折芰爲坐, 以荷薦肉, 瓠瓢盈酒, 言談彌日, 蓬廬蓽門, 琴書
自娛. 光武公車徵, 不行.

11. 《後漢書》劉趙淳于江劉周趙傳의 敍

安帝時, 汝南薛包孟嘗, 好學篤行, 喪母, 以至孝聞. 建光中, 公車特徵, 至, 拜侍中.
包性恬虛, 稱疾不起, 以死自乞, 有詔賜告歸. ……年八十餘, 以壽終.

12. 《藝文類聚》(36) 周妙珪

周妙珪贊曰: 美哉周子. 稱疾閑居. 寄心清商. 恬然自娛. 翳翳衡門. 洋洋泌流.
日玩群書. 顧眄寡疇. 飲河旣足. 自外皆休. 緬懷千載. 託契孤遊.

〈牧馬圖〉1972 甘肅 嘉峪關 戈壁灘 魏晉墓 출토

065 〈尚長禽慶贊〉
『상장과 금경을 찬함』

옛날 상장은 벼슬살이 하찮게 여겨
아침저녁 처자와 지내는 것으로 고맙게 여겼지.
빈천과 부귀에 대하여는
《주역》을 읽고서 손익을 깨달았네.
금경은 두루 돌아다니기를 즐겨하여
그렇게 떠돌다가 날이 갈수록 멀리 갔네.
훌쩍 떠나 명산을 찾아가선
올라갔으니 어찌 되돌아올 생각을 하였겠나?

尚子昔薄宦, 妻孥共早晚;
貧賤與富貴, 讀易悟益損.
禽生善周遊, 周遊日已遠;
去矣尋名山, 上反豈知反?

【尚長】 西漢 말 王莽 때의 逸民, 隱者. 자는 子平. 皇甫謐의 《高士傳》과
《後漢書》(83) 逸民傳에 모두 '向長'으로 되어 있음. 자식을 모두 출가시킨
뒤 금경과 오악을 유람하며 일생을 마친 인물.
【禽慶】 역시 상장과 함께 五嶽을 유람한 은자. 《漢書》(72) 鮑宣傳에 의하면
北海郡 사람으로 자는 子夏이며 이름난 유생으로 관직을 버리고 상장과
함께 오악을 유람하며 유유자적한 인물.

【薄宦】벼슬을 아무것도 아닌 것으로 여김.

【妻孥】아내와 자녀들. 이들과 함께 지내는 것으로 만족하다가 그들이 모두
  출가하자 과감히 집을 나서 오악 유람 길에 나섰음을 말함.

【損益】《周易》의 두 괘 이름. 손해(減損)와 이익(增益)에 대한 원리를 설명한 것.
  참고란을 볼 것.

【日已遠】날이 갈수록 멀어짐.〈古詩十九首〉에 “行行重行行, 與君生別離. 相去
  萬餘里, 各在天一涯. 道路阻且長, 會面安可知. 胡馬依北風, 越鳥巢南枝. 相去
  日已遠, 衣帶日已緩. 浮云蔽白日, 游子不顧返”이라 함.

참고 및 관련 자료

1. 明나라 何孟春의 주석본 《陶淵明集》에는 이 시가 실려 있지 않다. 그는
唐 歐陽詢의 《藝文類聚》(36)에 기록을 근거로 이 시를 앞(064)의 〈扇上畫贊〉
에 주석문 속에 부기하였다. 그리고 “此贊今本無之, 豈唐初歐陽詢所見本, 至宋
或有缺脫耶?”라 하였다. 淸代 陶澍의 주석본 《靖節先生集》에 이르러 이 시를
권말에 補入하여 지금 전하게 된 것이다.

2. 이 시는 尙長과 禽慶 두 사람이 은거하며 벼슬하지 아니하고 함께 五嶽의
명산을 유람하는 것을 찬송한 것으로 작품 제작 연도는 알 수 없다.

3. 《高士傳》(皇甫謐) (中) 向長

向長, 字子平, 河內朝歌人也. 隱居不仕, 性尙中和, 好通老易. 貧無資食, 好事
者更饋焉. 受之取足而反其餘. 王莽大司空·王邑辟之, 連年乃至, 欲薦之於莽,
固辭, 乃止. 潛隱於家. 讀易至損益卦, 喟然歎曰:「吾已知富不如貧, 貴不如賤.
但未知死何如生耳?」建武中, 男女嫁娶旣畢, 敕:「斷家事, 勿相關, 當如我死也.」
於是遂肆意, 與同好北海禽慶, 俱遊五嶽名山, 竟不知所終.

4. 《藝文類聚》(36) 隱逸(上)

尙長, 字子平; 禽慶, 字子夏. 二人相善, 慶隱避不仕王莽. 長通易老子, 安貧樂道,
好事者更饋遺, 輒受之, 自足還餘, 如有不取也, 擧措必於中和. 司空王邑, 辟之
連年, 乃欲薦之於莽, 固辭乃止. 遂求退, 讀易至損益卦, 喟然歎曰:「吾知富貴不
如貧賤, 未知存何如亡爾? 爲子嫁娶畢, 勅家事斷之, 勿復相關, 當如我死矣.」
是後肆意, 與同好遊五岳名山, 遂不知所在.

5. 《後漢書》逸民傳

向長, 字子平, 河內朝歌人也. 隱居不仕, 性尙中和, 好通老易. 貧無資食, 好事

者更饋焉. 受之取足而反其餘. 王莽大司空·王邑辟之, 連年乃至, 欲薦之於莽, 固辭, 乃止. 潛隱於家. 讀易至損益卦, 喟然歎曰:「吾已知富不如貧, 貴不如賤. 但未知死何如生耳?」建武中, 男女嫁娶旣畢, 勅斷家事勿相關, 當如我死也. 於是遂肆意, 與同好北海禽慶, 俱遊五嶽名山, 竟不知所終.

6.《漢書》鮑宣傳

齊栗融客卿·北海禽慶子夏·蘇章游卿·山陽曹竟子期皆儒生, 去官不仕於莽. 莽死, 漢更始徵竟以爲丞相, 封侯, 欲視致賢人, 銷寇賊. 竟不受侯爵. 會赤眉入長安, 欲降竟, 竟手劍格死.

7.《幼學瓊林》

「文定納采, 皆爲行聘之名; 女嫁男婚, 謂了子平之願.」

8.《周易》損卦(41)와 益卦(42)

○ 損卦: 山澤損: 兌下艮上

損: 有孚, 元吉, 无咎, 可貞, 利有攸往. 曷之用? 二簋可用享. 彖曰: 損, 損下益上, 其道上行. 損而有孚, 元吉, 无咎, 可貞 利有攸往. 曷之用? 二簋可用享. 二簋應有時, 損剛益柔有時: 損益盈虛, 與時偕行. 象曰: 山下有澤, 損; 君子以懲忿窒欲. 初九, 已事遄往, 无咎; 酌損之. 象曰:「已事遄往」, 尙合志也. 九二, 利貞, 征凶; 弗損, 益之. 象曰: 九二利貞, 中以爲志也. 六三, 三人行則損一人, 一人行則得其友. 象曰:「一人行」, 三則疑也. 六四, 損其疾, 使遄有喜, 无咎. 象曰:「損其疾」, 亦可喜也. 六五, 或益之十朋之龜, 弗克違, 元吉. 象曰: 六五元吉, 自上祐也. 上九, 弗損益之, 无咎, 貞吉, 利有攸往, 得臣无家. 象曰:「弗損益之」, 大得志也.

○ 益卦: 風雷益: 震下巽上

益: 利有攸往, 利涉大川. 彖曰:「益」, 損上益下, 民說无疆; 自上下下, 其道大光.「利有攸往」, 中正有慶;「利涉大川」, 木道乃行. 益動而巽, 日進无疆; 天施地生, 其益无方. 凡益之道, 與時偕行. 象曰: 風雷, 益; 君子以見善則遷, 有過則改. 初九 利用爲大作, 元吉, 无咎. 象曰:「元吉无咎」, 下不厚事也. 六二, 或益之十朋之龜, 弗克違, 永貞吉; 王用享于帝, 吉. 象曰:「或益之」, 自外來也. 六三, 益之用凶事, 无咎; 有孚中行, 告公用圭. 象曰:「益用凶事」, 固有之也. 六四, 中行告公從, 利用爲依遷國. 象曰:「告公從」, 以益志也. 九五, 有孚惠心, 勿問, 元吉; 有孚, 惠我德. 象曰:「有孚惠心」, 勿問之矣;「惠我德」, 大得志也. 上九, 莫益之, 立心勿恒, 凶. 象曰:「莫益之」, 偏辭也;「或擊之」, 自外來也.

卷七 『소疏·제문祭文』

(066 — 069)

〈雪窓讀書圖〉 宋 작자미상

066 〈與子儼等疏〉
『아들 엄 등에게 주는 글』

아들 엄儼, 사俟, 빈份, 일佚, 동佟에게 고하노라.

천지가 생명을 부여하여 태어나면 반드시 죽음이라는 것이 있단다. 자고로 성인일지라도 누가 능히 홀로 이를 면할 수 있었겠는가? 그래서 자하子夏는 "살고 죽는 것은 명이 있고 부귀는 하늘에 달려있다"라 한 것이다.

네 명의 공자 제자들은 몸소 그 음성과 가르침을 받았다. 자하가 이러한 말을 한 것은 어찌 궁달窮達이란 망녕되이 구한다고 얻을 수 있는 것이 아니며, 수요壽夭란 것도 영영 정해진 운명 밖의 것이 아니라는 이유가 아니겠느냐!

내 나이 쉰을 넘었는데 젊어서는 궁하고 고통스러워 언제나 집이 가난하여 집은 떠나 벼슬해야 했다. 성격은 강직하고 재능은 졸렬하여 대하는 세상 물정과 어긋나기 일쑤였다. 스스로 내 자신을 요량해 보니 틀림없이 세속에 화를 끼칠 것만 같았다. 이에 힘을 다해 세속을 떠나 이렇게 어린 너희들로 하여금 굶주림과 추위에 떨게 하고 말았구나.

내 일찍이 유중孺仲의 아내가 남편에게 "낡은 솜옷으로 자신을 가리면 그만, 어찌 아들이 남만 못함을 부끄러워하십니까?"라는 말에 감동을 받은 적이 있었는데 이것이 이미 나와 같은 일이 되고 말았구나.

다만 한스럽기는 이웃에 이중二仲과 같은 분이 없고, 집안에는 노래자老萊子의 아내 같은 이가 없으니 이런 괴로운 심정을 품고 속으로 진실로 부끄러워하고 있는 것이다.

내 어려서는 거문고와 경서를 배워 그에 맞게 한가하고 조용한 생활을 좋아하였다. 그리하여 책을 펼쳐 터득하는 것이 있으며 곧바로 기쁨에 겨워 밥 먹는 것도 잊었단다.

나무가 자라 서로 그늘을 교차하고 있는 모습을 보거나 철새 우는 소리가 달라지는 것을 들으면 역시 기쁘고 신나는 기분을 느끼기도 하였다. 그리하여 항상 오뉴월 더위에 북쪽 창 아래 누워 시원한 바람이 잠깐이라도 불어 오면 스스로 나는 복희씨伏羲氏 이전의 사람이 된 것처럼 여겼단다.

생각이 순진하고 식견이 좁지만 이러한 생활을 가히 유지해 나갈 수 있으리라 여겼으나 세월이 흐르면서 아첨하고 요령 있게 하는 것이 여전히 서툴러 옛날 소년시절의 지조를 구하기에는 아득히 멀어지고 말았으니 어찌하랴!

내 병과 질환이 찾아든 이래로 점점 쇠약해져 가고 있다. 친척과 친구들이 나를 버리지 않고 매번 약과 침석鍼石을 보내어 구제를 받았으나 나는 이제 죽음의 길로 들어서는 것이 한계에 이르러 왔다고 스스로 두렵게 여긴단다.

너희들은 어린 나이에 집은 가난하여 매번 땔나무를 하고 물을 길어 와야 하는 노고로움을 당하고 있는데, 그 어느 때라야 이를 면하게 해 줄 수 있을까, 이를 마음속에 생각하고 있지만 내 무슨 말을 하겠느냐?

그러나 너희들은 비록 같은 어머니에게서 태어나지는 않았지만 그래도 의당 사해四海는 모두가 형제라는 뜻을 생각해야 하느니라.

포숙鮑叔과 관중管仲은 재물을 나누면서도 전혀 시기하지 않았고, 귀생歸生과 오거伍擧는 가시나무를 자리로 깔고 앉아 길가에서 옛정을 나누었다. 그리하여 관중은 드디어 실패를 성공으로 바꿀 수 있었고, 오거는 잃어버린 것을 바탕으로 공을 세울 수 있었다. 서로 남 사이에도 이러한데 하물며 같은 아버지에게서 난 형제들임에랴!

영천潁川의 한원장韓元長은 한말漢末의 이름난 선비로서 그 자신은 경좌卿佐의 벼슬을 역임하였고 여든을 살고 생을 마쳤다. 그는 형제와 함께 살면서 죽을 때까지 그렇게 하였다. 그런가하면 제북濟北의 법치춘氾穉春은 진晉나라 때 지조를 실행한 사람으로 칠세七世를 두고 재산을 함께 쓰면서도 그 집안 사람 누구하나 원망하는 기색이 없었단다.

《시경》에 "높은 산은 쳐다보아야 하고, 훌륭한 행동은 본받아 행해야 한다"라 하였다. 비록 그렇게 높은 경지에 이르지는 못하더라도 지극한 정성으로 이를 숭상해야 할 것이다. 너희들은 신중을 기하도록 하라. 내 다시 무슨 말을 하겠느냐!

告儼, 俟, 份, 佚, 佟:

天地賦命, 生必有死; 自古聖賢, 誰能獨免? 子夏有言: 「死生有命, 富貴在天」

四友之人, 親受音旨. 發斯談者, 將非窮達不可妄求, 壽夭永無外請故耶!

吾年過五十, 少而窮苦, 每以家弊, 東西游走; 性剛才拙, 與物多忤. 自量爲己, 必貽俗患, 僶俛辭世, 使汝等幼而飢寒.

余嘗感孺仲賢妻之言: 「敗絮自擁, 何慙兒子?」 此旣一事矣. 但恨鄰靡二仲, 室無萊歸, 抱玆苦心, 良獨內愧.

少學琴書, 偶愛閒靜, 開卷有得, 便欣然忘食.

見樹木交蔭, 時鳥變聲, 亦得歡然有喜. 常言五六月中, 北窗下臥, 遇涼風暫至, 自謂是羲皇上人.

意淺識罕, 謂斯可以保; 日月遂往, 機巧好疏, 緬求在昔, 眇然如何!

病患以來, 漸就衰損; 親舊不遺, 每以藥石見救, 自恐大分將有限也.

汝輩稺小家貧, 每役柴水之勞, 何時可免, 念之在心, 若何可言?

然汝等雖不同生, 當思四海皆兄弟之義.

鮑叔管仲, 分財無猜; 歸生伍擧, 班荊道舊; 遂能以敗爲成, 因喪立功. 他人尚爾, 況同父之人哉!

潁川韓元長, 漢末名士, 身處卿佐, 八十而終; 兄弟同居, 至於沒齒. 濟北氾稺春, 晉時操行人也; 七世同財, 家人無怨色.

詩曰:『高山仰止, 景行行止.』雖不能爾, 至心尚之. 汝其愼哉, 吾復何言!

【疏】'疎'로도 표기하며 문장의 한 형태. '복잡하게 얽혀 어려운 내용을 알기 쉽게 흩어 놓았다'는 뜻임.

【儼俟份佚佟】도연명의 다섯 아들 이름. '엄, 사, 빈, 일, 동'으로 읽으며 모두 人변을 붙여 취명하였음.

【子夏】공자 제자. 卜商. 공자보다 44세 여렸으며 衛나라 사람. 공자 사후 그는 西河에서 제자를 가르치다가 魏文侯의 스승이 되었음.

【死生】《論語》顔淵篇에 "子夏曰: 商聞之矣: 死生有命, 富貴在天"이라 함.

【四友】공자의 네 학생. 여기서 친구라 한 것은 《尙書大傳》에 "孔子曰: 文王得四臣, 丘亦得四友"라 하였고, 《孔叢子》論書에 "孔子四友: 回賜師由, 非子夏"라 한 것을 근거로 한 것임.

【音旨】말로 직접 전해줌. 공자의 가르침을 가리킴. 《晉書》阮瞻傳에 "諷詠遺言, 不若親承音旨"라 함.

【將】'어찌'의 뜻. 《經詞衍釋》(8)에 "將, 猶寧也, 豈也"라 함.

【窮達·壽夭】곤궁함과 통달함. 장수함과 요절함.

【外請】정해진 운명 밖에서 구하다.

【游走】동분서주하다, 밖에서 벼슬을 하다는 뜻.

【俛勉】 '힘쓰다'의 뜻. 쌍성연면어.

【孺仲】 漢나라 때 王霸의 자.《後漢書》逸民傳에는 '儒仲'으로 표기되어 있음. 왕패는 王莽의 찬탈을 보고 은거한 인물. 그의 처는 따로《後漢書》列女傳 王霸妻에 실려 있다. 왕패와 같은 고향 친구 令狐子伯이 楚相이 되고 그 아들도 郡의 功曹가 되었다. 아들이 고향에 성공하여 찾아온 모습을 본 왕패의 아들이 낙담하는 것을 보고 슬퍼하자 아내가 "그대는 젊어서 청고한 지조가 있어 부귀영화는 거들떠보지도 않았소. 지금 영호자백의 성공한 모습이 어찌 그대의 청고한 지조에 따르리오? 그대는 어찌 지난날의 기개를 잃고 아들을 위해 부끄럽다고 여기는 것입니까"라 격려하자 함께 은거하였다 함. 참고란을 볼 것. 楊勇의 〈校箋〉에는 '仲儒'로 잘못 표기되어 있음.

【二仲】 羊仲과 求仲 두 사람의 隱士.《三輔決錄》逃名에 실려 있는 고사. 西漢 말 兗州刺史 蔣詡는 王莽의 횡포를 보고 벼슬을 버리고 杜陵에 은거하였는데 그는 가시로 자신의 집을 가리고 살았음. 그의 집 곁에는 오직 세 갈래의 오솔길이 있어 이 길로 당시 같은 뜻으로 은거하고 있던 羊仲과 求仲만이 왕래할 수 있었다 함. 〈歸去來辭〉 주를 참조할 것.

【萊婦】 老萊子의 아내. 노래자는 초나라 사람으로 초왕이 정사를 맡아 줄 것을 청해 오자 아내가 극력 반대하여 결국 더 깊은 산 속으로 피하여 살았다 함. 참고란을 볼 것.

【時鳥】 철새.

【義皇上人】 伏義氏 이전의 시대 사람들. 복희씨 때에 이르러 드디어 八卦를 짓고 書契를 만들어 結繩을 대신하여 文籍이 생겼다 함.《周易》繫辭傳 참조.

【機巧】 기지와 교묘함. 잔 꾀. 혹은 '投機取巧'로도 풀이함.

【緬求在昔】 멀리 옛날의 정취를 구함. 소년시절의 정취를 가리킴. '緬'은 '遠'과 같음.

【藥石】 藥物과 砭石. 사람에게 도움이 되는 것을 뜻함.

【大分】 '大限'과 같음. 수명을 뜻함.

【柴水之勞】 땔감을 준비하고 물을 길어오는 노고.

【雖曰同生】《宋書》隱逸傳에는 '雖不同生'으로 되어 있음. 장자 엄은 전처 소생이고 나머지 네 아들은 후처 책씨 소생임.

【四海皆兄弟】《論語》顏淵篇에 "司馬牛憂曰:「人皆有兄弟, 我獨亡.」子夏曰: 「商聞之矣: 死生有命, 富貴在天. 君子敬而無失, 與人恭而有禮. 四海之內, 皆兄弟也. 君子何患乎無兄弟也?」"라 함.

【鮑叔·管仲】 춘추시대 齊桓公을 도와 제나라를 크게 일으켰던 인물. 관포지교의 고사를 낳은 인물들. 《管子》, 《列子》 및 《史記》 管晏列傳 등 참조.

【歸生·伍擧】 두 사람 모두 춘추시대 楚나라의 대신. 歸生은 聲子라고도 하며 《左傳》 襄公 26년에 두 사람의 일화가 실려 있음. 오거가 죄를 지어 鄭나라를 거쳐 晉나라로 도망하려 하자 귀생도 晉나라로 사신으로 가던 중 만나 초나라고 돌아갈 궁리를 하고 있었음. 귀생이 그를 초나라로 돌아올 수 있도록 도와 주겠노라 약속을 하고 귀생이 돌아와 당시 令尹 子木에게 초나라의 인재가 진나라에서 중용되면 초나라에 유리할 것이 없다고 설득하여 오거를 초나라로 귀국하도록 하였음. 伍擧는 伍子胥의 아버지였음. 《左傳》 襄公 26년. 참고란을 볼 것.

【班荊】 길에서 만나 가시덤불일지언정 이를 자리로 삼아 깔고 앉아 옛 정을 나눔을 말함. 《左傳》 襄公 26年 杜預 주에 "班, 布也, 布荊坐地"라 함. 참고란을 볼 것. 〈飮酒〉(14)의 주 참조.

【以敗爲成】 전화위복과 같음. 조그만 실패를 성공의 밑거름으로 삼음. 《史記》 管晏列傳에 管仲을 두고 "善因禍而爲福, 轉敗而爲功"이라 함.

【因喪爲功】 상은 망(도망)과 같음. 도망한 것을 도리어 공으로 삼음. 伍擧가 초나라고 귀국하여 公子 圍를 세워 楚 靈王으로 옹립함.(《左傳》昭公 원년)

【潁川】 穎川으로 잘못 표기된 판본도 있음. 지금의 河南 禹縣.

【韓元長】 《後漢書》 韓韶傳에 의하면 한소의 아들 韓融은 자가 元長으로 소년시절부터 뛰어나 당시 太傅, 太尉, 司徒, 司空, 大將軍 등 五府에서 모두 그를 불러 벼슬하기를 권하였으며 결국 獻帝 초기에 太僕의 관직에 올라 70세에 생을 마쳤다고 함.

【卿佐】 매우 높은 관직을 말함.

【沒齒】 죽을 때까지를 말함.

【氾穉春】 晉나라 때 氾毓은 자가 穉春(穉春)이며 濟北 盧 땅(지금의 山東 長淸縣) 사람으로 아버지가 죽자 30여 년을 守墓하여 西晉 武帝가 여러 차례 불러 벼슬을 내리고자 하였으나 나가지 않았으며 71세에 죽음. 《晉書》 儒林傳 氾毓傳 참조.

【七世同財】 7대를 거쳐 재산을 공동으로 사용하여 살았음. 즉 분가하지 않았다는 뜻. 《晉書》 氾毓傳에 "敦睦九族, 客居靑州, 逮毓七世"라 하였으며 "兒無常父, 衣無常主"라 함.

【高山仰止, 景行行止】 《詩經》 小雅 車舝의 구절. 훌륭한 행동을 따라 배워야

한다는 뜻.

【志心】정성스러운 마음가짐.

【尙之】숭상함. 그러한 일을 지향함.《史記》公子世家 贊에 "雖不能至, 然心鄕往之"라 함.

1. 이는 도연명이 다섯 아들 儼, 俟, 份, 佚, 佟에게 보낸 편지 형식의 훈계의 글이다.《宋書》와《南史》의 隱逸傳에 "與子書以言其志, 並爲訓戒"라 하였다. 이는 晉나라가 망하던 晉 恭帝 元熙 2년(402) 6월이며 당시 도연명 65세 때이다.

2.《後漢書》列女傳 王霸妻

太原王霸妻者, 不知何氏之女也. 霸少立高節, 光武時連徵不仕. 妻亦美志行. 初, 霸與同郡令狐子伯爲友, 後子伯爲楚相, 而其子爲郡功曹. 子伯乃令子奉書 於霸, 車馬服從, 雍容如也. 霸子時方耕於野, 聞賓至, 投耒而歸, 見令狐子, 沮怍 不能仰視. 霸目之, 有愧容, 客去而久臥不起. 妻怪問其故, 始不肯告, 妻請罪, 而後言曰:「吾與子伯素不相若, 向見其子容服甚光, 擧措有適, 而我兒曹蓬髮 歷齒, 未知禮則, 見客而有慙色. 父子恩深, 不覺自失耳.」妻曰:「君少修淸節, 不顧榮祿. 今子伯之貴孰與君之高? 奈何忘宿志而慚兒女子乎!」霸屈起而笑 曰:「有是哉!」遂共終身隱遁.

3.《左傳》襄公 26년

初, 楚伍參與蔡大師子朝友, 其子伍擧與聲子相善也. 伍擧娶於王子牟, 王子牟 爲申公而亡, 楚人曰:「伍擧實送之.」伍擧奔鄭, 將遂奔晉. 聲子將如晉, 遇之 於鄭郊, 班荊相與食, 而言復故. 聲子曰:「子行也, 吾必復子.」及宋向戌將平 晉·楚, 聲子通使於晉, 還如楚.

4.《後漢書》(83) 逸民傳 王霸

王霸字儒仲, 太原廣武人也. 少有淸節. 及王莽篡位, 弃冠帶, 絶交宦. 建武中, 徵到尙書, 拜稱名, 不稱臣. 有司問其故. 霸曰:「天子有所不臣, 諸侯有所不友.」 司徒侯霸讓位於霸. 閻陽毁之曰:「太原俗黨, 儒仲頗有其風.」遂止. 以病歸. 隱居守志, 茅屋蓬戶. 連徵不至, 以壽終.

5.《高士傳》(皇甫謐) 上卷

老萊子者, 楚人也. 當時世亂逃世, 耕於蒙山之陽. 莞葭爲墻, 蓬蒿爲室, 枝木爲牀, 著艾爲席, 陰水食菽, 墾山播種. 人或言於楚王, 王於是駕至萊子之門.
萊子方織畚. 王曰: 「守國之政, 孤願煩先生.」老萊子曰: 「諾.」王去, 其妻樵還
曰: 「子許之乎?」老萊曰: 「然.」妻曰: 「妾聞之: 可食以酒肉者, 可隨而鞭棰;
可擬以官祿者, 可隨而鈇鉞. 妾不能爲人所制者.」妾偸其畚而去. 老萊子亦隨
其妻, 至於江南而止, 曰: 「鳥獸之毛, 可以績而衣, 其遺粒足食也.」仲尼嘗聞
其論而蹵然改容焉. 著書十五篇, 言道家之用. 人莫知其所終也.

6.《列女傳》(2) 楚老萊妻

楚老萊子之妻也. 萊子逃世, 耕於蒙山之陽, 葭牆蓬室, 木牀著席, 衣縕食菽,
墾山播種. 人或言之楚王曰: 「老萊賢士也.」王欲聘以璧帛, 恐不來. 楚王駕至
老萊之門, 老萊方織畚, 王曰: 「寡人愚陋, 獨守宗廟, 願先生幸臨之.」老萊子
曰: 「僕山野之人, 不足守政.」王復曰: 「守國之孤, 願變先生之志!」老萊子曰:
「諾」王去. 其妻戴畚萊挾薪樵而來, 曰: 「何車迹之衆也?」老萊子曰: 「楚王
欲使吾守國之政.」妻曰: 「許之乎?」曰: 「然.」妻曰: 「妾聞之, 可食以酒肉者,
可隨以鞭捶; 可授以官祿者, 可隨以鈇鉞. 今先生食人酒肉, 授人官祿, 爲人所
制也, 能免於患乎? 妾不能爲人所制」投其畚萊而去. 老萊子曰: 「子還, 吾爲
子更慮.」遂行不顧, 至江南而止, 曰: 「鳥獸之解毛, 可績而衣之; 据其遺粒,
足以食也.」老萊子乃隨其妻而居之, 民從而家者, 一年成落, 三年成聚. 君子謂:
「老萊妻果於從善」詩曰: 『衡門之下, 可以棲遲; 泌之洋洋, 可以療饑.』此之謂也.
頌曰: 『老萊與妻, 逃世山陽. 蓬蒿爲室, 莞葭爲蓋. 楚王聘之, 老萊將行. 妻曰
世亂, 乃遂逃亡.』

7.《後漢書》(62) 韓韶傳

韓韶字仲黃, 潁川舞陽人也. ……子融, 字元長. 少能辯理而不爲章句學. 聲名
甚盛, 五府並辟. 獻帝初, 至太僕. 年七十卒.

8.《晉書》(91) 儒林傳 氾毓

氾毓字稚春, 濟北盧人也. 奕世儒素, 敦睦九族, 客居青州, 逮毓七世, 時人號
其家「兒無常父, 衣無常主」. 毓少履高操, 安貧有志業. 父終, 居于墓所三十餘載,
至晦朔, 躬掃墳壟, 循行封樹, 還家則不出門庭. 或薦之武帝, 召補南陽王文學·
祕書郎·太傅參軍, 並不就. 于時青土隱逸之士劉兆·徐苗等皆務敎授, 惟毓不
蓄門人, 清淨自守. 時有好古慕德者諮詢, 亦傾懷開誘, 以一隅示之. 合〈三傳〉
爲之解注, 撰《春秋釋疑》·《肉刑論》, 凡所述造七萬餘言, 年七十一卒.

067 〈祭程氏妹文〉
『정씨 집안에 시집간 누이동생의 제문』

진晉 의희義熙 3년 5월 갑신甲辰날, 정씨程氏 집안으로 시집간 누이 동생의 2주기 제삿날 나 연명淵明은 소뢰少牢를 제물로 제를 지내며 고개숙여 땅에 술을 뿌린다.

오호, 애닮도다!

추위가 가니 더위가 오고
세월은 점점 멀어져 가는구나.
대들보 먼지는 쌓인 대로 버려지고
뜰 앞의 풀들은 묵은 채로 황폐하네.
적적하기 그지없는 방은 비어 있고
애닮도다, 남겨진 어린 고아여.
고기와 술잔을 빈 제단에 차려놓으니
사람은 떠났으니 어디로 간 것일까!
누군들 남매가 없을까만은
사람으로 같은 부모에게서 태어났고,
아! 나와 너는 더군다나
특별히 보통 사람보다 정이 백 배나 더하였는데.
자상하신 어머니는 일찍 떠났고
그 땐 아직도 어린아이로서,
나는 열 두 살,

너는 겨우 아홉 살.
아무것도 모르던 그 시절부터
다박머리. 쓰다듬으며 함께 자랐지.

아, 아름다운 누이여
덕 있고 절조 있었으며
조용하고 공손하며 말은 적었고,
착한 일을 들으면 즐거워했지.
단정하고도 온화했으며
우애와 효성 또한 지극했었지.
행동거지는 규방閨房 법도에 맞아
모범이 되고도 본받을 만했지.
내 듣기로 착한 일하면
복이 저절로 들어온다 했는데
저 푸른 하늘이여 어찌 이리도 공정치 못하여
이런 누이에게 보답이 없는가!
옛날 내가 강릉江陵에 있을 때,
거듭된 재난으로 어머니 떠나시자,
남매는 서로 흩어져 살고 있어
서로가 초월楚越처럼 멀었었지.
너와 나는
온갖 슬픔에 애절哀切하기 끝없었지.
검고 검은 날에 높은 하늘에 먹장구름 가득하고
쓸쓸한 달밤의 추운 겨울날
새벽 흰 눈은 온 세상을 덮고 있고
추운 겨울 바람 슬피 부르짖지.
애통함를 참지 못해 머리를 땅에 찧고
제단 앞에서 피눈물을 흘린단다.

옛 생각에 잠겨 보니
지난 일들 눈앞에 있는 듯 먼 옛일 아니로다.
주고받은 편지 아직 그대로 있고
남겨진 그 아이들 눈에 가득 보이는데
어찌하여 한번 훌쩍 떠나고는
저 하늘 끝에서 다시 오지 못하는고!
적적한 너의 집을
그 어느 때 다시 밟고 들어서리!
아득히 혼자 된 어린 네 딸,
누구를 의지하며 누구를 믿고 사나?
외롭게 떠도는 너의 넋이여,
누가 맡아 제사지낼꼬?
어찌하랴 우리 정씨 집 누이여.
여기서 영원히 끝이란 말인가!
죽은 뒤에도 앎이 있다면
서로 저승 세계에서 만나자꾸나.
오호, 애닯도다!

維晉義熙三年五月甲辰, 程氏妹服制再周, 淵明以少牢之奠,
俛而酹之.

嗚呼哀哉!

寒往暑來, 日月寢疏;
梁塵委積, 庭草荒蕪.
寥寥空室, 哀哀遺孤,

肴觴虛奠, 人逝焉如!
誰無兄弟, 人亦同生,
嗟我與爾, 特百常情.
慈妣早世, 時尚孺嬰;
我年二六, 爾纔九齡.
爰從靡識, 撫鬠相成.

咨爾令妹, 有德有操,
靖恭鮮言, 聞善則樂.
能正能和, 惟友惟孝;
行止中閨, 可象可傚.
我聞爲善, 慶自己蹈;
彼蒼何偏, 而不斯報!
昔在江陵, 重罹天罰,
兄弟索居, 乖隔楚越.
伊我與爾, 百哀是切.
黯黯高雲, 蕭蕭冬月.
白雲掩晨, 長風悲絶,
感惟崩號, 興言泣血.

尋念平昔, 觸事未遠;
書疏猶存, 遺孤滿眼.
如何一往, 從天不返!

寂寂高堂, 何時復踐!

藐藐孤女, 曷依曷恃?

嶸嶸遊魂, 誰主誰祀?

奈何程妹, 於此永已!

死如有知, 相見蒿里.

嗚呼哀哉!

【維】發語詞. 제문 등에 처음 시작할 때 쓰는 조사.

【義熙】東晉 10대 皇帝인 安帝(司馬德宗)의 연호.(397~418)

【甲辰】갑진일. 그 해의 음력 5월 6일에 해당함. 고대에는 十干十二支(60일)를 날짜로 계산하였음.

【程氏妹】도연명의 여동생으로 정씨에게 시집을 갔음. 정씨의 이름은 구체적으로 알려져 있지 않으며 "我年二六, 爾纔九齡"의 구절로 보아 여동생은 연명과 3살 차이였음을 알 수 있음.

【服制】고대 상복의 제도. 흔히 친소관계에 따라 斬衰, 齊衰, 大功, 小功, 緦麻 등 5종류가 있었으며 이를 '五服'이라 함. 여동생의 경우 大功服을 9개월 입음.

【再周】2주기가 됨. 여기서는 18개월을 말함. 여동생은 의희 원년 11월에 죽었으며 이 글을 쓸 때는 의희 3년 5월이었음을 말함.

【小牢】고대 소, 양, 돼지를 잡아 잔치나 제사를 지내는 것을 '大牢'라 하며 소뢰는 그 중 2가지만의 희생을 사용하는 것.

【奠】祭奠. 귀신을 향해 제물을 차려놓는 것.

【酹】술을 땅에 붓는 제사의 절차의식.

【寒往暑來】'세월이 흐르다'의 뜻.《周易》繫辭(下)에 "寒往則暑來, 暑往則寒來, 寒暑相推而歲成焉"이라 함.

【梁塵】대들보 위에 먼지가 쌓임.

【肴觴】익은 고기와 술.

【焉如】'어디로 갔는가'의 뜻.

【兄弟】오빠와 누이 사이나 자매 사이도 '형제'라 함.《孟子》萬章(上)에 "彌子之妻, 與子路之妻, 兄弟也"라 함.

【同生】한 부모 밑에서 태어난 형제나 자매.

【慈妣】자고의 오기가 아닌가 함. 梁啓楚의 《陶淵明年譜》에 "殆原作慈考, 俗子傳鈔, 以慈當屬妣, 故妄改邪?"라 함. 慈考는 慈父.

【二六】12세.

【纔】부사로 '겨우'의 뜻. 흔히 '才'자로 대치하여 쓰기고 함.

【靡識】무식함. 아는 것이 없고 철이 없음.

【靖恭】겸손하고 공경심을 다함.《詩經》小雅 小明에 "靖共爾位"라 하였고 《韓詩外傳》에는 이를 "靖恭爾位"라 표기하였음.

【中閨】규방의 예절에 맞음. 여자로서의 표준임을 말함.

【慶自己蹈】행복이란 자신의 노력으로 얻어야 함을 가리킴.

【重罹天罰】도연명이 강릉에 있을 때 어머니의 상을 당한 일을 말함.

【索居】서로 헤어져 삶.

【楚越】서로 다른 나라. 서로 먼 곳.《莊子》德充符에 "自其異者視之, 肝膽楚越也"라 함.

【崩號】죽음을 애도하여 머리를 찧음. 崩은 '崩厥角'의 줄인 말로 叩頭와 같음. 슬퍼함. '厥角'은《漢書》諸侯王表에 "厥角稽首"라 하고 膺劭 주에 "厥者, 頓也. 角者, 額角也"라 함.

【興言】'興'자는 '釁'자의 통용자. 희생을 잡아 제사를 지냄.《說文通訓定聲》升部에 "興, 假借爲釁"이라 함. '言'은 조사임. 뜻이 없음.

【尋念】追念함. 회상함.

【平昔】지난날.

【觸事未遠】지난 일들이 눈앞에 있는 것처럼 멀지 않다.

【書疏】서신. 편지.

【煢煢】외롭고 고독한 모습.

【蒿里】사람이 죽어서 가는 저승 세계. 혹은 장지. 무덤.《古樂府》相和歌辭 蒿里에 "蒿里誰家地, 聚斂魂魄無賢愚"라 함. 〈蒿里行〉의 악부가사가 있음. 참고란을 볼 것.

1. 程氏에게 시집가서 살던 여동생이 죽어 그 제문을 지은 것으로 晉 安帝 義熙 3년(丁未 407) 5월의 일이며 도연명 43세 때이다. 〈歸去來辭〉의 서문에

의하면 동생은 405년 11월에 武昌에서 죽었으며 도연명이 달려가 문상을 하였다. 그로부터 18개월 뒤에 이 제문을 지은 것이다.

2. 《顔氏家訓》 文章篇

挽歌辭者, 或云古者虞殯之歌, 或云出自田橫之客, 皆爲生者悼往告哀之意. 陸平原多爲死人自歎之言, 詩格旣無此例, 又乖製作本意.

3. 《古今注》(崔豹) 音樂篇

瀣露: 蒿里, 並喪歌也. 出田橫門人. 橫自殺, 門人傷之, 爲之悲歌.

4. 《搜神記》(16)

挽歌者, 喪家之樂, 執紼者相和之聲也. 挽歌辭有〈薤露〉·〈蒿里〉二章, 漢田橫門人作. 橫自殺, 門人傷之, 悲歌. 言人如薤上露, 易晞滅. 亦謂人死精魂歸於蒿里. 故有二章.

5. 기타 《樂府詩集》(27), 《酉陽雜俎》(續四), 《初學記》(14), 《北堂書鈔》(29), 《文選》(陸士衡〈挽歌詩〉注) 등에 널리 실려 있음.

〈耙田圖〉 1972 甘肅 嘉峪關 戈壁灘 魏晉墓 출토

068 〈祭從弟敬遠文〉
『종제 경원의 제문』

해는 신해辛亥년, 달은 중추仲秋 8월, 그리고 열 아흐레, 종제從弟 경원
敬遠을 날짜를 잡아 무덤에 묻으니 영원히 저 후토后土에서 편히 쉬려
무나. 평소 함께 노닐며 지낸 것을 생각하며 한번 가고는 다시 돌아오지
않음을 비통해 하도다. 정은 안쓰러워 내 가슴을 찢고 눈물은 홍건하여
내 눈에 가득하다. 이에 정원의 과실과 때맞추어 빚은 술로써 저의 먼 길을
조행祖行하도다.

오호, 애닮도다!

오, 아름답다, 나의 아우여,
절조 있고 기개도 높았었지.
효성은 어린 나이답지 않게 대단하였고,
우애는 타고난 성품이었지.
제 생각 아니하고 욕심도 적었으며
고집이란 없었고 뻣세지도 않았지.
자신을 뒤로하고 남을 앞세우며
재물에 임해서는 은혜 베풀 생각부터.
마음에 득실이란 염두에 두지 않았고
감정을 세속에 빌붙이지 않았었지.
얼굴색 능히 온화하게 할 줄 알고
말은 했다하면 틀림이 없었지.

훌륭한 친구 사귀는 것을 낙으로 삼고,
문장과 기예·서화를 좋아하였지.

아득한 신선 세계를 두고
호기심을 품어
곡식 낟알 끊은 채 세상일을 버려 두고
산 속에 은둔하였지.
좔좔 쏟아지는 산 속의 폭포와
가물가물한 황량한 숲에서
새벽이면 산에 올라 선약仙藥을 캐고
저녁이면 한가하게 소박한 거문고를 탔지.
어진 자는 오래 산다는 말을
몰래 홀로 철석같이 믿었건만
어찌하여 이 말은
한갓 날 속이는 것이 되고 말았는지!
나이 겨우 서른이 갓 넘어
홀연히 세상을 사별하고
영원히 저승으로 돌아가서는
아득히 돌아올 날 기약도 없느냐!

생각건대 나와 너는
친하고 다정할 뿐만 아니라
우리의 아버지는 서로 친형제였으며
우리 둘의 어머니는 친자매간.
서로 이를 갈 나이 때부터
둘 모두 아버지는 돌아가셨고,
이런 일로 인하여 정은 더 깊어
사랑이 진실로 돈독하였지!
지난날 지금 와서 생각해 보면

같은 방을 쓰면서 즐거웠던 일,
겨울이면 허름한 갈 옷조차 없었고
여름에 목마르면 누추한 음식으로 끼니를 때웠지만,
그래도 도로써 이끌어주며
서로 얼굴 펴고 즐거워했지.
생활이야 어찌 궁핍하지 않았으랴만
배고픔도 굶주림도 잊고 살았지!

나는 일찍이 벼슬길 배워
세상의 인사에 얽히고 설켜
유랑하며 떠돌기에 이룬 것 없어
어릴 때 품은 뜻을 위배할까 봐
채찍을 거두고 돌아왔을 때
너는 나의 뜻을 알아차리고
언제나 손잡고 함께 하면서
세상 속물들의 의견은 개의치 않았지.
매번 추수하던 가을을 떠올리면
나는 벼를 베려고
너를 데리고 함께 나서서
배를 타고 함께 물을 건넜지.
사흘 밤을 물가에서 머무르면서
즐겁게 물가에서 술도 마셨지.
고요한 달은 맑은 하늘 높이 떴고
따뜻한 바람은 자라지기 시작했지.
술잔 들고서 말을 나누되
만물은 장구하나 사람은 쉽게 노쇠해진다고 말했었지.
어쩔거나 나의 아우여,
나보다 먼저 이 세상을 떠나다니!

일이란 지난날은 되찾을 수 없고
그리움이란 역시 끝이 있으랴.
날이 가고 또 달이 흘러
추위와 더위가 서로 자리를 바꾸누나.
삶과 죽음이란 각기 다른 길이요
남은 자와 떠난 자는 다른 구역이니
이 새벽을 기다려 영원한 길로 가려고
길을 가리키며 묘지로 올라간다.
외롭게 남겨진 저 어린 것들,
아직 말도 제대로 못하는 나이.
애닯고 애닯도다, 남은 네 아내,
어찌함이 예의인 줄 알고 있구나.
정원의 나무는 예와 같으나
네 방은 텅 비었구나.
누가 말 좀 해 주오, 우리 경원은
어느 때쯤 이곳에 다시 온다고!

내 생각해 보니 남들이라면
이러한 가까운 정 알지 못하리!
시구蓍龜로 점을 쳐 길하다기에
나는 너를 조행祖行하기로 결단하였다.
보이나니 만장 깃발 펄럭거리니,
붓을 잡았으나 눈물만 가득.
너의 신령에 지각할 수 있다면
내 마음의 정성을 밝히 알겠지.
오호, 애닯도다!

歲在辛亥, 月惟仲秋, 旬有九日, 從弟敬遠, 卜辰云窆, 永寧后土. 感平生之遊處; 悲一往之不返, 情惻惻以摧心, 淚愍愍而盈眼. 乃以園果時醪, 祖其將行.

嗚呼哀哉!

於鑠吾弟, 有操有槩;
孝發幼齡, 友自天愛.
少思寡欲, 靡執靡介;
後己先人, 臨財思惠.
心遺得失, 情不依世;
其色能溫, 其言則屬,
樂勝朋高, 好是文藝.

遙遙帝鄉, 爰感奇心;
絶粒委務, 考槃山陰.
淙淙懸溜, 暖暖荒林.
晨採上藥, 夕閒素琴.
曰仁者壽, 竊獨信之;
如何斯言, 徒能見欺!
年甫過立, 奄與世辭;
長歸蒿里, 邈無還期!

惟我與爾, 匪但親友,
父則同生, 母則從母.
相及齠齒, 並罹偏咎;
斯情實深, 斯愛實厚!
念彼昔日, 同房之歡,
冬無縕葛, 夏渴瓢簞;
相將以道, 相開以顏.
豈不多乏, 忽忘飢寒!

余嘗學仕, 纏緜人事,
流浪無成, 懼負素志.
斂策歸來, 爾知我意;
常願攜手, 寘彼衆議,
每憶有秋, 我將其刈,
與汝偕行, 舫舟同濟.
三宿水濱, 樂飲川界,
靜月澄高, 溫風始逝.
撫杯而言, 物久人脆,
奈何吾弟, 先我離世!

事不可尋, 思亦何極;
日徂月流, 寒暑代息.
死生異方, 存亡有域;

候晨永歸; 指塗載陟.
呱呱遺穉, 未能正言,
哀哀嫠人, 禮儀孔閑.
庭樹如故, 齋宇廓然,
孰云敬遠, 何時復還!

余惟人斯, 昧茲近情!
蓍龜有吉, 制我祖行.
望旐翩翩, 執筆涕盈;
神其有知, 昭余中誠.
嗚呼哀哉!

【辛亥】晉 安帝 義熙 7년(411). 도연명 47세 때임. 從弟는 사촌동생을 말하며 이름은 陶敬遠, 도연명보다 16세 어렸으며 31살의 어린 나이로 죽음.
【卜辰】發軔. 出喪할 시간을 정함.
【后土】皇天后土를 말함. 저승세계로 가서 황천후토의 다스림으로 들어감.
【游處】함께 놀던 곳.
【祖】祖餞과 같음. 음식과 술을 차려 멀리 떠나가는 자를 보냄. '祖餞'은 '餞行'과 같으며 길을 떠나보낼 때 여는 잔치. 고대 黃帝의 아들 유조(纍祖)가 먼길을 떠나 도중에 죽자 사람들이 그를 '路神'으로 여겨 길 떠나는 자를 보호해 달라는 뜻으로 제를 올리기 시작한 것에서 유래되었다 함.《四民月令》）
【於鑠】'오삭'으로 읽음. 어는 감탄사, 삭은 '불빛이 타듯이 아름답다'의 뜻.《詩經》周頌 酌에 "於鑠王師"라 함.
【槩】'槩'로 표기된 판본도 있으며 '度量, 혹은 어림짐작하다'의 뜻.《漢書》楊敞傳에 "漂然皆有節槩, 知去就之分"라 하였고 顔師古 주에 "槩, 度量也"라 함.

【惠】'물질로 은혜를 베풀다'의 뜻.《孟子》滕文公(上)에 "分人以財謂之惠"라 함.

【其色能溫】태도가 온화하다.《論語》子張篇에 "子夏曰: 君子有三變: 望之儼然, 卽之也溫, 聽其言也厲"라 함.

【樂勝朋高】뛰어난 친구를 사귀는 것을 낙으로 삼다.

【帝鄕】이상 세계. 신선의 세계. 하느님의 고향.《莊子》天地篇 華封人의 말에 "千歲厭世, 去而上仙, 乘彼白雲, 至于帝鄕"이라 하였고 도연명 자신의 〈歸去來辭〉에 "帝鄕不可期"라 하였음.

【絶食】오곡의 곡류를 먹지 아니하고 수양하여 신선이 되고자 함. 도가의 수양법 중의 하나. 絶穀, 辟穀과 같음.

【考槃】隱居와 같은 뜻.《詩經》衛風 考槃의 〈詩小序〉에 "考槃, 刺莊公也, 不能繼先公之業, 使賢者退而窮處"라 함.

【懸溜】거꾸로 매달려 흐르는 물. 즉 瀑布를 뜻함.

【上藥】생명을 살리는 최고의 약. 嵇康〈養生論〉에 "故神農曰: 上藥養命, 中藥養性"이라 함.

【素琴】아무런 장식이 없이 만들 때 흰 색 그대로의 나무로 된 거문고.

【仁者壽】《論語》雍也篇에 "知者樂, 仁者壽"라 함.

【年甫過立】나이는 겨우 立(30)을 갓 넘김. 立은 서른 살. '甫'는 갓, 금방의 뜻.《論語》爲政篇에 "子曰:「吾十有五而志于學, 三十而立, 四十而不惑, 五十而知天命, 六十而耳順, 七十而從心所欲, 不踰矩.」"라 함.

【蒿里】사람이 죽어서 가는 저승 세계. 혹은 장지. 무덤.《古樂府》相和歌辭 蒿里에 "蒿里誰家地, 聚斂魂魄無賢愚"라 함. 〈蒿里行〉의 악부가사가 있음.《搜神記》(16)에 "挽歌者, 喪家之樂, 執紼者相和之聲也. 挽歌辭有〈薤露〉·〈蒿里〉二章, 漢田橫門人作. 橫自殺, 門人傷之, 悲歌. 言人如薤上露, 易晞滅. 亦謂人死精魂歸於蒿里. 故有二章"라 하였으며,《古今注》(中),《樂府詩集》(27),《酉陽雜俎》(續四),《初學記》(14),《北堂書鈔》(29),《文選》(陸士衡〈挽歌詩〉注) 등에 널리 실려 있음.

【父則同生】두 사람의 부친은 형제간임을 말함. 한편 두 사람의 어머니 역시 친자매였음. 同生은 같은 부모에게서 태어난 형제관계를 뜻함. 도연명의 부친과 경원의 부친은 모두가 陶茂의 아들이며 모친은 모두가 孟嘉의 딸이었음. 陶澍는 《豫章書》를 인용하여 "孟嘉以二女妻陶侃子茂之二子, 一生淵明, 一生敬遠, 是敬遠之母爲先生從母也"라 함.

【齠齒】이를 가는 나이.《韓詩外傳》(1)에 "男八月生齒, 八歲而齠齒"라 함.

【並罹偏咎】두 사람이 함께 부모 중에 하나를 잃는 재앙(咎)을 만남. 그러나 원래 ‘偏喪有咎’의 뜻으로 이는 《國語》周語(下)에 실려 있는 말로 單 襄公이 晉 厲公의 ‘視遠步高’의 모습을 보고 晉나라에 장차 대란이 일어날 것을 예측함. 魯 成公이 사람은 “目以處義, 足以踐德, 口以庇信, 耳以聽名”이어야 함에도 진 여공은 “視遠步高”하니 “視遠日絶其義, 足高日棄其德”하여 2가지를 잃고 있기 때문이니 이는 ‘偏喪有口’라 한 것임. 그러나 여기서는 부모 중 하나를 잃은 재앙을 당한다는 뜻으로 쓰였음.

【縕褐】거친 베로 지은 솜옷.

【夏渴瓢簞】여름에 먹을 것이 누추하다는 뜻. 渴은 竭의 뜻. 瓢簞은 ‘一簞食 一瓢飮’을 뜻함. 《論語》雍也篇에 “一簞食, 一瓢飮, 在陋巷, 人不堪其憂, 回也 不改其樂”이라 함.

【斂策】벼슬길로 나가는 말채찍을 거두어들이고 은거함.

【寘彼衆議】남이 자신에 대하여 어떻게 평가하건 개의치 않음. ‘寘’는 ‘置’와 같음.

【有秋】가을. ‘有’는 명사 앞에 오는 단어로 뜻이 없음. 尙書 盤庚(上)에 “若農 服田力稼, 乃亦有秋”라 함.

【脆】수명이 길지 않음. 脆弱함.

【寒暑待息】세월이 흐름. 周易 繫辭(下)에 “日往則月來, 月往則日來, 日月相 推而明生焉. 寒往則暑來, 暑往則寒來, 寒暑相推而歲成焉”이라 함.

【候晨】‘卜辰’과 같음. 候는 占卜의 뜻. 《後漢書》郞顗傳에 “占候吉凶”이라 함. ‘晨’은 ‘辰’과 같음.

【呱呱】呱呱之聲. 사람이 태어날 때 처음 터뜨리는 울음.

【嫠人】과부. 남편이 죽고 남겨진 아내. 여기서는 경원의 처를 말함.

【孔閑】매우 주도면밀함. 능력이 있음. 난숙함.

【齋宇】齋室. 경원이 도가를 신봉하여 오곡을 먹지 않고 재실에서 수양하였 음을 말함. 여기서는 집안을 가리킴.

【廓然】텅 빈 모양.

【昧玆近情】‘어찌 이러한 가까운 정에 어두웠을까!’의 뜻. 昧는 ‘어둡다, 보지 못하다’의 뜻. 《左傳》僖公 24년에 “目不別五色之章爲昧”라 함.

【蓍龜】蓍는 一本多莖 多年草의 풀 이름. 고대 점치는 풀. 龜는 점치는데 사용하는 거북. 《博物志》(9)에 “蓍一千歲而三百莖同本, 以老, 故知吉凶. 蓍末 大於本爲上吉, 筮必沐浴齋潔燒香, 每朔望浴蓍, 必五浴之. 浴龜亦然”라 하였

으며, 《史記》龜策列傳에 "王者決定諸疑, 參以卜筮, 斷以著龜, 不易之道也.
……擇策定數, 灼龜觀兆, 變化無窮"이라 함.
【祖行】送行, 祖餞과 같음. 고대 黃帝의 아들 유조(纍祖)가 먼길을 떠나
도중에 죽자 사람들이 그를 '路神'으로 여겨 길 떠나는 자를 보호해 달라는
뜻으로 제를 올리기 시작한 것에서 유래되었다 함.
【旐】만장의 깃발. 挽旗. 運柩의 앞에서 길을 인도하는 깃발. '魂幡'이라고도 함.

참고 및 관련 자료

　이는 도연명의 從弟 敬遠이 죽어 출상을 할 때 그를 애도하여 지은 제문
으로 晉 安帝 義熙 7년 辛亥년(411) 8월 19일이며 당시 도연명의 나이 47세
때이다.

〈犁田圖〉 1972 甘肅 嘉峪關 戈壁灘 魏晉墓 출토

069 〈自祭文〉
『내 죽은 다음의 나에 대한 제문』

해는 정묘丁卯년 율려律呂로는 무역(無射, 9월), 날씨는 차고 밤은 길며 바람과 공기는 소삭蕭索하여 기러기는 남쪽으로 날아가고 초목은 누렇게 시들어 떨어지고 있다. 나 도연명은 장차 인생이란 여관에 머물렀다가 영원히 본택本宅으로 돌아가고자 작별하노라. 친구들은 슬피 여겨 서로 비통에 잠겨 오늘 저녁 함께 모여 조행祖行의 예를 올리며 나를 떠나보낸다. 좋은 음식을 준비하고 맑은 술을 올리며 내 얼굴을 살펴보니 이미 생명이 사라졌으며 나의 음성을 들으려 하나 더욱 적막하기만 하다.

오호, 애닯도다!

망망하게 끝없는 넓은 대지,
아득히 멀고 높은 저 하늘.
이렇게 온 세상의 만물을 낳았고
나도 이처럼 사람으로 태어났었네.
나 이렇게 사람으로 태어나면서부터
가난한 집안의 운명을 만나
소쿠리와 표주박이 자주 비었고
거친 베옷으로 겨울을 견뎠네.
그럼에도 기쁨 갖고 골짜기 물을 긷고
땔나무 지고 가면서 노래불렀네.
어둡고 컴컴한 사립문에서

밤이나 낮이나 일에 매달렸지.
봄가을 계절이 바뀔 때마다
전원에는 그래도 할 일 있었네.
풀도 뽑고 북돋우며
작물을 길러내고 번성시켰지.
하얀색 베낀 책을 즐겨 읽었고
칠현금 거문고로 화평 얻었네.
겨울이면 햇볕도 따뜻이 쬐고
여름이면 맑은 물에서 목욕도 했지.
일 할 때면 남은 힘도 아낌없이 썼고
마음에는 언제나 여유를 가졌지.
천명을 즐겨하며 직분에 맡겨
이렇게 백년 일생 다 마쳤다네.

이 백년 한 평생이란
사람이면 누구나 아끼는 것.
아무것도 이룬 것 없을까 두려워하며
하루 한시라도 아끼고 아껴
살아서는 세상의 존경을 받고
죽어서는 그리움에 남길 바라지.
아, 나만 홀로 내 길 달리며
일찍이 세상 사람들과는 달리 살았네.
세상의 총애를 나의 영화로 여기지 않으니
검은 물감인들 나를 어찌 물들이랴!
궁벽한 오막살이 그래도 꼿꼿하게
취하면 즐거워 글도 지었네.
운명을 깨닫고 제 명을 알았으니
인간세상에 미련을 두지 않노라.
내 지금 이렇게 죽어갔으니

〈靈界圖〉畫像石 東漢 山東 嘉祥縣 武梁祠

이제는 더 이상 여한도 없다.
목숨이 백 살에 이르도록
내 몸은 여전히 은거생활 떠나기 아쉬워하네.
늙음 따라 그 일도 끝을 얻으니
내 어찌 또다시 연연해하랴!
세월이 그토록 빠르게 흘렀지만
죽고 난 다음은 살았을 때와 다르겠지.
외족과 인척이 새벽부터 문상 왔고
좋아했던 벗들은 밤중에 달려왔네.
나를 저 들판에 묻어 놓고
내 혼백을 편안히 해 주려고 이렇게 온 것이지.

어둡고 아득한 길 내가 가는 길,
쓸쓸한 바람 묘문을 스치네.
송나라 환퇴桓魋같은 사치로운 장례는 부끄럽소,
양왕손楊王孫처럼 지나친 검소함도 우스운 일이라오.
묘지는 넓고 만사는 이미 끝났으니
이미 이렇게 멀어져감을 한탄하오.
봉분도 하지 말고 나무도 심지 마소.
세월은 드디어 흘러가리라.

살아 생전 그 명예 귀한 것 아니듯이,
죽은 뒤의 칭송 노래 그 무엇이 중하겠소!
사람으로 태어나 살아오기가 그토록 어려웠는데
죽은 다음엔 과연 어떠할까!
오호, 애닯도다!

歲惟丁卯, 律中無射, 天寒夜長, 風氣蕭索, 鴻雁於征,
草木黃落; 陶子將辭逆旅之館, 永歸於本宅. 故人悽其相悲,
同祖行於今夕. 羞以嘉蔬, 薦以淸酌, 候顏已冥, 聆音愈漠.

嗚呼哀哉!

茫茫大塊, 悠悠高旻,
是生萬物, 余得爲人.
自余爲人, 逢運之貧;
簞瓢屢罄, 絺綌冬陳.
含歡谷汲, 行歌負薪,
翳翳柴門, 事我宵晨.
春秋代謝, 有務中園,
載耘載耔, 迺育迺繁.
欣以素牘, 和以七絃,
冬曝其日, 夏濯其泉.
勤靡餘勞, 心有常閒.
樂天委分, 以至百年.

惟此百年, 夫人愛之;
懼彼無成, 愒日惜時.
存爲世珍, 沒亦見思;
嗟我獨邁, 曾是異茲.
寵非己榮, 涅豈吾緇!
捽兀窮廬, 酣飲賦詩.
識運知命, 疇能罔眷,
余今斯化, 可以無恨.
壽涉百齡, 身慕肥遯,
從老得終, 奚所復戀!
寒暑逾邁, 亡旣異存,
外姻晨來, 良友宵奔;
葬之中野, 以安其魂.

宜宜我行, 蕭蕭墓門,
奢恥宋臣, 儉笑王孫.
廓兮已滅, 慨焉已遐,
不封不樹, 日月遂過.
匪貴前譽, 孰重後歌!
人生實難, 死如之何.
嗚呼哀哉!

【丁卯】도연명 63(427) 때이며 顔延年의 〈靖節徵士誄〉에 "春秋六十有三, 元嘉四年月日, 卒於潯陽縣之某里"라 함.

【無射】'무역'으로 읽으며 《呂氏春秋》에 일년 12월을 律呂에 맞추어 부른 것으로 음력 9월에 해당함. 그 音律에 黃鐘, 大呂, 太簇, 夾鐘, 姑洗, 仲呂, 蕤賓, 林鐘, 夷則, 南呂, 無射, 應鐘이 있으며 이를 1년 12월에 배합하여 月稱으로도 불렀음. 이에 따라 "仲冬日短至, 則生黃鐘; 季冬生大呂, 孟春生太簇, 仲春生夾鐘, 孟夏生仲呂, 仲夏日長至, 則生蕤賓, 季夏生林鐘, 孟秋生夷則, 仲秋生南呂, 季秋生無射, 孟冬生應鐘"이라 함.

【蕭索】스산하다, 쓸쓸하다.

【本宅】고향집, 여기서는 무덤을 가리킴.

【祖行】먼 길을 떠나보내는 사람을 위하여 여는 잔치. 출상하기 전 제사 지내 영혼을 추모함. 祖餞과 같음. 고대 黃帝의 아들 유조(纍祖)가 먼길을 떠나 도중에 죽자 사람들이 그를 '路神'으로 여겨 길 떠나는 자를 보호해 달라는 뜻으로 제를 올리기 시작한 것에서 유래되었다 함.

【嘉蔬, 淸酌】모두 제사의 의식. 《禮記》曲禮(下)에 "凡祭宗廟之禮, ……酒曰 淸酌, ……稻曰嘉蔬"라 함. 따라서 쌀밥과 술을 지칭함.

【大塊】대자연. 지구. 《莊子》齊物論에 "大塊噫氣, 其名爲風"이라 하였고 大宗師에는 "大塊載我以形, 勞我以生"이라 함.

【罄】'비다'(空)의 뜻.

【絺綌】'치격'으로 읽으며 가는 베로 짠 옷감과 거친 베로 짠 옷감.

【負薪】땔감을 지고 옴. 《漢書》朱買臣傳에 "買臣獨行歌道中, 負薪墓間"이라 함.

【素牘】흰 비단이나 목간. 서적을 말함.

【樂天】천리를 즐거워함. 운명을 따름. 《周易》繫辭(上)에 "樂天知命故不憂"라 함.

【委分】타고난 분수에 맡김. 운명대로 함. 嵇康 〈琴賦〉에 "委性命兮任去留"라 함.

【愒日】'愒'는 '惜'과 같음. 시간이 흐름을 안타까워함.

【涅】검은 색의 염료. 《論語》陽貨篇에 "不曰白乎, 涅而不緇"라 함.

【斯化】죽음을 뜻함. 《漢書》楊王孫傳에 "死者, 終生之化, 而物之歸者也"라 함.

【肥遁】'飛遁', '肥遯'과 같음. 《周易》遯卦 上九에 "肥遯, 無不利"라 함. 비둔은 멀리 날아 은둔함을 뜻함. 《淮南子》師道訓에 "遁而能飛, 吉孰大焉?"이라 하였고, 《後漢書》張衡傳에는 "利飛遁以保名"이라 함.

【從老得終】늙어서 제 명에 죽음을 뜻함. 嵇康 〈養生論〉에 "至于措身失理, 亡之於微, 積微成損, 積損成衰, 從衰得白, 從白得老, 從老得終"이라 함.

【逾邁】 더욱 빨라짐.《尙書》泰書에 "我心之憂, 日月逾邁"라 하였고 孔穎
　達 疏에 "逾, 益; 邁, 行也. 言日月益爲疾行"이라 함.

【外姻】 어머니 켠과 처가 켠의 친척들. 여기서는 모든 친척을 가리킴.

【窅窅】 '요요'로 읽으며 冥冥과 같은 뜻임. 무덤의 어둡고 깊음을 뜻함.

【宋臣】 춘추시대 송나라 桓魋(司馬桓魋)를 가리킴.《孔子家語》曲禮子貢問篇
　에 "孔子在宋, 見桓魋自爲石槨, 三年而不成, 工匠皆病. 夫子愀然曰: '若是其
　靡也! 死不如速之愈.'"라 함.

【王孫】 漢 武帝 때의 楊王孫을 가리킴. 그는 죽을 때 자녀에게 전혀 옷을
　입히지 말고 나체로 묻어줄 것을 요구하였음.《漢書》楊王孫傳 및《說苑》
　反質篇 등에 자세히 실려 있음.

【廓兮】 넓고 광활하다. 묘지를 가리킴. 廓은 空廓.

【不封】 고대 무덤에는 봉분을 쓰지 않았음.《周易》繫辭(下)에 "古之葬者,
　厚衣之以薪, 葬之中野, 不封不樹"라 함. 한편 顔延年의 〈陶徵士誄〉에 "視死
　如歸, 臨凶若吉, 藥劑不嘗, 禱祀非恤. ……存不願豐, 沒無求贍. 省訃卻賻, 輕
　哀薄斂. 遭壤以穿, 旋葬而窆"이라 함.

【人生實難】 사람으로 태어나 살기가 실제로 어려움.《左傳》成公 2년에 "人生
　實難, 其有不獲死乎!"라 하였고, 錢鍾書의《管錐編》(4)에는 "陶潛自祭文, 人生
　實難, 死如之何, 案語意本全三國文卷五二嵇康聖賢高士傳尙長: 喟然歎曰:
　吾知富貴不如貧賤, 未知存何如亡爾"라 함.

참고 및 관련 자료

1. 이는 자기 자신을 두고 제문을 지은 것으로 丁卯(宋 文帝 元嘉 4년, 427)
9월 도연명의 나이 63세 絶筆할 때라 한다. 이 제목을 지은 2달 뒤 도연명은
별세하였다. 같은 시기에 〈擬挽歌辭〉도 지은 것으로 알려져 있다.

2.《說苑》反質篇

楊王孫病且死, 令其子曰:「吾死欲倮葬, 以返吾眞, 必無易吾意.」祁侯聞之,
往諫曰:「竊聞王孫令葬必倮而入地, 必若所聞, 愚以爲不可. 令死人無知則已矣,
若死有知也, 是戮尸於地下也, 將何以見先人? 愚以爲不可!」王孫曰:「吾將
以矯世也. 夫厚葬誠無益於死者, 而世競以相高, 靡財殫幣而腐之於地下, 或乃
今日入而明日出, 此眞與暴骸於中野何異? 且夫死者終生之化, 而物之歸者;

歸者得至, 而化者得變, 是物各返其眞. 其眞冥冥, 視之無形, 聽之無聲, 乃合道之情. 夫飾外以誇衆, 厚葬以矯眞, 使歸者不得至, 化者不得變, 是使物各失其然也. 且吾聞之, 精神者, 天之有也, 形骸者, 地之有也; 精神離形, 而各歸其眞, 故謂之鬼. 鬼之爲言歸也, 其尸塊然獨處, 豈有知哉? 厚裹之以幣帛, 多送之以財貨, 以奪生者財用. 古聖人緣人情, 不忍其親, 故爲之制禮; 今則越之, 吾是以欲倮葬以矯之也. 昔堯之葬者, 空木爲櫝, 葛藟爲緘; 其穿地也, 下不亂泉, 上不泄臭. 故聖人生易尙, 死易葬, 不加於無用, 不損於無益, 謂今費財而厚葬, 死者不知, 生者不得用, 謬哉! 可謂重惑矣.」祁侯曰:「善.」遂倮葬也.

3.《漢書》(67) 楊胡朱梅云傳의 楊王孫傳

楊王孫者, 孝武時人也. 學黃老之術, 家業千金, 厚自奉養生, 亡所不致. 及病且終, 先令其子, 曰:「吾欲臝葬, 以反吾眞, 必亡易吾意. 死則爲布囊盛尸, 入地七尺, 旣下, 從足引脫其囊, 以身親土.」其子欲黙而不從, 重廢父命, 欲從[之], 心又不忍, 乃往見王孫友人祁侯. 祁侯與王孫書曰:「王孫苦疾, 僕迫從上祠雍, 未得詣前. 願存精藥, 厚自持. 竊[聞]王孫先令臝葬, 令死者亡知則已, 若其有知, 是戮尸地下, 將臝見先人, 竊爲王孫不取也, 且孝經曰『爲之棺椁衣衾』, 是亦聖人之遺制, 何必區區獨守所聞? 願王孫察焉.」王孫報曰:「蓋聞古之聖王, 緣人情不忍其親, 故爲制禮, 今則越之, 吾是以臝葬, 將以矯世也. 夫厚葬誠亡益於死者, 而俗人競以相高, 靡財單幣, 腐之地下. 或乃今日入而明日發, 此眞與暴骸於中野何異! 且夫死者, 終生之化, 而物之歸者也. 歸者得至, 化者得變, 是物各反其眞也. 反眞冥冥, 亡形亡聲, 乃合道情. 夫飾外以華衆, 厚葬以鬲眞, 使歸者不得至, 化者不得變, 是使物各失其所也. 且吾聞之, 精神者天之有也, 形骸者地之有也. 精神離形, 各歸其眞, 故謂之鬼, 鬼之爲言歸也. 其尸塊然獨處, 豈有知哉? 裹以幣帛, 鬲以棺椁, 支體絡束, 口含玉石, 欲化不得, 鬱爲枯腊, 千載之後, 棺椁朽腐, 乃得歸土, 就其眞宅. 繇是言之, 焉用久客! 昔帝堯之葬也, 窾木爲匱, 葛藟爲緘, 其穿下不亂泉, 上不泄殠. 故聖王生易尙, 死易葬也. 不加功於亡用, 不損財於亡謂. 今費財厚葬, 留歸鬲至, 死者不知, 生者不得, 是謂重惑. 於戲! 吾不爲也.」

卷八『오효전찬五孝傳贊』

(070 – 074)

〈高逸圖〉明 董其昌(그림)

※『五孝傳贊』에서 五孝는 천자, 제후, 경대부, 사, 서인들의 각각 그 신분에 맞는 효의 제도를 말한다. 이는 《孝經》의 「天子章」, 「諸侯章」, 「卿大夫章」, 「士章」, 「庶人章」으로 나누어 제정한 孝制를 따라 분류한 것이다. 한편 도연명이 이 〈五孝傳贊〉을 쓴 이유에 대하여 方宗誠은 《眞詮》에서 "五孝傳贊大抵略述古人之孝, 以示諸子者耳, 非著述也. 觀〈與子儼疏〉後段勉其兄弟友愛, 引古人以示之準, 可悟此傳爲命子之作, 非特著以示世者也. 若以爲述以示後世, 則不該不備, 嫌於陋矣"라 하여 자신의 아들들에게 교훈으로 삼고자 간단히 기술한 것이라 하였다.

한편 많은 판본에서는 『오효전』(권8)과 다음의 『集聖賢群輔錄』上(권9) 下(권10)는 전혀 다루지 않고 있으며 白話語 번역도 하지 않고 있다.

이유는 蕭統이 《陶淵明集》을 편찬할 때 『오효전』과 『사팔목』(즉 『집성현군보록』)이 없었다고 주장한 陽休之의 〈序錄〉에 "其集先有兩本行於世: 一本八卷, 無序; 一本六卷, 並序目, 編比顚亂, 兼復闕少. 蕭統所撰八卷, 合序目誄傳, 而少五孝傳及四八目"이라 한 것과 〈四庫全書提要〉의 "五孝傳引「孝乎惟孝友兄弟」, 句讀尙從包咸, 知未見古文尙書, 而此錄「四嶽」一條, 乃引孔安國, 其出兩乎, 尤自顯然"의 내용을 들어 그 뒤로 陶澍, 梁啓楚, 郭紹虞 등이 모두 한결같이 이는 陽休之가 僞撰하여 增補한 것이며 도연명이 자신이 직접 쓴 것이 아니라는 주장을 따르기 때문이다.

그러나 진례(陳澧)의 《東塾讀書記》에는 "陶淵明有五孝傳, 或疑後人依託, 澧謂不必疑也. 蓋陶公於家庭鄕里, 以『孝經』爲敎, 稱引古實以證之. 故其「庶人孝傳贊」云:「嗟爾衆庶, 鑒玆前式.」司馬溫公『家範』錄『孝經』「居則致其敬, 養則致其樂, 病則致其愛, 喪則致其哀, 祭則致其嚴」五句, 每句各引經史以證之. 蓋『孝經』一篇, 皆論以孝順天下之大道, 惟此五句爲孝之條目, 故加以引證, 亦所謂「鑒玆前式」也"라 하여 도연명이 직접 쓴 것으로 여겼다. 그러나 이는 증거가 확실하지 않아 인정을 받지 못하고 있다.

그런가 하면 潘石禪의 〈新箋〉에는 "規案: 〈五孝傳〉卿大夫孝傳贊云:「故稱曰'孝乎惟孝友于兄弟是亦爲政也.'」〈提要〉據此文以爲淵明從包咸句讀. 按《論語》爲政篇云:「或謂孔子曰: 子奚不爲政? 子曰: 書云孝乎惟孝, 友于兄弟, 是於有政, 是亦爲政, 奚其爲政?」〈集解〉引包曰: '孝乎

惟孝, 美大孝之辭; 友于兄弟, 善于兄弟.'《書》君陳篇: '王若曰: 君陳!
惟爾令德孝恭, 惟孝友兄弟, 克施有政.' 至宋朱子爲《論語集註》, 乃云:
'書, 君陳篇. 書云孝乎者, 言《書》之言孝如此也. 善兄弟曰友.《書》言君陳
能孝於親, 友於兄弟.'是至朱子乃讀《論語》此章爲'子曰: 書云孝乎, 惟孝
友于兄弟'也. 朱子爲《論語》章句以前, 見《古文尚書》者至夥, 如宋邢昺
《論語疏》, 此章卽引《書》君陳之言, 而其句讀仍依包氏, 未嘗必讀此章
《論語》如朱子所施之句讀也. 卽朱子《論語》章句通行之後, 學者亦多有議
朱子此章句之失者. 何以責淵明爲文, 引用《論語》必依朱子句讀乎? 且晉代
通行何晏等集解《論語》, 淵明雖見《古文尚書》, 而《論語》自依通行句讀,
夫何足怪! 況行文引用舊辭, 時有刪節, 未必卽依原文句讀. 如〈五孝傳〉
天子孝傳贊云: '虞舜父頑母嚚, 事之於畎畝之間, 以孝蒸蒸.'此亦淵明用
《書》堯典'克諧以孝, 蒸蒸乂, 不格姦'之成文, 語有刪節, 乃以'以孝蒸蒸'
連文, 未必其斷句異於書傳也. 豈可以行文句讀偶異舊籍, 遂臆斷其必不
見《古文尚書》乎?"라 하여 단지《고문상서》에 있는 孔安國의 僞作"孝乎
惟孝友于兄弟"의 구절과 句讀만을 가지고 의문을 제기하는 것은 옳지
않다고 주장하기도 하였다.(이상은 楊勇《陶淵明集校箋》成偉出版社 臺北 1975
pp323-35에서 節錄 정리한 것임.)

　　좌우간 이 〈오효전〉이 도연명 자신의 글인지 아니면 북제北齊 때
양휴지陽休之의 위작인지, 또 다른 어떤 사람의 두찬杜撰인지는 논란이
분분하지만 나 역자는 이에 대한 것은 뒤로 미루고 일단 역주하여 후인의
고증을 기다린다.

070 〈天子孝傳贊〉
『천자로서 효를 다한 분들에 대한 전기와 찬』

우순虞舜·하우夏禹·은殷나라 고종高宗·주周나라 문왕文王.

虞舜·夏禹·殷高宗·周文王.

070-1
우순虞舜

우순(虞舜, 순임금)은 아버지는 완고하였고 어머니는 어리석은 계모였다. 그러나 이들을 농사지으면서 섬겨 효도로써 부지런히 하였다. 이로써 요堯임금이 이를 듣고 천하를 그에게 물려주게 되었다. 부유하기로는 천하를 가졌고 귀하기로는 천자가 된 것이다. 그는 부모에게 자신이 받아들여지지 않는 것을 마치 막혀 더 이상 돌아갈 곳이 없는 듯이 여겼으며

오직 어버이가 자신의 순종을 받아주는 것으로
써 뜻을 얻는 것으로 여겼다.

　만약 아침저녁으로 어긋나는 것이 있으면 마
치 어린 아이가 부모를 그리워 하듯 여겼다. 그
러므로 순임금은 나이 쉰이 되도록 부모를 그리
워하였다고 칭하는 것이다. 《서書》에 "명구鳴球
를 우리며 금슬琴瑟을 연주하여 노래하니 조상
이 와서 이르도다"라 하였으니 이는 조상이 임
하시기를 생각하여 그렇게 가르쳤음을 말한 것

有虞氏 舜임금《三才圖會》

帝舜(有虞氏 舜임금)

이다. 사랑과 공경은 어버이를 모시는 데에 끝까지 다해야 하나니 이로써
그 덕과 교화가 백성에게 더해지고 사해四海에 본보기가 되는 것이다.

虞舜父頑母嚚, 事之於畎畝之間, 以孝
烝烝, 是以堯聞而授之. 富有天下, 貴爲
天子. 以爲不順於父母, 若窮而無歸,
惟順親可以得意. 苟違朝夕, 若嬰兒之
思戀, 故稱舜五十而慕. 書曰:「夏擊鳴
球, 搏拊琴瑟以詠, 祖考來格」言思其
來而訓之. 愛敬盡於事親, 是以德敎
加於百姓, 刑於四海.

有虞氏 舜임금《三才圖會》

【五十而慕】나이 쉰이 되어서도 어버이를 그리워함. 《新序》雜事(一)에 "昔者,
　舜自耕稼陶漁而躬孝友. 父瞽叟頑, 母相, 及弟象傲, 皆下愚不移. 舜盡孝道,
　以供養瞽叟. 瞽叟與象, 爲浚井塗廩之謀, 欲以殺舜, 舜孝益篤. 出田則號泣,
　年五十猶嬰兒慕, 可謂至孝矣"라 함. 《書經》大禹謨에도 舜이 밭에 나가 울었
　다는 내용이 있음.

【書曰】《尙書》虞書 益稷에 "夔曰:「戛擊鳴球, 搏拊琴瑟以詠, 祖考來格, 虞賓
在位, 羣后德讓, 下管鼗鼓, 合止柷敔, 笙鏞以間, 鳥獸蹌蹌, 簫韶九成, 鳳皇
來儀.」"라 함.
【刑於四海】《孝經》天子章에 "子曰:「愛親者, 不敢惡於人; 敬親者, 不敢慢
於人. 愛敬盡於事親, 而德敎加於百姓, 刑于四海, 蓋天子之孝也.〈甫刑〉云:
『一人有慶, 兆民賴之.』」"라 함.

070-2
하우夏禹

하우(夏禹, 우임금)는 천하를 다 가지고 종묘宗廟를 받들었다. 그러나 자신은
스스로 비박非薄하게 하면서 효성은 후하게 하였다. 공자孔子는 이를 두고
"우임금에 대해서는 내가 무엇이라 평론할 수가 없다. 그는 스스로의 음식
은 거칠게 먹으면서도 조상의 귀신에게는 효성을 다하였으며, 스스로는
거친 옷을 입으면서도 불면黻冕은 아름다움을 다하였다"라 하였다.
　우임금의 덕은 이에 널리 알려지게 된 것이다. 성인의 덕은 효경孝敬에
더 보탤 것이 없고 효경의 도리란 아름답기가 그보다 큰 것이 없다.

夏禹有天下以奉宗廟, 然躬自菲
薄以厚其孝. 孔子曰:「禹, 吾無間
然矣. 菲飮食而致孝乎鬼神, 惡衣
服而致美乎黻冕.」禹之德, 於是
稱聞. 聖人之德, 無以加於孝敬;
孝敬之道, 美莫大焉.

【菲薄】매우 검소함. 쌍성연면어.
【吾無間然矣】《論語》泰伯篇에 "子曰:「禹,
　吾無間然矣. 菲飮食而致孝乎鬼神, 惡衣服而
　致美乎黻冕, 卑宮室而盡力乎溝洫. 禹, 吾無
　間然矣.」"라 함.

〈大禹像〉

070-3
은고종殷高宗

　은殷나라 고종高宗은 양암諒陰을 마련하여 3년을 말을 하지 않으면서 모든 관리는 자신의 직책을 맡아 하되 모든 것을 총재冢宰에게 듣도록 하였다. 3년이 지난 뒤에 말을 하자 천하가 모두 즐거워하여 덕과 교화가 크게 행해졌으며 이로써 은나라의 도가 흥성해진 것이다.《서》에 "한 사람에게 경사가 있으니 모든 백성이 그의 덕을 본다"라 하였으니 이를 두고 한 말이 아니겠는가?

　殷高宗諒陰, 三年不言, 百官總己而聽於冢宰; 三年而後言, 天下咸歡, 德敎大行, 殷道以興. 書曰:「一人有慶, 兆民賴之」 其此之謂乎?

【殷高宗】殷나라 임금. 武丁.
【諒陰】天子나 임금이 부모의 죽음에 守孝를 위해 喪中에 있음을 뜻함. 혹은 居喪中인 상태. 諒闇, 亮陰으로도 쓴다. 3년의 喪期 동안 政令을 내지 않음을 뜻한다. 諒陰은 '량암'으로 읽는다(《諺解》).《尙書》無逸篇에는「乃或亮陰, 三年不言」이라 되어 있다. 이에 대해 馬融은「信黙不言」하는 것이라 하였고, 鄭玄은 凶廬(居喪하는 곳)라 하였다.《論語》憲問篇에 "子張曰:「書云:『高宗諒陰, 三年不言』何謂也?」 子曰:「何必高宗, 古之人皆然. 君薨, 百官總己以聽於冢宰三年.」"라 하였으며 이 내용은《尙書》無逸篇에 실려 있음.
【冢宰】총재. 주나라 때 六卿의 우두머리.
【一人有慶】《尙書》呂刑篇의 구절이며《효경》에도 인용되었음.

殷 高宗(武丁)《三才圖會》

주문왕周文王

주周나라 문왕文王이 세자였을 때 아버지 왕계王季를 하루에 세 번씩 뵈면서 닭이 울면 아버지의 침실 문 앞에 이르러 내수內竪에게 물어 내수가 "편안하십니다"라고 하면 즐거워하였고, "편안치 못하십니다"라고 하면 얼굴에 근심을 띠며 걸음에 신발도 제대로 신지 못하였다. 한낮과 저녁때에도 역시 그와 같이 하였다. 식사를 올릴 때면 반드시 음식의 한온寒溫의 정도를 직접 살폈고 식사를 마치고 나면 반드시 음식이 어떠하셨는지를 여쭌 다음 물러났다. 문왕의 효도는 빛나고 컸으며 그 교화는 가까운 곳으로부터 먼 곳으로 퍼지게 하여 과처寡妻의 본보기가 되었으며 이로써 가정과 나라를 다스렸던 것이다. 그러므로 만국萬國의 환심을 얻어 자신의 선대 왕들을 섬겼던 것이다.

周文王之爲世子也, 朝於王季日三, 鷄鳴至於寢門, 問於內竪, 內竪曰「安」, 文王乃喜; 「不安」, 則色憂, 行不能正履. 日中·暮, 亦如之. 食上, 必視寒溫之節; 食下, 必問所膳而後退. 文王孝道光大, 其化自近至遠, 刑於寡妻, 以御於家邦, 故得萬國之歡心, 以事其先王矣.

【周文王】 주나라 개국시조. 姬昌. 유가에서 성인으로 받들어 모심.

【王季】 季歷을 가리킴. 周나라 太王(古公亶甫)의 막내아들이며 文王(姬昌)의 아버지. 武王(姬發)의 할아버지.《史記》周本紀 참조.

【內豎】 왕의 寢殿을 지키는 內侍.

【刑於寡妻】 詩經 大雅 思齊의 구절. "刑於寡妻, 至於兄弟, 以御于家邦"이라 함.

周 文王(姬昌)

찬贊

지극하다, 임금들의 덕이여,
성스러운 효경은 하늘로부터 나온 것이로다.
도자기 굽기, 고기잡이로 어버이를 모셨으며
자신은 검소히 하면서 선조에게는 큰 제사 올렸었네.
어버이 수척하면 근심어린 모습,
양암諒陰에서는 말도 하지 않았었지.
한 사람 착한 일 하니,
천년을 두고 그 은혜를 입고 사네.

贊曰:

至哉后德, 聖敬自天.

陶漁致養, 菲薄享先.

親瘠色憂, 諒陰寢言.

一人有慶, 千載賴旃.

【陶漁】 순임금이 歷山에서 농사짓고 河濱에서 도자기를 구웠으며 雷澤에서
고기잡이를 하면서 백성을 교화시킨 고사를 말함. 《十八史略》(1)에 "帝舜
有虞氏: 帝舜有虞氏, 姚姓, 或曰名重華, 瞽瞍之子, 顓頊六世孫也. 父惑於
後妻, 愛少子象, 常欲殺舜, 舜盡孝悌之道, 烝烝乂不格姦. 畊歷山, 民皆讓畔,
漁雷澤, 人皆讓居, 陶河濱, 器不苦窳, 所居成聚, 二年成邑, 三年成都. 堯聞之

聰明, 擧於畎畝, 妻以二女, 曰娥黃·女英, 釐降于嬀汭, 遂相堯攝政, 放驩兜, 流共工, 殛鯀, 竄三苗"라 함. 그 외《韓詩外傳》,《新序》,《史記》등에 널리 실려 있음.

【享】饗과 같음. 조상에게 바치는 제사상을 말함.

【旆】여기서는 은혜와 은덕을 말함.

〈堯임금〉宋 馬麟(그림)

071 〈諸侯孝傳贊〉
『제후로서 효를 다한 분들에 대한 전기와 찬』

주공周公 단旦, 노魯 효공孝公, 하간河間 혜왕惠王

周公旦, 魯孝公, 河間惠王.

071-1
주공단周公旦

주공周公 단姬旦은 무왕武王의 아우이다. 성왕成王이 어려 주공이 섭정攝政을 하였다. 예禮를 제정하고 악樂을 지었으며 후직后稷을 하늘에 맞추어 교사郊祀로 보셨고, 문왕文王을 명당明堂에 모셔 종사宗祀로 제사를 지어 상제上帝와 같이 배향配享하였다. 이로써 사해 안이 각기 자신의 직무를 다하여 그 제사를 따르게 된 것이다. 《시詩》에 "아름답다, 청묘淸廟여,

훌륭하고 아름다워 뛰어난 제후들이 돕도다"라 하였으니 이는 제후들이 그런 분이 왕위에 있음을 즐거워하여 그의 일을 공경함을 말한 것이다. 중니仲尼께서는 "효란 어버이를 엄숙히 모심보다 더한 것이 없으며, 어버이를 엄숙히 모심에는 하늘과 함께 배향하는 것보다 더한 것이 없다"라 하였으니 주공이 바로 그러한 분이시다. 귀한 신분이면서도 교만하지 아니하며 높은 직위이면서도 더욱 겸손하여 스스로 문왕, 무왕의 아름다운 공적을 이어받으니 그러한 효도는 신명神明과 통하여 그 영광을 사해에 널리 덮었던 것이다. 무왕이 주공을 노魯나라에 봉하니 예악禮樂을 구비하여 종묘宗廟를 받들었다.

周公旦, 武王之弟. 成王幼少, 周公攝政. 制禮作樂, 郊祀后稷以配天, 宗祀文王於明堂, 以配上帝; 是以四海之內, 各以其職來祭. 詩曰: 「於穆清廟, 肅雍顯相」言諸侯樂其位而敬其事也. 仲尼曰: 「孝莫大於嚴父, 嚴父莫大於配天.」則周公其人也. 貴而不驕, 位高而彌謙, 自承文武之休烈, 孝道通於神明, 光被四海. 武王封之於魯, 備其禮樂, 以奉宗廟焉.

【周公旦】 서주 초기 文王의 아들이며 武王의 아우. 成王의 삼촌. 성왕이 어려 섭정하였으며 儒家의 성인으로 추앙받음. 이름은 姬旦. 魯나라에 봉을 받아 시조가 됨.
【成王】 姬誦. 무왕의 아들이며 서주의 임금으로 어려 왕위에 올라 주공의 섭정을 받음.
【郊祀】 교외에서 지내는 제사 이름.《漢書》郊祀志에 "故郊祀社稷, 所從來尙矣"라 함.

周公(姬旦)

【后稷】주나라 민족의 시조. 이름은 棄. 農稷之官인 后稷의 임무를 수행함.
《史記》周本紀 참조.

【宗祀】역시 제사 이름으로 천지의 百神에게 지내는 것.《漢書》兒慶傳에
"宗祀天地, 薦禮百神"이라 함.

【於穆淸廟】《詩經》周頌 淸廟의 구절.

【孝莫大於嚴父】《孝經》聖治章에 曾子曰:「敢問聖人之德, 無以加於孝乎?」
子曰:「天地之性, 人爲貴; 人之行, 莫大於孝, 孝莫大於嚴父. 嚴父莫大於配天,
則周公其人也. 昔者, 周公郊祀后稷以配天, 宗祀文王於明堂以配上帝. 是以
四海之內, 各以其職來祭. 夫聖人之德, 又何以加於孝乎? 故親生之膝下,
以養父母日嚴. 聖人因嚴以敎敬, 因親以敎愛. 聖人之敎, 不肅而成, 其政不嚴
而治, 其所因者本也. 父子之道天性也, 君臣之義也. 父母生之, 續莫大焉; 君親
臨之, 厚莫重焉. 故不愛其親而愛他人者, 謂之悖德; 不敬其親而敬他人者,
謂之悖禮. 以順則逆, 民無則焉. 不在於善, 而皆在於凶德, 雖得之, 君子不貴也.
君子則不然, 言思可道, 行思可樂. 德義可尊, 作事可法, 容止可觀, 進退可度,
以臨其民; 是以其民畏而愛之, 則而象之; 故能成其德敎, 而行其政令.《詩》云:
『淑人君子, 其儀不忒.』」라 함.

【通於神明】《新序》雜事(一)에 "孔子曰:『孝弟之至, 通於神明, 光於四座.』舜之
謂也"라 함.

노효공魯孝公

노魯나라 효공孝公은 공자公子였을 때, 주周 선왕宣王이 능히 제후를 가르칠 만한 자가 있으면 그런 자를 세워 노나라 왕으로 삼아주겠다고 물었다. 그러자 번목중樊穆仲이 효공의 효를 칭찬하면서 "정숙하고 공경스러우며 신명하여 노인을 공경히 섬기며 주어진 일을 처리하고 법을 잘 시행합니다. 그리고 반드시 옛 선왕이 남기신 가르침을 묻고 옛 사실을 자문 받아 일을 처리합니다. 묻는 말에 대들지 아니하며 자문한 것을 위배하지 아니합니다"라고 하였다.

이에 그를 명하여 이궁夷宮에 들도록 하였으니 이가 효공孝公이다. 무릇 종묘에서 공경을 다하고 자신의 부친의 업적을 잊지 않았으니 나라를 차지함이 또한 마땅하지 않겠는가!

魯孝公之爲公子, 周宣王問公子能道訓諸侯者立之. 樊穆仲稱其孝曰:「肅恭明神, 而敬事耆老, 賦事行刑, 必問於遺訓, 咨於故實. 不干所問, 不犯所咨.」王曰:「然則能訓理其民矣.」乃命之於夷宮, 是爲孝公. 夫宗廟致敬, 不忘親也, 有國不亦宜乎!

【魯孝公】서주 때 제후국 魯나라 임금. B.C.806년~B.C.769년까지 38년간 재위함. 노나라 懿公 9년(B.C.807, 周 宣王 21년) 의공의 형 姬括의 아들 伯御가 노나라 사람과 함께 의공을 시해하자 선왕이 정벌에 나서서 효공의 사람됨을 듣고 이를 후계로 삼아주고 돌아왔음. 《史記》魯周公世家에 "懿公九年, 懿公兄括之子伯御與魯人攻弑懿公, 而立伯御爲君. 伯御卽位十一年, 周宣王伐魯, 殺其君伯御, 而問魯公子能道順諸侯者, 以爲魯後. 樊穆仲曰：「魯懿公弟稱, 肅恭明神, 敬事耆老；賦事行刑, 必問於遺訓而咨於固實；不干所問, 不犯所(知)[咨].」宣王曰：「然, 能訓治其民矣.」乃立稱於夷宮, 是爲孝公. 自是後, 諸侯多畔王命"라 함.

【周宣王】서주 임금. 姬靜. B.C.827년~B.C.782년까지 46년간 재위.

【樊穆仲】인명. 周 宣王때 魯나라 신하.

【夷宮】東宮. 태자가 거처하는 궁궐. 다음에 왕위를 이어받을 수업을 받는 곳.

071-3
하간혜왕河間惠王

한漢나라 하간혜왕河間惠王은 헌왕獻王의 증손曾孫이다. 서경(西京, 서한 시대) 장안에는 권세를 부리는 신하(왕족, 제후)들이 많아 이들은 교만하고 방탕하여 실수를 저지르기 일쑤였다. 그 중에 덕으로 이름이 알려진 자로는 오직 헌왕 뿐이었고 혜왕이 이를 이은 것이다. 《한서漢書》에는 그를 두고 "능히 헌왕의 덕행을 닦았다"라고 칭송하였다.

어머니가 돌아가시자 상복을 입고 예를 다하였으며 애제哀帝가 조서를 내려 그를 포상하고 송양하면서 종실의 의표儀表로 삼아 만호萬戶를 더하여 봉해 주었다. 예禮는 옛사람이면 누구나 그렇게 했었지만 한나라 말기의 풍속은 쇠박衰薄하여 그만해도 진실로 어질다 여겼던 것이다. 귀한 신분이면서 예를 따른다는 것은 또한 어려운 일이니 그런 그가 포상을 받은 것은 또한 어찌 마땅한 일이 아니겠는가!

漢河間惠王, 獻王之曾孫也. 西京藩臣, 多驕放之失, 其名德者, 惟獻王, 而惠王繼之. 漢書稱其「能修獻王之行」. 母薨, 服喪盡禮. 哀帝下詔書褒揚, 以爲宗室儀表, 增封萬戶. 禮, 古之人皆然, 至於末俗衰薄, 固已賢矣; 貴而率禮又難. 其見褒賞, 不亦宜乎!

【河間惠王】漢나라 때 河間 獻王(劉德)의 증손. 河間은 한나라 때 劉氏 성을 봉한 제후국의 이름. 獻王은 景帝의 14아들 중 하나.《漢書》景十三王傳 참조.

【西京】西漢 때는 도읍이 長安이어서 이를 西京으로 불렀으며, 東漢 때는 洛陽을 도읍으로 하여 이를 東京이라 불렀음.

【能修獻王之行】《漢書》景十三王傳에 "絶五歲, 成帝建始元年, 復立元弟上郡庫令良, 是爲河間惠王. 良修獻王之行, 母太后薨, 服喪如禮. 哀帝下詔襃揚曰:「河間王良, 喪太后三年, 爲宗室儀表, 其益封萬戶.」二十七年薨. 子尙嗣, 王莽時絶"라 함.

【哀帝】西漢의 제 10대 황제. 劉欣. 元帝 劉奭의 아들 惟康의 아들이며 成帝의 조카로 왕위에 올랐으나 왕망에 의해 고통을 받음. B.C.6년부터 B.C.1년까지 재위함.

071-4
찬贊

존귀함과 교만함은 전혀 다른 길이나
서로 약속하지 않아도 모여든다네.
주공은 힘써 겸손함을 다하여
이에 빛나고 큰 임무를 완성하였고,
두 제후가 노나라를 이어가며
검소함을 준수하고 태만함을 제거했네.
하간혜왕이 예를 따라 지켰기에
한나라 종실이 그의 힘을 입은 것이지.

贊曰:
貴驕殊途, 不期而會.
周公勞謙, 乃成光大.
二侯承魯, 遵儉去泰.
河間率禮, 漢宗是賴.

【二侯】周公旦과 魯 孝公을 가리킴. 모두 魯나라의 임금들.
【漢宗是賴】漢나라가 王莽에 의해 망했으나 河間惠王과 같은 인물이 있었
  으므로 다시 劉秀(光武帝)에 의해 劉氏의 왕조를 재건, 東漢을 세울 수 있었
  다는 뜻임.

072 〈卿大夫孝傳贊〉
『경대부로서 효를 다한 분들에 대한
전기와 찬』

공자孔子·맹장자孟莊子·영고숙潁考叔

孔子·孟莊子·潁考叔.

072-1
공자孔子

공자孔子는 노魯나라 사람으로 들어와서는 부형父兄을 섬기고, 나가서는 공경公卿을 모셨으며 상사喪事가 있으면 감히 힘쓰지 않은 적이 없었다.

그 때문에 "효도라면 오직 형제에게 효우를 다하는 것이 이 또한 정치에 참여하는 것이다"라 칭하였다. 임금께서 비린내나는 고기를 내려주시면 반드시 이를 익혀 가묘家廟에 올렸으며, 비록 채소라 할지라도 재(齊, 齋)를 하였고, 제사를 지낼 때는 조상이 앞에 계시는 듯이 하였다. 그리고 향인의 나례儺禮에는 조복을 입고 동쪽 계단에 섰으니 효의 지극함이었다.

지덕至德과 요도要道는 효보다 큰 것이 없다. 이 때문에 증삼曾參이 이를 받아 글로써 기록하였고, 자유子游와 자하子夏의 무리는 항상 효에 관한 일이라면 자문을 받고 여쭈었던 것이다. 허지許止가 약을 맛보지 아니하고 아버지에게 올렸다고 하여 이를 아버지를 죽인 것이라 기록하였고, 재아宰我가 상기喪期를 줄이자고 하자 어질지 못한 자라고 책하였다. 공자의 말씀은 훈전訓典과 합치하고 행동은 세범世範과 일치하였으니 덕과 의는 가히 존경할 만 하였고 하시는 일은 가히 법으로 삼을 만 하였다. 공자가 남기신 문장은 썩지 아니하며 그 이름은 천년을 두고 드날리는 것이다.

孔子, 魯人也. 入則事父兄, 出則事公卿, 喪事不敢不勉; 故稱曰:「孝乎, 惟孝友于兄弟, 是亦爲政也.」君賜腥, 必熟而薦之, 雖蔬食而齊, 祭如在. 鄕人儺, 朝服立於阼階, 孝之至也. 至德要道, 莫大於孝, 是以曾參受而書之, 游·夏之徒, 常咨稟焉. 許止不嘗藥, 書以殺父. 宰我暫減喪, 責以不仁. 言合訓典, 行合世範, 德義可尊, 作事可法, 遺文不朽, 揚名千載.

【孝乎~是亦爲政也】《論語》爲政篇에 "或謂孔子曰:「子奚不爲政?」子曰:「書云:『孝乎! 惟孝, 友于兄弟, 施於有政.』是亦爲政, 奚其爲爲政?」"라 하였고, 이에 引用된 구절은《尙書》의 逸文임.《僞古文尙書》에서 이 부분을 周書의 君陳篇에 삽입시켰음. 한편《尙書》周書 君陳篇은 周公이 죽어 君陳을 東郊 成周에 보내면서 命한 말로「君陳! 惟爾令德孝恭, 惟孝友于兄弟, 克施有政. 命汝尹玆東郊, 敬哉!」라 하여 原文에 차이가 있음.
【君賜腥】《論語》鄕黨篇에 "君賜食, 必正席先嘗之. 君賜腥, 必熟而薦之. 君賜生,

必畜之. 侍食於君, 君祭, 先飯. 疾, 君視之, 東首, 加朝服, 拖紳. 君命召, 不俟
駕行矣"라 함.

【雖疏食】《論語》鄕黨篇에 "雖疏食菜羹, 瓜祭, 必齊如也"라 함.

【祭如在】《論語》八佾篇에 "祭如在, 祭神如神在. 子曰:「吾不與祭, 如不祭.」"
라 함.

【鄕人儺】《論語》鄕黨篇에 "鄕人飮酒, 杖者出, 斯出矣. 鄕人儺, 朝服而立於
阼階"라 함.

【曾參】 공자의 제자로 효에 뛰어났던 인물. 공자의 효에 대한 이야기를
모아 《孝經》을 지은 것으로 알려져 있음. 《史記》 仲尼弟子列傳에 "孔子以
曾參爲能通孝道, 故授之業, 作孝經"이라 함.

【子游】 孔子의 弟子. 吳나라 사람으로 姓은 言이며, 이름은 偃, 字는 子游
이다. 孔子보다 45세 아래였음.

【子夏】 姓은 卜, 이름은 商, 字는 子夏(B.C. 507~?). 孔子보다 44세 아래였음.

【許止】 춘추 시대 許나라 世子이며 이름은 止. 《春秋》(經) 昭公 19年 夏五月
戊申에 "許世子止殺其君買"라 하였고, 正義 "案傳許君飮止之藥而卒耳,
實非止殺也"라 하함. 한편 《穀梁傳》昭公 19년에는 "許世子止弑其君買,
曰弑, 正卒也, 正卒, 則止不弑也, 不弑而曰弑, 責止也. 止曰, 我與夫弑者,
不立乎其位, 以與其弟虺, 哭泣歠飦粥, 嗌不容粒, 未踰年而死, 故君子卽止
自責而責之也"라 하였으며, 같은 해에 "冬, 葬許悼公, 日卒時葬, 不使止爲弑
父也, 曰:「子旣生, 不免乎水火, 母之罪也. 羈貫成童, 不就師傅, 父之罪也.
就師學問無方, 心志不通, 身之罪也. 心志旣通, 而名譽不聞, 友之罪也. 名譽
旣聞, 有司不擧, 有司之罪也. 有司擧之, 王者不用, 王者之過也. 許世子不知
嘗藥, 累及許君也.」"라 함.

【宰我】 孔子의 弟子. 이름은 予이며 字는 子我. 그가 三年喪의 기간을 줄일
것을 말한 것은 《論語》陽貨篇에 "宰我問:「三年之喪, 期已久矣. 君子三年不
爲禮, 禮必壞; 三年不爲樂, 樂必崩. 舊穀旣沒, 新穀旣升, 鑽燧改火, 期可已矣.」
子曰:「食夫稻, 衣夫錦, 於女安乎?」曰:「安.」「女安, 則爲之! 夫君子之居喪,
食旨不甘, 聞樂不樂, 居處不安, 故不爲也. 今女安, 則爲之!」宰我出. 子曰:
「予之不仁也! 子生三年, 然後免於父母之懷. 夫三年之喪, 天下之通喪也, 予也
有三年之愛於其父母乎?」"라 하여 공자가 혹독하게 질책한 것을 말함.

【訓典】 고대의 가르침과 법전.

【世範】 세상의 가장 훌륭한 모범.

072-2
맹장자孟莊子

맹장자孟莊子는 노魯나라 사람으로 공자가 그의 효를 칭찬하여 "다른 것은 모두 그렇다고 하더라도 그가 아버지 때의 신하와 아버지의 정치를 고치지 아니한 것은 능히 따라하기 어려운 것이다"라 하였다.

무릇 효자로서 어버이를 섬김에는 돌아가신 분을 섬기는 것도 살아 계실 때와 같이 하는 것이다. 그런 까닭에 불의를 당해서는 간쟁해야 하지만 살아 계실 때 간쟁하지 않았다면 돌아가신 뒤에라도 역시 감히 어버이의 일을 고칠 수 없는 것이다. 3년만 아버지의 도를 바꾸지 않아도 오히려 효孝라 할 수 있다 했거늘 하물며 종신토록 그렇게 했음에랴!

孟莊子, 魯人也. 孔子稱其孝:「其他可能也, 其不改父之政與父之臣, 是難能」也. 夫孝子之事親也, 事亡如事存, 故當不義則爭之, 存所不爭, 則亡亦不敢改. 三年無改父之道, 猶謂之孝, 況終身乎!

【孟莊子】魯나라 大夫 孟獻子(仲蔑)의 아들인 仲孫速.《論語》子張篇에 "曾子曰: 「吾聞諸夫子:『孟莊子之孝也, 其他可能也; 其不改父之臣與父之政, 是難能也.』」" 라 하였고 朱子〈集註〉에 "孟莊子, 魯大夫, 名速. 其父獻子, 名蔑. 獻子有賢德, 而莊子能用其臣, 守其政. 故其他孝行雖有可稱, 而皆不若此事之爲難"라 함.
【三年無改】《論語》學而篇에 "子曰:「父在, 觀其志; 父沒, 觀其行; 三年無改 於父之道, 可謂孝矣.」"라 하였으며, 里仁篇에도 "子曰:「三年無改於父之道, 可謂孝矣.」"라 함.

072-3
영고숙潁考叔

영고숙潁考叔은 정鄭나라 사람이다. 장공莊公이 숙단叔段의 일로 어머니와 맹세하기를 "황천黃泉에 가기 전에는 어머니와 서로 보지 않으리"라 하였으나 얼마 뒤 결국 후회하고 말았다. 영고숙은 장공에게 봉을 받은 사람으로서 이 일을 듣고 장공에게 공물을 헌납하러 갈 기회를 얻게 되었다. 장공이 식사를 하사하였으나 그는 고기는 사양하며 먹지 않았다. 장공이 이유를 묻자 영고숙은 이렇게 대답하였다.

"저에게는 어머니가 계십니다. 한번도 임금께서 내려주는 국물조차도 맛보신 적이 없습니다. 청컨대 어머니께 갖다 드릴 수 있도록 해 주십시오."

그러자 장공은 이렇게 말하였다.

"너는 갖다 드릴 어머니라도 계시지. 아, 나는 홀로 그럴 어머니도 없구나!"

영고숙이 물었다.

"무슨 말씀입니까?"

장공은 이유를 말하면서 아울러 자신이 후회하고 있다고 털어놓았다. 그러자 영고숙은 이렇게 말하였다.

"만약 땅을 파서 우물이 나오도록 하여 그 굴속에서 서로 만나면 누가 우물 파는 일이 아닌 것으로 의심하겠습니까?"

장공은 그의 말대로 하여 드디어 모자 사이가 다시 옛날 같게 되었다.

군자는 이렇게 말하였다.

"영고숙은 지순한 효성을 가졌도다. 자신의 어머니를 사랑하여 이를 장공에게까지 그렇게 하도록 하였도다. 《시》에 '효자의 마음 다 닳을 수 없는 것, 그 효심 너와 같은 이에게도 내려주도다'라 하였으니 이를 두고 한 말이 아니겠는가!"

潁考叔, 鄭人也. 莊公以叔段之故, 與母誓曰:「不及黃泉,
無相見也.」旣而悔之. 考叔爲封人, 聞之, 有獻於公, 公賜
之食, 而舍肉. 公問之, 對曰:「小人有母, 未嘗君之羹, 請以
遺之.」公曰:「汝有母遺, 繄我獨無!」考叔曰:「何謂也?」
公語之故, 且告之悔. 考叔曰:「若掘地及泉, 隧而相見, 其誰
曰不然?」公從之, 遂爲母子如初. 君子曰:「潁考叔, 純孝也.
愛其母而施及莊公. 詩云:『孝子不匱, 永錫爾類.』其是
之謂乎!」

【潁考叔】《左傳》隱公 元年에 "潁考叔爲潁谷封人, 聞之, 有獻於公. 公賜之食.
　食舍肉. 公問之. 對曰:「小人有母, 皆嘗小人之食矣; 未嘗君之羹, 請以遺之.」
　公曰:「爾有母遺, 繄我獨無!」潁考叔曰:「敢問何謂也?」公語之故, 且告之悔.
　對曰:「君何患焉? 若闕地及泉, 隧而相見, 其誰曰不然?」公從之. 公入而賦,
　「大隧之中, 其樂也融融.」姜出而賦,「大隧之外, 其樂也洩洩.」遂爲母子如初.
　君子曰:「潁考叔, 純孝也, 愛其母, 施及莊公. 詩曰:『孝子不匱, 永錫爾類.』
　其是之謂乎!」"라 함.
【莊公】춘추 초기 鄭나라 군주. B.C.743년~B.C.701년까지 43년간 재위함.
【叔段】共叔段. 鄭 武公의 아내 武姜이 낳은 아들이며 莊公의 아우. 뒤에
　共(지금의 河南 輝縣)으로 쫓겨가 공숙단이라 부름. 무강이 장공을 나을 때
　逆産으로 고통을 당하자 장공을 미워하고 아우 숙단을 편애하여 그를
　태자로 삼고자 하였음. 이에 불만을 품은 장공이 왕이 되자 결국 아우를
　鄢으로 보내어 죄를 짓도록 분위기를 만든 다음 그를 구실로 죽여 버림.
　《春秋》에는 이를「鄭伯克段于鄢」이라 하였음.《左傳》隱公 元年 참조.
【黃泉】저승세계. 죽기 전에는 어머니를 보지 않겠다는 뜻.
【封人】봉을 받은 사람. 영고숙은 鄭 莊公에 의해 潁谷(지금의 河南 登豐縣)에
　봉을 받았으며 장공은 숙단을 쳐 죽인 뒤 어머니 무강을 영곡의 성에 가두었음.
【繄】語氣助詞. 감탄사.
【孝子不匱】《詩經》大雅 生民의 구절.

072-4
찬贊

어짊이란 오직 효제에 근본을 두고
성스러움도 역시 효에 기반을 두나니
잘 이끌고 가르쳐 주신 공자는
진실로 하늘이 내신 분이시로다.
두 사람 아들로서 어버이를 받들어
예를 법으로 여기며 가르침을 준수했네.
영원히 순수한 아름다움을 내려주었으니
그 남겨준 절조 고칠 수 없도다.

贊曰:

仁惟本悌, 聖亦基孝.

恂恂尼父, 固天攸造.

二子承親, 式禮遵誥,

永錫純懿, 無改遺操.

【攸造】陶注에 "造, 一作導"라 함.
【二子】孟莊子와 潁考叔을 말함.

073 〈士孝傳贊〉
『사로서 효를 다한 분들에 대한 전기와 찬』

고시高柴·악정자춘樂正子春·공분孔奮·황향黃香

高柴·樂正子春·孔奮·黃香.

073-1
고시高柴

고시高柴은 위衛나라 사람으로 어버이 상을 당하자 3년 동안 피눈물을 흘렸으며 일찍이 이를 드러내어 웃어본 적이 없었다. 그를 두고 곡할 때 '아이고, 아이고'하지 않았다고 한 것은 그가 애도를 함에 꾸밈이 없었음을 말한 것이다.

그가 무성武城의 읍재邑宰가 되자 교화가 행해져서 백성 중에 자신의 아버지에게 복종하지 않던 자는 자신을 고쳤고 예법에 맞추어 장례를 치르게 되었다. 군자의 덕은 바람과 같아 자신부터 앞서 실천하니 백성이 그 어버이를 버리는 일이 없게 되었다.

高柴, 衛人也. 喪親, 泣血三年, 未嘗見齒. 所謂不哭偯, 言不文也. 爲武城宰而化行, 民有不服其親者改之, 行喪如禮. 君子之德風也, 以身先之, 而民不遺其親.

【高柴】高柴.(B.C. 521~?) 字는 子羔(子皐). 혹 皐魚라고도 함. 孔子의 弟子로 30세 아래였다 함. 혹 齊나라 사람이라고도 함. “樹欲靜而風不止, 子欲養而親不待”의 구절을 남긴 사람으로 유명함.《韓詩外傳》(9)에 “孔子行, 聞哭聲甚悲. 孔子曰:「驅! 驅! 前有賢者.」至, 則皐魚也. 被褐擁鎌, 哭於道傍. 孔子辟車與之言, 曰:「子非有喪, 何哭之悲也?」皐魚曰:「吾失之三矣: 少而學, 游諸侯, 以後吾親, 失之一也; 高尙吾志, 間吾事君, 失之二也; 與友厚而小絶之, 失之三矣. 樹欲靜而風不止, 子欲養而親不待也. 往而不可追者, 年也; 去以不可得見者, 親也. 吾請從此辭矣.」立槁而死. 孔子曰:「弟子誡之, 足以識矣.」於是門人辭歸而養親者十有三人”라 함.
【偯】곡을 할 때 ‘아이고, 아이고’, 혹은 ‘어이, 어이’하고 소리를 내는 것.
【武城】地名. 魯나라의 城邑. 지금의 山東省 費縣 서남쪽.
【德風】《論語》顔淵篇에 “季康子問政於孔子曰:「如殺無道, 以就有道, 何如?」孔子對曰:「子爲政, 焉用殺? 子欲善而民善矣. 君子之德風, 小人之德草. 草上之風, 必偃.」라 함.

073-2
악정자춘樂正子春

악정자춘樂正子春은 노魯나라 사람으로 봉당에서 내려오다가 발을 헛디뎌 다치고 말았다. 이윽고 다 나았지만 몇 달을 그는 밖에 나가지 않으면서 도리어 근심 띤 얼굴을 하고는 이렇게 말하였다.

"내 선생님 증자曾子에게 듣건대 '부모님께서 온전하게 나를 낳아 주셨으니 나도 내 몸을 온전히 하여 생을 마치는 것을 일러 효라 하나니라'라 하였다. 그러므로 군자는 발 하나 드는 것도, 말 한 마디 하는 것도 감히 부모를 잊어서는 안 되며 감히 신체에 다침이나 상처가 없도록 하는 것이 효의 시작이니라."

무릇 능히 공경하고 삼가기를 이와 같이 한다면 그렇게 하는 자에게 재앙이나 환난이 닥친 적은 없었다.

樂正子春, 魯人也. 下堂傷足, 旣瘳, 數月不出, 猶有憂色. 曰:「吾聞之曾子, 『父母全而生之, 己全而歸之, 可謂孝矣.』故君子一擧足, 一出言, 不敢忘父母, 不敢毁傷, 孝之始也.」夫能敬愼若斯, 而災患及者, 未之有也.

【樂正子春】曾子(曾參)의 제자.

【己全而歸之】자신의 몸을 온전히 하여 부모님 계신 곳으로 돌아감(돌려줌). 《論語》泰伯篇에 "曾子有疾, 召門弟子曰:「啓予足! 啓予手! 詩云,『戰戰兢兢, 如臨深淵, 如履薄冰』而今而後, 吾知免夫! 小子!」"라 함.

【不敢毀傷】《孝經》開宗明義章에 "子曰:「夫孝, 德之本也. 敎之所由生也. 復坐! 吾語汝. 身體髮膚, 受之父母, 不敢毀傷, 孝之始也; 立身行道, 揚名於後世, 以顯父母, 孝之終也. 夫孝, 始於事親, 中於事君, 終於立身. 〈大雅〉云:『無念爾祖? 聿脩厥德』」"라 함.

073-3

공분孔奮

공분孔奮은 부풍扶風 사람이다. 어려서 효행으로 주리州里에 이름이 널리 알려졌으며 부모를 공양하기에 지극한 정성을 다하였다. 관직에 있을 때 오직 어머니만은 맛있는 음식을 대접하고 아내와 자식은 거친 채소 식사를 하였으며 관직에 올라서는 청렴하였다. 무릇 사람의 정이란 자신의 부모에게 후하게 해 주고 싶어 하지 않는 자가 없지만 그럼에도 역시 분수가 있어야 하는 법이다. 사치를 부리면 계속하기 어려운 것이니 능히 검소함으로써 그 봉양을 온전히 하는 자는 드물게 마련이다.

孔奮, 扶風人也. 少以孝行著名州里, 供養至謹. 在官, 惟母極甘美, 妻息菜食. 歷位以淸. 夫人情莫不欲厚其親, 然亦有分焉, 奢則難繼, 能致儉以全養者, 鮮矣.

【孔奮】 동한 때 扶風 武陵 사람.《後漢書》(31) 孔奮傳에 "孔奮字君魚, 扶風 茂陵人也. 曾祖霸, 元帝時爲侍中. 奮少從劉歆受《春秋左氏傳》, 歆稱之, 謂門人 曰:「吾已從君魚受道矣.」遭王莽亂, 奮與老母幼弟避兵河西. 建武五年, 河西 大將軍竇融請奮署議曹掾, 守姑臧長. 八年, 賜爵關內侯. 時天下擾亂, 唯河西 獨安, 而姑臧稱爲富邑, 通貨羌胡, 市日四合, 每居縣者, 不盈數月輒致豐積. 奮在職四年, 財産無所增. 事母孝謹, 雖爲儉約, 奉養極求珍膳. 躬率妻子, 同甘 菜茹. 時天下未定, 士多不修節操, 而奮力行淸絜, 爲衆人所笑, 或以爲身處脂膏, 不能以自潤, 徒益苦辛耳. 奮旣立節, 治貴仁平, 太守梁統深相敬待, 不以官屬

禮之, 常迎於大門, 引入見母. 隴蜀旣平, 河西守令咸被徵召, 財貨連轂, 彌竟
川澤. 唯奮無資, 單車就路. 姑臧吏民及羌胡更相謂曰: 「孔君淸廉仁賢, 擧縣
蒙恩, 如何今去, 不共報德!」遂相賦斂牛馬器物千萬以上, 追送數百里. 奮謝
之而已, 一無所受. 旣至京師, 除武都郡丞. 時隴西餘賊隗茂等夜攻府舍, 殘殺
郡守, 賊畏奮追急, 乃執其妻子, 欲以爲質. 奮年已五十, 唯有一子, 終不顧望,
遂窮力討之. 吏民感義, 莫不倍用命焉. 郡多氐人, 便習山谷, 其大豪齊鍾留者,
爲羣氐所信向. 奮乃率厲鍾留等令要遮鈔擊, 共爲表裏. 賊窘懼逼急, 乃推奮
妻子以置軍前, 冀當退却, 而擊之愈厲, 遂禽滅茂等, 奮妻子亦爲所殺. 世祖下詔
襃美, 拜爲武都太守. 奮自爲府丞, 已見敬重, 及拜太守, 擧郡莫不改操. 爲政
明斷, 甄善疾非, 見有美德, 愛之如親, 其無行者, 忿之若讎, 郡中稱爲淸平"라 함.
【州里】 대도시, 큰 고을을 말함. 鄕黨에 상대하여 표현하는 말.

073-4
황향黃香

황향黃香은 강하江夏 사람으로 아홉 살 때에 어머니를 잃자 어머니를 그리워하며 곡립鵠立하였다. 아버지를 모든 힘을 다하여 봉양하여 겨울에는 바지를 입지 못할 정도였음에도 아버지에게 맛있는 음식을 대접하였다. 여름에는 부채로 아버지의 침대와 베개를 부채질해 드렸으며 겨울에는 자신의 몸으로 아버지의 자리를 따뜻이 데워드렸다. 한漢나라 화제和帝가 이를 가상히 여겨 특별히 그에게 이례적인 하사품을 내렸다. 여러 직위를 거치면서 공경과 부지런함을 다하여 총애과 봉록으로 어버이를 영광스럽게 해 드렸다. 가히 일러 "아치 일찍 일어나고 저녁 늦게 잠자리에 들면서 너를 낳아 준 이에게 욕됨이 없도록 하라"라 한 것을 실천한 자라 할 수 있다.

黃香, 江夏人也. 九歲失母, 思慕鵠立, 事父竭力以致養, 冬無被袴而盡滋味, 暑則扇牀枕, 寒則以身溫席. 漢和帝嘉之, 特加異賜, 歷位恭勤, 寵祿榮親. 可謂「夙興夜寐, 無忝爾所生」者也.

【黃香】 동한 때의 인물. 효성으로 이름이 났었으며 魏郡太守에 올랐었음.
《後漢書》(80) 文苑傳(上)에 "黃香字文彊, 江夏安陸人也. 年九歲, 失母, 思慕
憔悴, 殆不免喪, 鄕人稱其至孝. 年十二, 太守劉護聞而召之, 署門下孝子, 甚見
愛敬. 香家貧, 內無僕妾, 躬執苦勤, 盡心奉養. 遂博學經典, 究精道術, 能文章,
京師號曰「天下無雙江夏黃童」. 初除郞中, 元和元年, 肅宗詔香詣東觀, 讀所未
嘗見書. 香後告休, 及歸京師, 時千乘王冠, 帝會中山邸, 乃詔香殿下, 顧謂諸
王曰:「此'天下無雙江夏黃童'者也.」左右莫不改觀"라 함.

【江夏】 한나라 때 군 이름. 지금의 湖北 安陸.

【鵠立】 목을 빼고 발돋움하여 서 있음. 무척 그리운 이를 기다림을 말함.
《後漢書》袁譚傳에 "今整勒士馬, 瞻望鵠立"이라 하였고,《晉書》孫惠傳에
"控馬鵠立, 計日俟命"이라 하였음.

【和帝】 東漢 4대 황제 劉肇. 89년~105년 재위.

【夙興夜寐】《詩經》衛風 氓에 "三歲爲婦, 靡室勞矣. 夙興夜寐, 靡有朝矣. 言旣
遂矣, 至于暴矣. 兄弟不知, 咥其笑矣. 靜言思之, 躬自悼矣"라 함.'

〈步行狩獵圖〉 1972 甘肅 嘉峪關 戈壁灘 魏晉墓 출토

073-5
찬贊

드러나게 훌륭하신 여러 선비들,
효행은 달랐어도 이름은 하나 같네.
모두들 아침 일찍 일어나 밤늦게 잠들면서
의로써 어버이께 영광을 안겨줬네.
제가 맡은 성읍들을 통솔하면서
교화로써 그 백성을 이끌어 갔네.
충성으로 자신의 임금을 깨우쳐 주었으니
그 효성 진실로 순수하였네.

贊曰:
顯允羣士, 行殊名鈞.
咸能夙夜, 以義榮親.
率彼城邑, 用化厥民.
忠以悟主, 其孝乃純.」

『서인으로서 효를 다한 분들에 대한 전기와 찬』

강혁江革·염범廉範·여욱汝郁·은도殷陶

江革·廉範·汝郁·殷陶.

074-1
강혁江革

강혁江革은 제齊나라 사람이다. 한漢 장제章帝 때 도적을 피하여 어머니를 업고 도망하였다. 도적이 그를 어질게 여겨 해치지 아니하고 그의 살 길을 일러 주었다. 있는 힘을 다하여 남의 고용살이를 하면서 어머니에게 맛있는 음식과 따뜻한 거처를 마련해 드렸으며 온화한 얼굴과 즐거운 표정으로 어머니께 기쁨을 다하도록 하였다. 어머니를 편안히 해 드리고자 스스로 수레에 어머니를 태우고 돌아오자 마을 사람들이 돌아와 그를 '강거효' 江巨孝라 불렀다.

관직이 오관중랑장五官中郎將에 이르렀으며 천자가 그를 가상히 여겨 총애와 대우가 아주 후하였다. 고향으로 돌아갈 것을 고하자 임금은 조서를 내려 그의 미덕을 포상하였으며 집에 이르러 종신토록 그 예를 다할 수 있도록 하고 그의 특이한 효행을 현창해 주었다.

江革, 齊人也. 漢章帝時, 避賊負母而逃, 賊賢之, 不害 而告其生路. 竭力傭賃, 以致甘暖, 和顏悅色, 以盡歡心. 欲親之安, 自挽車以行, 鄕人歸之, 號曰「江巨孝」. 位至五官 中郎將, 天子嘉焉, 寵遇甚厚. 告歸, 詔書褒美, 就家禮其終身, 以顯異行.

【江革】 동한 때의 인물. 臨淄人이며 자는 次翁. 어려서 아버지를 잃고 난을 만나 어머니를 업고 피난함. 永初 초에 孝廉으로 천거되었으며 建初 초에 賢良方正으로 다시 추천 받아 諫議大夫를 지냈음. 《後漢書》(39) 江革傳에 "江革字次翁, 齊國臨淄人也. 少失父, 獨與母居. 遭天下亂, 盜賊並起, 革負母 逃難, 備經阻險, 常採拾以爲養. 數遇賊, 或劫欲將去, 革輒涕泣求哀, 言有老母, 辭氣愿款, 有足感動人者. 賊以是不忍犯之, 或乃指避兵之方, 遂得俱全於難. 革轉客下邳, 窮貧裸跣, 行傭以供母, 便身之物, 莫不必給. 建武末年, 與母歸 鄕里. 每至歲時, 縣當案比, 革以母老, 不欲搖動, 自在轅中輓事, 不用牛馬, 由是 鄕里稱之曰「江巨孝」. 太守嘗備禮召, 革以母老不應. 及母終, 至性殆滅, 嘗寢 伏冢廬, 服竟, 不忍除. 郡守遣丞掾釋服, 因請以爲吏. 永平初, 擧孝廉爲郎, 補楚太僕. 月餘, 自劾去. 楚王英馳遣官屬追之, 遂不肯還. 復使中傅贈送, 辭不受. 後數應三公命, 輒去. 建年初, 太尉牟融擧賢良方正, 再遷司空長史. 肅宗甚崇 禮之, 遷五官中郎將. 每朝會, 帝常使虎賁扶侍, 及進拜, 恆目禮焉. 時有疾不會, 輒太官送醪膳, 恩寵有殊. 於是京師貴戚衛尉馬廖·侍中竇憲慕其行, 各奉書

致禮, 革無所報受. 帝聞而益善之. 後上書乞骸骨, 轉拜諫議大夫, 賜告歸, 因謝病稱篤. 元和中, 天子思革至行, 制詔齊相曰:「諫議大夫江革, 前以病歸, 今起居何如? 夫孝, 百行之冠, 衆善之始也. 國家每惟志士, 未嘗不及革. 縣以見穀千斛賜『巨孝』, 常以八月長吏存問, 致羊酒, 以終厥身. 如有不幸, 祠以中牢.」由是巨孝之稱, 行於天下. 及卒, 詔復賜穀千斛"라 함.

【章帝】東漢의 제 3대 황제. 이름은 劉炟. A.D.76년~88년까지 재위함.

074-2
염범廉範

염범廉範은 경조京兆 사람으로 어려서 고아가 되었다. 그가 열 다섯에
촉蜀으로 들어가 아버지 상을 맞아 돌아오게 되었는데 그만 배가 암초를
만나 뒤집히고 말았다. 염범은 아버지 관을 껴안고 함께 물에 빠지고
말았다. 사공이 이를 건져내어 겨우 죽음을 면하고 드디어 돌아와 부친의
장례를 치르게 되었다. 그가 군郡에 벼슬함에 이르렀을 때 태수太守를
위난危難에서 구해주었으며 전임 군수를 보낼 때도 예절을 다하였다.

장제章帝 때에 군수郡守가 되자 백성들은 모두가 그를 칭송하여 노래를
불렀다. 무릇 효라고 하는 것은 사람됨의 근본이며 교화가 여기에서 생겨
나는 것이다. 이 까닭으로 염범은 남의 위험에 임하여 용기를 낼 수 있었
으며 백성을 다스림에는 은혜를 다할 수 있었던 것이니 능히 의義로써
하였기에 그렇게 드러난 것이다.

廉範, 京兆人也. 少孤, 十五入蜀迎父喪, 遇石船覆, 範抱棺
而沒, 船人救之, 僅免於死, 遂以喪歸. 及仕郡, 拯太守於危難,
送故盡節. 章帝時爲郡守, 百姓歌詠之. 夫孝者, 人之本,
敎之所由生也. 是以範之臨危也勇, 宰民也惠, 能以義顯也.

【廉範】《後漢書》에는 廉范으로 되어 있음.《後漢書》(31) 廉范傳에 "廉范字
叔度, 京兆杜陵人, 趙將廉頗之後也. 漢興, 以廉氏豪宗, 自苦陘徙焉. 世爲邊
郡守, 或葬隴西襄武, 故因仕焉. 曾祖父襄, 成哀閒爲右將軍, 祖父丹, 王莽時
爲大司馬庸部牧, 皆有名前世. 范父遭喪亂, 客死於蜀漢, 范遂流寓西州. 西州平,
歸鄕里. 年十五, 辭母西迎父喪. 蜀郡太守張穆, 丹之故吏, 乃重資送范, 范無
所受, 與客步負喪歸葭萌. 載船觸石破沒, 范抱持棺柩, 遂俱沈溺. 衆傷其義,
鉤求得之, 療救僅免於死. 穆聞, 復馳遣使持前資物追范, 范又固辭. 歸葬服竟,
詣京師受業, 事博士薛漢. 京兆·隴西二郡更請召, 皆不應. 永平初, 隴西太守
鄧融備禮謁范爲功曹, 會融爲州所擧案, 范知事譴難解, 欲以權相濟, 乃託病
求去, 融不達其意, 大恨之. 范於是東至洛陽, 變名姓, 求代廷尉獄卒. 居無幾,
融果徵下獄, 范遂得衛侍左右, 盡心勤勞. 融怪其貌類范而殊不意, 乃謂曰:
「卿何似我故功曹邪?」范訶之曰:「君困戹督亂邪!」語遂絕. 融繫出困病, 范隨
而養視, 及死, 竟不言, 身自將車送喪致南陽, 葬畢乃去. 後辟公府, 會薛漢坐
楚王事誅, 故人門生莫敢視, 范獨往收斂之. 吏以聞, 顯宗大怒, 召范入, 詰責曰:
「薛漢與楚王同謀, 交亂天下, 范公府掾, 不與朝廷同心, 而反收斂罪人, 何也?」
范叩頭曰:「臣無狀愚戇, 以爲漢等皆已伏誅, 不勝師資之情, 罪當萬坐.」帝怒
稍解, 問范曰:「卿廉頗後邪? 與右將軍襄, 大司馬丹有親屬乎?」范對曰:「襄,
臣之曾祖;丹, 臣之祖也.」帝曰:「怪卿志膽敢爾!」因貰之. 由是顯名. 擧茂才,
數月, 再遷爲雲中太守. 會匈奴大入塞, 烽火日通. 故事, 虜(人)[入]過五千人,
移書傍郡. 吏欲傳檄求救, 范不聽, 自率士卒拒之. 虜衆盛而范兵不敵. 會日暮,
令軍士各交縛兩炬, 三頭爇火, 營中星列. 虜遙望火多, 謂漢兵救至, 大驚. 待旦
將退, 范乃令軍中蓐食, 晨往赴之, 斬首數百級, 虜自相轔藉, 死者千餘人, 由此
不敢復向雲中. 後頻歷武威·武都二郡太守, 隨俗化導, 各得治宜. 建初中,
遷蜀郡太守, 其俗尙文辯, 好相持短長, 范每厲以淳厚, 不受偸薄之說. 成都民
物豐盛, 邑宇逼側, 舊制禁民夜作, 以防火災, 而更相隱蔽, 燒者日屬. 范乃毁
削先令, 但嚴使儲水而已. 百姓爲便, 乃歌之曰:「廉叔度, 來何暮? 不禁火,
民安作. 平生無襦今五綺.」在蜀數年, 坐法免歸鄕里. 范世在邊, 廣田地, 積財粟,
悉以賑宗族朋友. 肅宗崩, 范奔赴敬陵. 時廬江郡掾嚴麟奉章弔國, 俱會於路.
麟乘小車, 塗深馬死, 不能自進, 范見而愍然, 命從騎下馬與之, 不告而去. 麟事畢,
不知馬所歸, 乃緣蹤訪之. 或謂麟曰:「故蜀郡太守廉叔度, 好周人窮急, 今奔
國喪, 獨當是耳.」麟亦素聞范名, 以爲然, 卽牽馬造門, 謝而歸之. 世伏其好義,
然依倚大將軍竇憲, 以此爲譏. 卒於家. 初, 范與洛陽慶鴻爲刎頸交, 時人

稱曰:「前有管鮑, 後有慶廉.」鴻慷慨有義節, 位至琅邪·會稽二郡太守, 所在
有異迹"라 함.

【京兆】 서울을 말함. 東漢 때는 洛陽이 서울이었음.

【蜀】 지금의 四川省 成都 지역을 말함.

【抱棺】 陶注에 "抱棺, 一作'執骸'"라 함.

【拯太守】 염범이 隴西太守 鄧融이 죄를 짓고 하옥되자 그의 억울함을 풀어
준 사건. 위의《後漢書》전을 볼 것.

074-3
여욱汝郁

　　여욱汝郁은 진군陳郡 사람이다. 다섯 살 때에 어머니가 병이 들어 음식을 먹지 못하자 여욱 역시 음식을 입에 대지 않았다. 어머니가 불쌍히 여겨 억지로 먹였다. 여욱은 어머니의 얼굴을 살펴보는 능력이 있어 병이 있음을 감지하면 문득 역시 밥을 먹지 않았다. 이리하여 그 친족들은 그를 '기이한 아이'(異童)라 불렀다. 나이 열 다섯에 향리에 이름이 났으며 부모가 돌아가시자 지나치게 그리워하여 몸에 훼상이 갈 정도였다.

　　그는 재물을 모두 형제에게 밀어 주고 자신은 초택草澤에 은거해 버렸다. 군자들도 어렵게 여기는 것이거늘 하물며 겨우 이를 가는 어린 나이에 효성이 자연스러웠으니 천성이 그러하였다고 말할 수 있으리라.

　　汝郁, 陳郡人也. 五歲, 母病不食, 郁亦不食. 母憐之, 强食. 郁能察色, 知病, 輒復不食. 族人號曰「異童」. 年十五, 著於鄕里. 父母終, 思慕致毁, 推財與兄弟, 隱於草澤. 君子以爲難, 況童齔孝於自然, 可謂天性也.

【汝郁】 동한 때의 인물. 자는 叔異.《後漢書》(36)에 "郁字叔異, 性仁孝, 及親歿, 遂隱處山澤. 後累遷爲魯相, 以德敎化, 百姓稱之, 流人歸者八九千戶"라 함. 楊勇 注에 "後漢書有傳"이라 하였으나《後漢書》에 汝郁傳은 없음.
【齔】 '츤'으로 읽음. 젖니가 빠지고 영구치가 나는 나이. 아주 어린 나이를 말함.

074-4

은도殷陶

은도殷陶는 여남汝南 사람이다. 나이 열 둘에 효성으로 칭송을 받았으며 아버지의 상을 당하자 정황에 따라 예에 맞도록 진행하고 있었다. 그런데 긴 뱀 한 마리가 나타나 그의 문을 가로질러 버티고 있자 온 집안 사람들이 모두 도망하였지만 은도는 아버지의 영구靈柩가 있으므로 홀로 초막에 남아 조금도 움직이지 않았다. 친척들이 그를 부축하여 끌면서 위험하다고 일러 주었으나 도저히 그를 움직이게 할 수가 없었으며 그럴 수록 울고 부르짖는 소리를 더하였다. 이로써 그 이름이 드러나게 되었으며 여러 차례 벼슬길로 나오도록 명을 받았으나 모두 사양하였다.

무릇 지혜로운 자는 미혹함이 없으며 용맹한 자는 두려움을 느끼지 않는다. 은도는 그 아버지에 대하여 효성을 다하면서 지혜와 용맹이 아울러 어린 나이에 드러났으니 이는 어려운 일이다.

殷陶, 汝南人也. 年十二, 以孝稱, 遭父憂, 率情合禮. 有長蛇帶其門, 擧家奔走, 陶以喪柩在焉, 獨居廬不動. 親戚扶持曉喩, 莫能移之, 啼號益盛. 由是顯名, 屢辭辟命. 夫智者不惑, 勇者不懼. 陶孝於其親, 而智勇並彰乎弱齡, 斯又難矣.

【殷陶】《後漢書》(67) 黨錮列傳에 "滂後事釋, 南歸. 始發京師, 汝南·南陽士大夫迎之者數千兩. 同囚鄕人殷陶·黃穆, 亦免俱歸, 並衛侍於滂, 應對賓客. 滂顧謂陶等曰:「今子相隨, 是重吾禍也.」遂遁還鄕里"라 함.

【屢辭辟命】《廣五行記》에 殷仲文의 고사가 이와 비슷하나 은중문은 도연명과 비슷한 시기로써 이를 채록할 수 없었을 것으로 봄.(何注)

【智者不或】《論語》子罕篇에 "子曰:「知者不惑, 仁者不憂, 勇者不懼.」"라 하였으며, 憲問篇에도 "子曰:「君子道者三, 我無能焉: 仁者不憂, 知者不惑, 勇者不懼.」子貢曰:「夫子自道也.」"라 함.

074-5
  찬贊

어버이를 섬겨 즐거움을 다하도록 하는 데는
그 얼굴을 부드럽게 하기가 어려운 것이다.
남들이 봉록으로 봉양하면
나는 힘으로라도 봉양해야 한다.
의는 사랑과 공경함에 있는 것이요
영화는 거짓과 꾸밈으로 해서는 안 되는 일.
아, 그대 많은 서인들이여,
이러한 옛 사람들의 법을 거울로 삼을지니.

贊曰:
事親盡歡, 其難在色.
彼養以祿, 我養以力.
義在愛敬, 榮不假飾.
嗟爾衆庶, 鑒茲前式.」

【其難在色】《論語》爲政篇에 “子夏問孝. 子曰:「色難. 有事, 弟子服其勞;
  有酒食, 先生饌, 曾是以爲孝乎?」”라 하였음.

卷九『집성현군보록 集聖賢羣輔錄』(上)
一名『四八目』

〈漁人圖〉明 戴進(그림)

075 〈集聖賢羣輔錄〉(上) 一名『四八目』
집성현군보록(상)

※ 이 〈(集)聖賢羣輔錄〉(上下) 역시 도연명 자신의 글이 아닌 것으로 여기고 있다. 제목에도 문제가 있어 고래로 《四八目》이라 하던 것이 《(集)聖賢羣輔錄》으로 바뀌었으며, 내용으로 보아도 도연명과 관련이 없다는 것이다. 그 때문에 많은 《陶淵明集》 역주서 및 白話語 註釋書에도 이 글 上下는 다루지 않고 있다.

우선 〈四庫全書提要〉 子部類 書目에 "《聖賢羣輔錄》二卷, 一名《四八目》, 舊坿載《陶潛集》中. 唐宋以來, 相沿引用, 承訛踵謬, 莫悟其非, 週以編錄遺書, 始蒙睿鑒高深, 斷爲僞託. ……"이라 하여 도연명의 글이 아니라고 단정한 뒤로부터 陶澍, 梁啓楚, 郭紹虞, 魏茂林 등도 모두 도연명이 쓴 것이 아니라고 보았다.

다만 2백여 년 동안 오직 方宗誠만은 그래도 도연명의 작품이라 주장해 왔다. 즉 그의 《眞詮》에 "《集聖賢羣輔錄》, 此卷前人有文辨之, 以爲非淵明作. 予謂此或淵明偶以書籍所載, 故老所傳, 集錄之以示諸子, 識故實·廣見聞, 非著述也. 八儒, 三墨, 大抵亦記故事以示諸子, 後人輯之以坿集後耳. 謂爲著述, 則淺之乎視淵明矣! 謂非淵明書, 亦似不然"이라 하여 자신의 아들들에게 보여 주기 위하여 여러 전적과 노인들에게 들은 성현과 보좌들을 모으되, 저술이 아닌 집록으로 남긴 것이라 하였다.

그러나 이는 논리가 매우 빈약하며 확정적인 증거도 제시하지 못하고 있어 거의 인정받지 못하고 있다.

한편 潘石禪의 《新箋》에는 "《聖賢羣輔錄》, 本名《四八目》, 宋以前蓋未有稱《聖賢羣輔錄》者, 陽休之《序錄》稱昭明以前舊本有《四八目》, 未嘗擧

《聖賢羣輔錄》之名也. 宋初〈宋庠本〉《私記》所得舊本, 亦有擧《四八目》,
初無《聖賢羣輔錄》之名. 北宋永宗治平三年(1066)僧思悅編定《陶集》, 其書
後亦稱《四八目》上下二篇, 是《四八目》乃其本名. 宋本有題爲《集聖賢羣
輔錄》者, 下注云: 一曰《四八目》. 然則《集聖賢羣輔錄》, 蓋出於後人所改題,
非其本名如此也. 《四八目》之末, 陶自謂說曰: ‘凡書籍所載及故老所傳,
善惡聞於世者, 盡於此矣. 漢稱田叔·孟舒等十人及田橫兩客·魯二儒, 史並
失其名. 夫操行之難, 而姓名翳然, 所以撫卷長歎, 不能已已者也.’是陶公
明謂善惡兼載, 則原名非《聖賢羣輔錄》可知. 特所載善多惡少, 故後人改
其名耳. 及乾隆帝見《四八目》中多載魯三桓·晉六卿·司馬懿·王敦之流,
惡其有不臣之心, 故深所不喜. 所謂‘名實相迕, 理乖風敎.’則乾隆帝之
私隱也. ……且細籀《四八目》全文, 以余觀之, 實陶公平日讀書之箚記,
蓋有疾沒世而名不稱之感, 故綴集而成此篇. ……觀《陶集》詩文, 隸事造語,
多用《四八目》中人物. 《四八目》中有二老·三良·二疏·魯二儒, 而〈讀史述〉
有夷齊·魯二儒二章, 詠史之作有〈詠二疏〉·〈詠三良〉諸篇. ……推校內外,
斷知淸人擧爲僞書之證者, 皆不足據. 而硏覈文事, 與《陶集》相比勘, 益見
其出於淵明手筆可信.”이라 하여 “도연명이 평소 독서하면서 필기한 것
으로 그들의 이름이 세상에 알려지지 않는 것을 한탄하여 기록한 것이며,
자신의 시문 중에 거론한 이로, 三良, 魯二儒, 夷齊 등의 내용으로 보아
도연명의 손을 거쳤음이 분명하다고 주장하였다.

그 외에 《新亞學術年刊》(第7期)에 실린 陶澍의 《聖賢羣輔錄序》에는
“陶靖節《聖賢羣輔錄》, 一名《四八目》, 其書每條末皆載所見原書出處, 自北
齊陽休之編錄後, 至明何文簡孟春始爲之注. 按靖節此錄, ……其中甄述
《兩漢》及東西《晉書》, 皆非班范《史》及唐人所撰之《史》也. 如《三輔決錄》·
張璠《記》·謝承《書》之類, 今全書雖佚, 猶散見於羣籍, 以南北六朝及唐
初諸子書幷李善《文選注》·虞世南《北堂書鈔》·徐氏《初學記》·歐陽氏
《藝文類聚》·《太平御覽》·《册府元龜》等書攷之, 大半符合何注, 所採僅
依據正史, 頗多疎漏. 如韋文高爲韋豹之父, 錄中所引文高三子, 見《京兆
舊事》. 攷《前漢書》表及韋氏世系, 文高當名浚. 《京兆舊事》凡見《御覽》
十七條. 卽文高, 亦見《御覽》. 文簡謂不知, 豈偶未深考耶? 下卷八俊內有

趙典. 范《書》黨錮傳云: 惟典名見而已. 攷典, 范《書》本有專傳, 又別見
郭泰·皇甫規傳, 安得云惟以名見自相矛盾耶? 蓋名見者, 見於八俊也;
顧亭林亦不得其解, 乃謂有兩趙典, 是未嘗考《華陽國志》及《三君》·
《八俊錄》也. 而文簡直以典事僅見黨錮及〈羣輔錄〉, 是幷未全撿范《書》矣.
豈知典事見於謝承·司馬彪《書》及常璩《志》; 書籍所載, 固有不勝錄乎?
如此之類, 均攷其同異, 正其得失, 校何注有增, 不揣固陋, 謹附所見如此,
以質之博雅"라 하였다.

한편 《聖賢羣輔錄》에 箋이나 注를 붙인 자는 다섯 사람이 있다. 즉
宋均, 李公煥, 何孟春, 陶澍, 그리고 潘石禪의 《新箋》이 그 것이다. 그 중
《신전》은 대체적으로 陶澍의 미진함을 보충하고 여러 서적의 내용을
인증하여 더욱 상세하며 이공환의 주는 陽休之의 옛날 기록에서 취한
'宋均曰'이라는 조항이 있는데 舊本에 원래 있던 것인지 아니면 다른
사람의 의견을 더한 것인지 알 수 없다. 宋庠의 《私記》에 "又〈五孝傳〉
以下至〈四八目〉, 子注詳密, 廣於他集"이라 하였는데 그렇다면 이공환의
注文은 원래 있었던 것이 아닌가 한다. 다만 自注는 어디에 근거한 것인지
알 수 없다.(이상은 楊勇《陶淵明集校箋》成偉出版社 臺北 1975 pp323-35에서 節錄
정리한 것임.)

그러나 역자는 도연명 연구의 기본 자료를 있는 대로 정리하고 제시
하는 의미에서 역시 본《(集)聖賢羣輔錄》(一名《四八目》)도 모두 역주하여
싣고 아울러 학술적인 부분은 江湖諸賢이 詳考를 기다린다.

075-1

수인사좌燧人四佐

　명유明由는 승급의 차례를 밝게 알고 있었으며, 필육必育은 조세와 요역에 대하여 직책을 받았으며, 성박成博은 옛 제후들의 직급을 조정하는 업무를 받았고, 운구隕丘는 나라의 복을 연장하여 흥성시키는 업무를 받아 수행하였다.

　이상은 수인씨燧人氏의 네 명 보좌였으며 수인씨는 하늘이 내린 제왕이요, 네 명의 보좌는 땅에서 난 사람이다.

明由曉升級. 必育受稅俗. 成博受古諸. 隕丘受延禧.
右燧人四佐, 燧人出天, 四佐出洛.

【燧人】상고시대의 제왕. 처음으로 불을 발명하여 火食으로써 백성을 다스렸던 전설상의 부락 수령. 《十八史略》(一)에 "人皇以後, 有曰有巢氏, 構木爲巢, 食木實. 至燧人氏, 始鑽燧, 敎人火食, 在書契以前, 年代國都不可攷"라 함.
【明由, 必育, 成博, 隕丘】넷 모두 수인씨를 도운 보좌 이름. '隕丘'는 '隕立'으로도 표기함.
【升級】李注에 "宋均曰: 級, 等差. 政所先後也"라 함.
【稅俗】李注에 "宋均曰: 受賦稅及徭役所宜施爲也"라 함.
【古諸】李注에 "宋均曰: 古諸侯職等也"라 함.

【延禧】李注에 "宋均曰: 延, 長; 禧, 興也. 主受此錄也"라 함.

【右】고대 서적의 書寫 방법은 위에서 아래로, 우에서 좌로 기록하여 '오른쪽'
 을 뜻하지만 지금은 좌에서 우로, 상에서 하로 하여 '이상'으로 번역함.

【出天·出洛】李注에 "宋均曰: 出天, 天所生也. 出洛, 地所生也"라 함.

075-2
복희육좌伏羲六佐

금좌金提는 풍속을 교화하는 일을 맡고, 조명鳥明은 백성을 이롭게 하는 일을 맡았으며 시묵視黙은 재앙을 없애는 일을, 기통紀通은 농토와 직분을 담당하는 일을, 중기仲起는 바다와 육지의 일을, 양후陽侯는 강과 바다의 일을 맡았다.

이상은 복희씨伏羲氏의 여섯 보좌이며 이들은 인간 세상에서 나온 분들이다.

金提主化俗. 鳥明主建福. 視黙主災惡. 紀通爲中職. 仲起
爲海陸. 陽侯爲江海.
右伏羲六佐. 六佐出世.

【伏羲】太昊 伏羲氏. 고대 전설상의 제왕. 혹 집단. 그물을 만들고 가축을 가두어 기를 줄 알았던 집단으로 어렵 채취의 시대를 거쳐 목축시대로 이전 하였음을 뜻함.《十八史略》(一)에 "太昊伏羲氏: 風姓, 代燧人氏而王. 蛇身人首, 始畫八卦, 造書契, 以代結繩之政, 制嫁娶, 以儷皮爲禮, 結網罟敎佃漁, 養犧 牲以庖廚, 故曰庖犧. 有龍瑞, 以龍紀官, 號龍師. 木德王, 都於陳"라 함.
【金提·鳥明·視黙·紀通·仲起·陽侯】모두 복희씨를 도왔던 보좌. 金提는 金 堤로도 표기함. 陽侯는 波神의 이름. 陵陽國의 侯였으나, 물에 빠져 죽은 후 波神이 되었다고 함.《淮南子》覽冥訓 高誘 注 및《博物志》등 참조.

【災惡】李注에 "宋均曰: 爲民除災惡也"라 함.

【中職】李注에 "宋均曰: 爲田主, 主內職也"라 함. 농토를 분배하며 조직 내의
  직분을 분배하는 일을 말함.

【六佐】복희씨는 수인씨만 못하여 보좌를 둘 더 거느렸다 함. 李注에 "宋均曰:
  伏羲不及燧人, 故增二佐"라 함.

【出世】인간 세상에서 태어남을 말함.

伏羲氏

075-3

황제칠보黃帝七輔

풍후風后는 법을 집행하는 임무를 받았고, 천로天老는 하늘의 명을 다루는 임무를 받았고 오성五聖은 도의 차례를 정하는 임무를, 지명知命은 풍속을 규정하는 임무를, 규기窺紀는 재앙을 복구하는 임무를, 지전地典은 각 주를 연락하는 임무를, 역묵力墨은 기타 일반 서무를 담당하는 직책을 받았다.

이상은 황제黃帝의 일곱 보좌로서 각 주에서 선거를 통해 추천되어 황제의 덕을 보좌하고 도운 이들이다.
수인씨燧人氏의 사좌四佐로부터 이곳 칠보七輔까지의 일은 《논어적보상論語摘輔象》이라는 책에 실려 있다.

風后受金法. 天老受天籙. 五聖受道級. 知命受糾俗. 窺紀受變復. 地典受州絡. 力墨受準斥.

右黃帝七輔. 州選擧翼佐帝德, 自燧人四佐至七輔, 見論語摘輔象.

【黃帝】黃帝 軒轅氏. 중화민족의 시조로 받드는 고대 제왕.《十八史略》(1)에 "黃帝: 公孫姓, 又曰姬姓, 名軒轅, 有熊國君, 少典子也. 母見大電繞北斗樞星, 感而生帝. 炎帝世衰, 諸侯相侵伐, 軒轅乃習用干戈以征不享, 諸侯咸歸之. 與炎帝戰于阪泉之野, 克之"라 함.

【風后·天老·五聖·知命·窺紀·地典·力墨】 모두 황제를 도운 일곱 명의 보좌들.
'力墨'은 '力牧'으로도 씀.

【金法】 李注에 "宋均曰: 金法, 言能決理是非也"라 함. 金은 五行으로 西, 白,
秋, 刑法을 상징함.

【天錄】 李注에 "宋均曰: 錄, 天敎命也"라 함.

【道級】 李注에 "宋均曰: 級, 次序也"라 함.

【糾俗】 李注에 "宋均曰: 糾, 正也"라 함.

【變復】 李注에 "宋均曰: 有禍變, 能補復也"라 함.

【州絡】 李注에 "宋均曰: 絡, 維絡也"라 함.

【準斥】 李注에 "宋均曰: 準斥, 凡事也. 力墨, 或作力牧"이라 함.

【論語摘輔象】 고대 《論語》에 관한 緯書. 지금은 전하지 않음. 宋均이 이 책에
주를 달았다 함. 《新箋》에 "隋書經籍志經部異說類: 梁有論語讖八卷, 宋均注,
亡. 四左·六左·七輔所引'宋均曰'云云, 當卽論語摘輔象宋均注之文. 馬國翰輯
佚書引陶潛"이라 함.

075-4
소호사숙少昊四叔

중重, 해該, 수脩, 희熙.

이상은 소호씨少昊氏의 제 숙부叔父들로 실제 능히 금金, 목木 및 수水의 일을 해낼 수 있었다. 중重으로 하여금 구망씨勾芒氏가 되도록 하고 해該는 욕수씨蓐收氏가 되도록 하였으며, 수脩와 희熙는 현명씨玄冥氏가 되도록 하여 세세토록 자신의 직책을 잃지 않도록 하였다. 그리하여 드디어 궁상窮桑을 건너게 한 것이다.

이는 《좌전左傳》 채묵蔡墨이 한 말에 보인다.

重. 該. 脩. 熙.

右少昊四叔, 實能金木及水. 使重爲勾芒, 該爲蓐收, 脩及熙爲玄冥, 世不失職, 遂濟窮桑. 見左傳蔡墨辭.

【少昊】少昊 金天氏. 고대의 제왕. 《十八史略》(1)에 "少昊金天氏: 名玄囂, 黃帝之子也. 亦曰靑陽, 其立也鳳鳥適至, 以鳥紀官"라 함.
【重】陶注에 "重, 木正"이라 함.
【該】陶注에 "該, 金正"이라 함.
【脩·熙】陶注에 "脩·熙, 並水正"이라 함.

【蔡墨辭】《新箋》에 "今左傳昊作獻"이라 함.《左傳》昭公 29년에 蔡墨이
魏獻子에게 "「少皥氏有四叔, 曰重·曰該·曰修·曰熙, 實能金·木及水. 使重爲
句芒, 該爲蓐收, 修及熙爲玄冥, 世不失職, 遂濟窮桑, 此其三祀也. 顓頊氏有子
曰犁, 爲祝融; 共工氏有子曰句龍, 爲后土, 此其二祀也. 后土爲社; 稷, 田正也.
有烈山氏之子曰柱爲稷, 自夏以上祀之. 周棄亦爲稷, 自商以來祀之"라 함.

희화사자義和四子

희중義仲, 희숙義叔, 화중和仲, 화숙和叔.

　이상은 희화義和의 네 아들이다. 공안국孔安國은 "바로 요堯의 사악四岳으로 사악의 제후諸侯를 나누어 관장하였다"라 하였고, 정현鄭玄은 "요 임금이 이미 음양陰陽을 나누어 사시四時로 하고 나서 희중과 화중, 희숙, 화숙 등에게 그 관직을 삼아 관장하도록 하였으며, 다시 방악方岳의 일을 주관하게 하니 이가 곧 사악四岳이다"라 하였다. 정현의 《상서주尚書注》에 보인다.

義仲. 義叔. 和仲. 和叔.
右義和四子. 孔安國云:「卽堯之四岳, 分掌四岳諸侯.」
鄭玄云:「堯旣分陰陽爲四時, 命義仲·和仲·義叔·和叔等爲
之官, 又主方岳之事, 是爲四岳」見鄭尚書注.

【義和】 고대 천문과 우주, 음양, 천기 등을 담당하였던 義氏와 和氏의 직책명.
그의 아들 넷은 각기 春夏秋冬의 한 계절씩 담당하였음.
【鄭玄】 자는 康成(127~200). 한나라 때의 대학자. 北海 高密人으로 여러 經에
박통하였으며 馬融에게 3년 간 수학하였음. 그의 《周禮》,《禮記》,《儀禮注》,

《毛詩箋》은 지금까지도 위대한 업적으로 평가받고 있음. 《後漢書》(35)에
전이 있음.
【尙書注】지금의 《尙書》 堯典 孔安國 傳에 "四岳卽上羲和之四子, 分掌四岳
之諸侯, 故稱焉"이라 하였고, 《經典釋文》에 馬融의 말을 인용하여 "羲氏掌
天官, 和氏掌地官, 四子掌四時"라 함.

075-6

팔백八伯

백이伯夷는 양백陽伯이 되고, 희중羲仲의 후손은 희백羲伯이 되었으며, 기棄는 하백夏伯이 되고, 희숙羲叔의 후손은 희백羲伯이 되었으며, 구요咎繇는 추백秋伯이 되고, 화중和仲의 후손은 화백和伯이 되고, 수垂는 동백冬伯이 되었다.

이상은 팔백八伯이다. 희화가 죽은 뒤로부터 여덟 백伯으로 나누어 배치하였으며, 순舜이 즉위하고 나서는 원사元祀와 순수巡狩에 매번 그 지역에 이르면 각기 두 백의 음악을 바쳤다. 《대전大傳》에는 동백冬伯 뒤 한 사람이 빠졌다. 정현은 "이 글 위에 탈락된 말이 있다. 그 내용은 들어보지 못하였다. 십오년 뒤에 다시 백공百工들이 서로 합창하여 경운慶雲의 노래를 부르자 팔백이 머리를 조아리며 나왔다"라 하였다.

《상서대전尙書大傳》에 보인다.

伯夷爲陽伯. 義仲之後爲義伯. 棄爲夏伯. 義叔之後爲義伯. 咎繇爲秋伯. 和仲之後爲和伯. 垂爲冬伯.

右八伯. 自義和死後, 分置八伯. 舜旣卽位, 元祀, 巡狩, 每至其方, 各貢兩伯之樂. 大傳, 冬伯後闕一人. 鄭玄云:「此上下有脫辭. 其說未聞. 十有五祀後, 又百工相和而歌慶雲, 八伯稽首而進者也.」見尙書大傳.

【陽伯】李注에 "樂舞侏離, 歌曰招陽"이라 함.

【羲伯】李注에 "樂舞鼓哉, 歌曰南陽"이라 함.

【夏伯】李注에 "樂舞武漫哉, 歌曰祈慮"이라 함.

【羲伯】李注에 "樂舞將陽, 歌曰朱華"이라 함.

【秋伯】李注에 "樂舞蔡俶, 歌曰零落"이라 함.

【和伯】李注에 "樂舞玄鶴, 歌曰歸來"이라 함.

【冬伯】李注에 "樂舞丹鳳, 歌曰齊樂"이라 함.

【元祀】정월 초하루 조상신에게 제사를 지내기 위하여 모든 관료가 다 모임을 말함.

【巡狩】천자가 지방을 순시하는 것.《孟子》告子(下)에 "天子適諸侯曰巡狩, 巡狩者, 巡所守也; 諸侯朝於天子曰述職, 述職者, 述所職也"라 함.

【十有五祀】15년을 가리킴.

【尙書大傳】지금의《尙書大傳》(〈四庫全書〉本. 經部二 書類) 내용과 많은 차이가 있음.

사흉四凶

환도讙兜, 공공共工, 곤鯀, 삼묘三苗.

이상은 사흉四凶이다.

讙兜, 共工. 鯀. 三苗.
右四凶.

【四凶】《左傳》文公 18년에 "舜臣堯, 賓于四門, 流四凶族, 渾敦·窮奇·檮杌·
饕餮, 投諸四裔, 以禦螭魅. 是以堯崩而天下如一, 同心戴舜, 以爲天子, 以其
擧十六相, 去四凶也"라 함. 한편 《史記》五帝本紀에는 "昔帝鴻氏有不才子,
掩義隱賊, 好行凶慝, 天下謂之渾沌. 少皥氏有不才子, 毁信惡忠, 崇飾惡言,
天下謂之窮奇. 顓頊氏有不才子, 不可敎訓, 不知話言, 天下謂之檮杌. 此三族
世憂之. 至于堯, 堯未能去. 縉雲氏有不才子, 貪于飮食, 冒于貨賄, 天下謂之
饕餮. 天下惡之, 比之三凶. 舜賓於四門, 乃流四凶族, 遷于四裔, 以御螭魅,
於是四門辟, 言毋凶人也"라 함.

075-8
고양씨高陽氏의 팔개八凱

창서蒼舒, 퇴애隤敱, 도인檮戭, 대림大臨, 방강尨降, 정견庭堅, 중용仲容, 숙달叔達.

이상은 고양씨高陽氏의 재자팔인才子八人이다. 바르고 성스러우며 넓고
연박하며 밝고 미더우며 독실하고 성실하여 천하 백성들이 팔개八凱라
불렀다.

蒼舒. 隤敱. 檮戭. 大臨. 尨降. 庭堅. 仲容. 叔達.
右高陽氏才子八人. 齊聖廣淵, 明允篤誠, 天下之民,
謂之八凱.

【庭堅】皐陶의 아들이라 함.
【叔達】何注에 杜預의《左傳》注를 인용하여 "此卽垂·益·禹·皐陶之倫"이라 함.

고신씨의 재자팔인高辛氏才子八人

백분伯奮, 중감仲堪, 숙헌叔獻, 계중季仲, 백호伯虎, 중웅仲熊, 숙표叔豹, 계리季狸.

이상은 고신씨高辛氏의 재자팔인才子八人이다. 충성스럽고 엄숙하며, 공경스럽고 아름다우며 널리 펴고 자애롭고 은혜롭고 화평하여 천하 사람들이 팔원八元이라 불렀다.

사흉으로부터 이곳까지는 모두 《좌전左傳》의 계문자季文子가 한 말에 보인다.

伯奮. 仲堪. 叔獻. 季仲. 伯虎. 仲熊. 叔豹. 季狸.

右高辛氏才子八人. 忠肅恭懿, 宣慈惠和, 天下之民, 謂之八元. 從四凶至此, 悉見左傳季文子辭.

【季狸】何注에 "杜云: 此卽稷·契·朱虎·熊羆之倫"이라 함.
【左傳】《左傳》文公 18년 季文子가 大使克으로 하여금 대답하도록 한 내용에 "昔高陽氏有才子八人, 蒼舒·隤凱·檮戴·大臨·尨降·庭堅·仲容·叔達, 齊·聖·廣·淵·明·允·篤·誠, 天下之民謂之八愷. 高辛氏有才子八人, 伯奮·仲堪·叔獻·季仲·伯虎·仲熊·叔豹·季狸, 忠·肅·共·懿·宣·慈·惠·和, 天下之民謂之八元. 此十六族也, 世濟其美, 不隕其名. 以至於堯, 堯不能擧. 舜臣堯, 擧八愷, 使主后土, 以揆百事, 莫不時序, 地平天成. 擧八元, 使布五敎于四方, 父義·母慈·兄友·弟共·子孝, 內平外成. 昔帝鴻氏有不才子, 掩義隱賊, 好行凶德; 醜類

惡物. 頑嚚不友, 是與比周, 天下之民謂之渾敦. 少皥氏有不才子, 毁信廢忠, 崇飾惡言; 靖譖庸回, 服讒蒐慝, 以誣盛德, 天下之民謂之窮奇. 顓頊氏有不才子, 不可敎訓, 不知話言; 告之則頑, 舍之則嚚, 傲很明德, 以亂天常, 天下之民謂之檮杌. 此三族也, 世濟其凶, 增其惡名, 以至于堯, 堯不能去. 縉雲氏有不才子, 貪于飮食, 冒于貨賄, 侵欲崇侈, 不可盈厭, 聚斂積實, 不知紀極, 不分孤寡, 不恤窮匱, 天下之民以比三凶, 謂之饕餮. 舜臣堯, 賓于四門, 流四凶族, 渾敦·窮奇·檮杌·饕餮, 投諸四裔, 以禦螭魅. 是以堯崩而天下如一, 同心戴舜, 以爲天子, 以其擧十六相, 去四凶也"라 함.

구관九官

우禹는 사공司空이 되고, 기棄는 직稷이 되었으며, 설契은 사도司徒가 되고, 구요咎繇는 사사司士가 되고 익益은 짐우朕虞가 되었다. 수垂는 공공共工이 되고, 백이伯夷는 질종秩宗이 되고, 용龍은 납언納言이 되고, 기夔는 악전典樂이 되었다.

이상은 구관九官이다. 순舜이 제위에 올라 이들을 선발하여 명한 것이다. 《상서尙書》에 보인다.

禹作司空. 棄作稷. 契作司徒. 咎繇作士. 益作朕虞. 垂作共工. 伯夷作秩宗. 龍作納言. 夔作典樂.
右九官. 舜登位所選命. 見尙書.

【咎繇】皋陶의 다른 표기임.
【尙書】何注에는 "漢劉向曰: 舜命九官, 濟濟相讓"이라 하였고, 《新箋》에 "見尙書舜典"이라 함.

075-11
순칠우舜七友

웅도雄陶, 방회方回, 속아續牙, 백양伯陽, 동부자東不訾, 진불허秦不虛, 영보靈甫.

이상은 순舜의 칠우七友이다. 모두가 함께 역산歷山과 뇌택雷澤에서 생활하였다. 《전국책戰國策》에서 안촉顔歜이 "요堯에게는 구좌九佐가 있었고, 순에게는 칠우가 있었다"라 하였으나, 《시자尸子》에는 다만 웅도 등 여섯 사람만 기재하고 영보는 실려있지 않다. 황보사안皇甫士安은 《일사전逸士傳》을 지었는데 거기에서 "그가 벗으로 삼은 자를 보면 웅도, 방회, 속아, 백양, 동부자, 진불공, 영보 등의 무리로 이들이 칠우이다"라 하여 《전국책》과 서로 맞다.

雄陶. 方回. 續牙. 伯陽. 東不訾. 秦不虛. 靈甫.
右舜七友. 並爲歷山雷澤之游. 戰國策顔歜云:「堯有九佐, 舜有七友」而尸子只載雄陶等六人, 不載靈甫. 皇甫士安作逸士傳云:「視其友則雄陶, 方回, 續牙, 伯陽, 東不訾, 秦不空, 靈甫之徒, 是爲七友」與戰國策相應.

【顔歜】顔斶. 전국시대 齊나라 처사. 《漢書》古今人名表에는 '顔歜'으로 되어 있으며 《史記》田單列傳의 '王觸'이 아닌가 하나 확실치 않음.

【尸子】전국시대 衛鞅의 上客이었던 尸佼가 쓴 책. 책이 실전되었다가 魏나라 黃初 연간에 다시 찬집됨.

【逸士傳】皇甫謐이 지었다는 逸士들의 전기. 士安은 황보밀의 자.

【戰國策】본 내용은《戰國策》齊策(四)의 顔斶이 "是以堯有九佐, 舜有七友, 禹有五丞, 湯有三輔; 自古及今而能虛成名於天下者, 無有. 是以君王無羞亟問, 不媿下學; 是故成其道德而揚功名於後世者, 堯·舜·禹·湯·周文王是也"라 한 것을 근거로 한 것임.

075-12
순오신舜五臣

우禹, 직稷, 설契, 고요皋陶, 익益.

이상은 순舜의 오신五臣이다. 《논어論語》를 보라. 이미 구관九官에서 열거하였다.

禹. 稷. 契. 皋陶. 益.
右舜五臣. 見論語. 已列九官中.

【五臣】《論語》泰伯篇에 "舜有臣五人而天下治. 武王曰:「予有亂臣十人.」孔子曰:「才難, 不其然乎? 唐虞之際, 於斯爲盛. 有婦人焉, 九人而已. 三分天下有其二, 以服事殷. 周之德, 其可謂至德也已矣.」"이라 함.

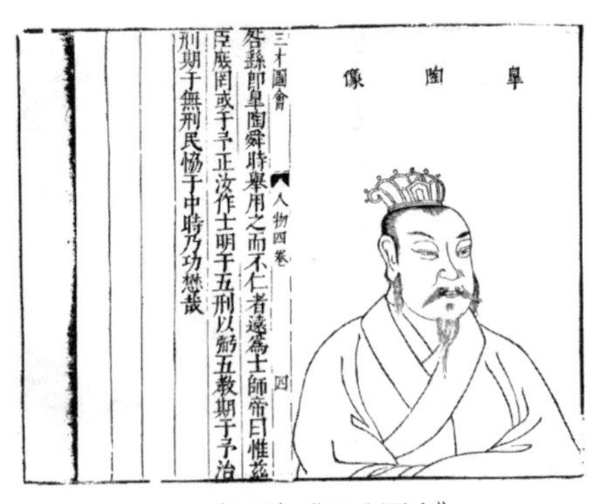

고요(皋陶) 《三才圖會》

075-13

팔사八師

우禹, 직稷, 설契, 고요皐陶, 백이伯夷, 수垂, 익益, 기夔.

이상은 팔사八師이다. 《초사楚辭》 칠간七諫에 보인다.

禹. 稷. 契. 皐陶. 伯夷. 垂. 益. 夔.
右八師. 見楚辭七諫.

【七諫】何注에 "東方朔七諫注"라 하였고. 《新箋》에는 "楚辭七諫怨世云: 雖有
八師, 而不可爲. 王逸注: 八師, 謂禹·稷·卨·皐陶·伯夷·益·夔也"라 함.

075-14
　삼후三后

백이伯夷, 우禹, 직稷.

　　이상은 삼후三后이다. 백이伯夷는 법전을 내려 백성을 형법으로 제재하였고, 우禹는 물과 육지를 고르게 하며 산천의 이름을 짓는 일을 주관하였으며, 직稷은 파종하는 방법을 내려 농사로 곡식을 번식시켰다.
　　이 삼후가 공을 이루어 백성을 풍족하게 하였던 것이다. 한漢나라 때 태위太尉 양사楊賜는 “옛 삼후가 공을 이루었는데 고요皐陶는 거기에 참여하지 않았다. 아마 자신의 힘을 아끼기 위해서였을 것이다”라 하였다. 《상서尙書》 보형편甫刑篇과 《후한서後漢書》에 보인다.

　伯夷. 禹. 稷.
　右三后. 伯夷降典, 制民惟刑. 禹平水土, 主名山川. 稷降播種, 農殖嘉穀. 三后成功, 惟殷于民. 漢太尉楊賜曰: 「昔三后成功, 皐陶不與焉, 蓋吝之也」 見尙書甫刑·後漢書.

【尙書】《尙書》呂刑篇에 실려 있으며 ‘制民惟刑’은 ‘折民惟刑’으로 되어 있음.
【後漢書】范曄《後漢書》楊賜傳에 “三后成公, 惟殷于民, 皐陶不與焉, 蓋吝之也”라 하였음. 그 외의 謝承《後漢書》, 華嶠《後漢書》, 謝沈《後漢書》袁山松《後漢書》는 모두 도연명 이전이므로 范曄의 《後漢書》가 아닌 이들《後漢書》에서 인용하였을 것으로 보임.

075-15
은삼인殷三仁

미자微子, 기자箕子, 비간比干.

이상은 은삼인殷三仁이다. 《논어論語》에 "미자는 떠나고 기자는 노예가 되었으며 비간은 간언을 하다가 죽음을 당하였다. 공자는 은나라에 이 삼인이 있었다라 하였다"라 하였다.

微子. 箕子. 比干.

右殷三仁. 論語曰:「微子去之, 箕子爲之奴, 比干諫而死. 孔子曰:『殷有三仁焉.』」

【三仁】《論語》微子篇의 "微子去之, 箕子爲之奴, 比干諫而死. 孔子曰:「殷有三仁焉.」"에 근거한 것임.

075-16
이로二老

백이伯夷, 태공太公.

이상은 이로二老이다. 《상서대전尙書大傳》에는 이렇게 말하였다.
"태공은 주紂를 피하여, 동해東海 가에 살았고, 백이는 북해北海 가로 떠나
버렸는데 모두가 그 무리들을 이끌고 오면서 '어찌 돌아가지 않으랴? 듣자
하니 서백西伯 창昌이 노인들을 잘 대한 다더라'라 하였다. 이 두 사람은
아마 천하의 대로大老였을 것이다. 그들이 서백에게 귀의하여 오자 천하의
부모들이 모두 그처럼 역시 서백에게 귀의하였으니 그 아들들인들 어디로
가겠는가!"
공융孔融은 이렇게 말하였다.
"서백은 두 노인 때문에 왕업을 열 수 있었다."

伯夷. 太公.

右二老. 尙書大傳曰:「太公避紂, 居東海之濱, 伯夷去北海
之濱, 皆率其黨曰:『盍歸乎? 吾聞西伯昌善養老.』此二人者,
蓋天下之大老也, 往而歸之; 是天下之父歸之也; 天下之父
歸之, 其子曷往!」孔融曰:「西伯以二老開王業.」

【尙書大傳】〈四庫全書〉本(經部二 書類)에는 이 구절이 실려 있지 않으며
《孟子》離婁(上)에 "孟子曰:「伯夷辟紂, 居北海之濱, 聞文王作, 興曰:『盍歸

乎來! 吾聞西伯善養老者』太公辟紂, 居東海之濱, 聞文王作, 興曰:『盍歸乎來!
吾聞西伯善養老者』二老者, 天下之大老也, 而歸之, 是天下之父歸之也. 天下
之父歸之, 其子焉往? 諸侯有行文王之政者, 七年之內, 必爲政於天下矣」라 함.
그 외 〈盡心篇〉(上)과 〈萬章篇〉(下)에도 관련 기록이 있으며 《史記》 伯夷
列傳에도 비슷한 내용이 들어 있음.

【孔融】 자는 文擧(153~208). 자는 文擧. 建安七子 중의 하나. 東漢 魯國人.
孔子의 20세손. 문장에 능하였고 기지가 있었음. 뒤에 曹操의 미움을 받아
가족이 모두 피살됨. 아버지 孔宙는 泰山都尉를 지냄. 《後漢書》(70)에 전이
있음. 원래 《隋書》 經籍志에 《孔融集》(10권)이 있었으나 지금은 전하지 않음.

문왕사우文王四友

괵요閎夭, 태공망太公望, 남궁괄南宮适, 산의생散宜生.

이상은 문왕사우文王四友이다. 《상서대전尚書大傳》에 "괵요, 남궁괄, 산의생 세 사람은 태공망에게서 배웠다. 태공망이 '아! 서백은 어진 임금이다'라 하며 네 사람은 드디어 유리羑里에 갇힌 서백에게로 갔다"라 하였고, 공자는 "문왕에게 사신四臣이 있었고 나丘 역시 네 명의 벗이 있다"라 하였는데, 여기에서의 사인이란 바로 문왕의 사린四鄰이다.

閎夭. 太公望. 南宮适. 散宜生.

右文王四友. 尚書大傳云:「閎夭, 南宮适, 散宜生三子, 學于太公望. 望曰:『嗟乎! 西伯, 賢君也.』四子遂見西伯于羑里.」孔子曰:「文王有四臣, 丘亦得四友.」此四人, 則文王四鄰也.

【散宜生】周 文王(西伯 姬昌)이 羑里(殷나라 때의 감옥)에 갇혔을 때 紂에게 미인을 바쳐 풀려나게 한 인물로《史記》및《尚書大傳》에 자세히 실려 있음.
【孔子曰】이는 《孔叢子》에 실려 있는 말이며, 何注에 "孔叢子: 文王有胥附· 奔奏·先後·禦侮, 謂之四鄰"이라 함.

075-18
주팔사周八師

백달伯達, 백괄伯适, 중돌仲突, 중홀仲忽, 숙야叔夜, 숙하叔夏, 계수季隨, 계와季騧.

　이상은 주팔사周八師이다. 《논어論語》에 보이며 가규賈逵는 문왕文王 때의 인물이라 여겼고, 정현鄭玄은 성왕成王 때라 여겼다.

伯達. 伯适. 仲突. 仲忽. 叔夜. 叔夏. 季隨. 季騧.
右周八師. 見論語. 賈逵以爲文王時, 鄭玄以爲成王時也.

【八師】《論語》微子篇에 "周有八士: 伯達·伯适·仲突·仲忽·叔夜·叔夏·季隨·季騧"라 하였으며, 《左傳》文公 18年 傳에 "昔高陽氏有才子八人: 蒼舒·隤敳·檮戭·大臨·尨降·庭堅·仲容·叔達, 齊聖廣淵, 明允篤誠, 天下之民謂之八愷. 高辛氏有才子八人, 伯奮·仲堪·叔獻·季仲·伯虎·仲熊·叔豹·季狸, 忠肅共懿, 宣慈惠和, 天下之民謂之八元. 此十六族也, 世濟其美, 不隕其名, 以至于堯, 堯不能擧"라 함.
【文王時】《論語集解》에는 "或曰「成王時人」, 或曰「宣王時人」. 蓋一母四乳而生八子也, 然不可考矣"라 함.

태사십자太姒十子

백읍伯邑 희고姬考. 무왕武王 희발姬發. 관숙管叔 희선姬鮮. 주공周公 희단姬旦. 채숙蔡叔 희도姬度. 조숙曹叔 희진탁姬振鐸. 곽숙霍叔 희무姬武. 성숙郕叔 희처姬處. 강숙康叔 희봉姬封. 담계聃季 희재姬載.

이상은 태사太姒가 낳은 열 명의 아들이다. 태사공太史公은 "태사가 아들 열 명을 낳으니 주나라는 이로써 종실이 강해졌다"라 하였다. 《사기史記》에 보인다.

伯邑考. 武王發. 管叔鮮. 周公旦. 蔡叔度. 曹叔振鐸. 霍叔武. 郕叔處. 康叔封. 聃季載.

右太姒十子. 太史公曰:「太姒十子, 周以宗强」見史記.

【太姒】周나라 文王(姬昌)의 비. 이가 낳은 열 명의 아들. 모두 성씨는 姬氏로 姬考, 姬發, 姬鮮, 姬旦, 姬度, 姬振鐸, 姬武, 姬處(혹 毛叔 姬圍라고도 함), 姬封, 姬載임. 《藝文類聚》(15)에 "太姒者, 文王之妃, 莘姒之女也. 號曰文母. 亦思媚太姜, 太任旦夕勤勞, 以進婦道. 文王治外, 文母治內. 生十子, 太姒敎誨十子, 自少及長, 常以正道押持之, 卒成武王周公之德"라 함. 한편 《列女傳》(1) 「周室三母」에 "太姒者, 文王之妃, 莘姒之女也. 號曰文母. 亦思媚太姜, 太任旦夕勤勞, 以進婦道. 文王治外, 文母治內. 生十子, 太姒敎誨十子, 自少及長, 常以正道押持之, 卒成武王周公之德"라 함.
【史記】《史記》管蔡列傳, 太史公自序, 周本紀 등에 자세히 실려 있음.

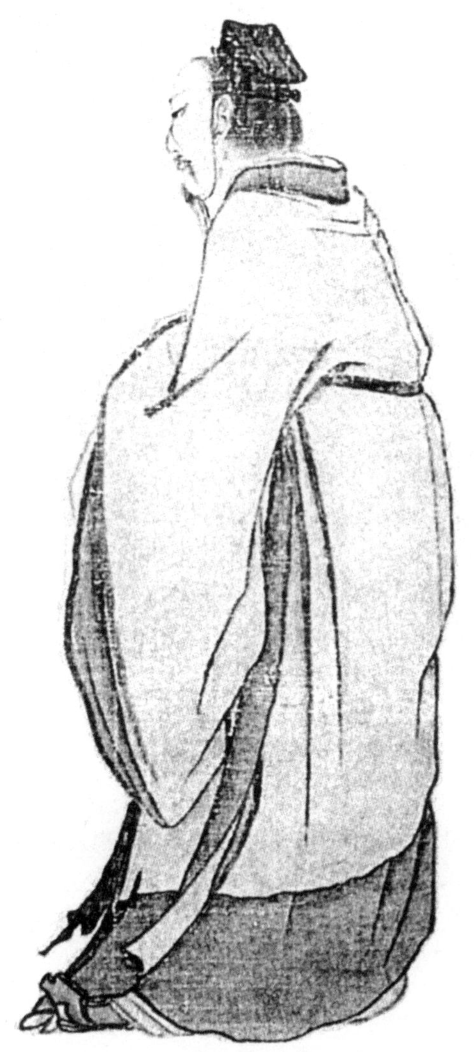

周 武王(姬發)

주십란周十亂

주공周公 단旦, 소공邵公 석奭, 태공망太公望, 필공畢公, 모공毛公, 굉공閎公,
태전太顚, 남궁괄南宮适, 산의생散宜生, 문모文母.

이상은 주周나라 십란十亂이다. 《논어論語》에 보이며 그 중 네 명은 이미
사우四友에 열거하였다.

周公旦. 邵公奭. 太公望. 畢公. 毛公. 閎公. 太顚. 南宮适.
散宜生. 文母.

右周十亂. 見論語. 其四人已列四友.

【十亂】亂은 治와 같음. '다스리다'의 뜻. '나라를 잘 다스린 열 명의 인물'을
말함. 《論語》泰伯篇에 "舜有臣五人而天下治. 武王曰:「予有亂臣十人.」
孔子曰:「才難, 不其然乎? 唐虞之際, 於斯爲盛. 有婦人焉, 九人而已. 三分
天下有其二, 以服事殷. 周之德, 其可謂至德也已矣.」라 하였고, 〈集註〉에
"書泰誓之辭. 馬氏曰:「亂, 治也.」十人, 謂周公旦·召公奭·太公望·畢公·榮公·
太顚·閎夭·散宜生·南宮适, 其一人謂文母. 劉侍讀以爲:「子無臣母之義, 蓋邑
姜也. 九人治外, 邑姜治內.」或曰:「亂本作亂, 古治字也.」라 함.
【文母】太姒. 文王(姬昌)의 비이며 武王(姬發)의 어머니. 《列女傳》(1)「周室
三母」에 "太姒者, 文王之妃, 莘姒之女也. 號曰文母"라 함.

오왕五王

진공아秦公牙, 오반吳班, 손우孫尤, 대부大夫 염찬冉贊, 공자公子 미麋.

이상은 오왕五王이며 능히 재상의 직무를 잘 수행하였다.《시자尸子》에 "옛날에 오왕의 보필이 있었다"라 하였는데 여기서 왕王이라 일컬은 것은 그들을 귀하게 여겨서 그렇게 부른 것이다.

秦公牙. 吳班. 孫尤. 大夫冉贊. 公子麋.

右五王, 並能相焉. 尸子曰:「古有五王之相」廼謂之王, 其貴之也.

【五王】 '王'은 그들을 귀히 여겨 도연명이 그렇게 해석한 것임. 汪繼培의 《尸子》輯佚本에 이 구절을 인용하고 "廼謂之王, 其貴之也, 蓋陶氏語"라 하였음.

진문공종망오인晉文公從亡五人

호언狐偃, 조최趙衰, 전힐顚頡, 위무자魏武子, 사공계자司空季子.

이상은 진晉 문공文公, 重耳이 망명할 때 따라나선 다섯 사람이다. 숙향叔向은 "태어난 지 17년째 이미 다섯 명의 사士가 있었다"라 하였다. 《좌전左傳》에 실려 있으며 진晉 태위太尉 유곤劉琨의 시에 "중이는 다섯 신하에 의지하였네"라 하였다.

狐偃. 趙衰. 顚頡. 魏武子. 司空季子.

右晉文公從亡五人. 叔向曰:「生十七年, 有士五人」見左傳. 晉太尉劉琨詩曰:「重耳憑五臣」

【左傳】《左傳》昭公 13년에 실려 있음. 春秋五霸의 하나인 晉 文公(重耳)의 일을 두고 설명한 것으로 "我先君文公, 狐季姬之子也, 有寵於獻; 好學而不貳, 生十七年, 有士五人. 有先大夫子餘·子犯以爲腹心, 有魏犨·賈佗以爲股肱, 有齊·宋·秦·楚以爲外主, 有欒·郤·狐·先以爲內主, 亡十九年, 守志彌篤. 惠·懷棄民, 民從而與之. 獻無異親, 民無異望. 天方相晉, 將何以代文?"라 함.

【叔向】叔嚮으로도 씀. 춘추시대 晉나라 재상. 晏嬰, 孔子와 비슷한 시기의 인물.

【劉琨】《文選》劉琨 〈重贈盧諶詩〉에는 "重耳任五賢, 小白相射鉤"라 하여 "重耳任五賢"으로 되어 있음.

075-23
삼량三良

엄식奄息, 중행仲行, 침호鍼虎.

　이상은 삼량三良이며 차씨車氏의 아들들이다. 진秦 목공穆公이 죽으면서 함께 자신을 따라 죽을 것을 요구하였다. 시인詩人이 이들을 애도하여 〈황조黃鳥〉라는 시를 지었다. 《좌전》과 《모시毛詩》에 실려 있다.

　奄息. 仲行. 鍼虎.
　右三良, 車氏之子. 秦穆公沒, 要而從死, 詩人悼之, 爲賦黃鳥. 見左傳·毛詩.

【三良】세 사람의 어진 良臣. 즉 秦 穆公을 섬긴 奄息·仲行·鍼虎를 가리킴. 052 〈詠三良〉을 볼 것.
【穆公】춘추시대 秦나라 穆公(繆公). 春秋五霸의 하나. B.C.659~B.C.621년까지 39년간 재위.
【左傳】《左傳》文公 6년에 그 내용이 실려 있음. 052 〈詠三良〉을 볼 것.
【毛詩】《詩經》秦風 黃鳥 序에 "黃鳥, 哀三良也. 國人刺穆公以人從死, 而作是詩也"라 함.

정칠목鄭七穆

자전子展은 〈초충草蟲〉을 짓고, 자서子西는 〈서묘黍苗〉를, 자륭子隆은 〈습상隰桑〉을, 공손단公孫段은 〈상호桑扈〉를, 백유伯有는 〈순지분분鶉之賁賁〉을, 자태숙子太叔은 〈야유만초野有蔓草〉를 인단印段은 〈실솔蟋蟀〉의 시를 지었다.

이상은 정칠목鄭七穆으로 이들을 칠자七子라 부른다. 정鄭 목공穆公에게는 아들 열 하나가 있었다. 한罕, 사駟, 풍豐, 인印, 유游, 국國 양良 등 일곱 뛰어난 이들과 그 자손들이 모두 재명才名이 있어 대대로 정나라의 국정을 맡아 진晉나라와 초楚나라의 침략을 막아내어 이를 일러 칠목七穆이라 한다. 숙향叔向이 "정나라 칠목씨는 그 후손이 없는가?"라 하였고, 제후들이 송宋나라를 위해 회맹을 맺자 정백鄭伯은 수롱垂隴에서 조무자趙武子를 위해 향연을 베풀었고, 일곱 명의 경卿들이 모두 함께 따랐다. 그러자 조나라 문자文子가 "칠경七卿이 그대를 따른 것은 무자의 총애를 받기 위함이오. 청컨대 모두 시를 지어 그대의 베풂을 완성하도록 하고 역시 일곱 아들의 뜻을 살펴볼 수 있도록 해 주시오"라 하였다.
《좌전》에 실려 있다. 그리고 오질吳質의 편지글에 "조무가 정나라를 지날 때 일곱 아들이 시를 지었다"라 하였다.

子展賦草蟲. 子西賦黍苗. 子隆賦隰桑. 公孫段賦桑扈. 伯有賦鶉之賁賁, 子太叔賦野有蔓草. 印段賦蟋蟀.

右鄭七穆, 謂之七子. 鄭穆公子十有一人, 罕, 駟, 豐, 印,

游, 國, 良七人, 子孫並有才名, 世任鄭國之政, 以免晉·楚
之難, 謂之「七穆」. 叔向曰: 「鄭七穆氏, 其後亡乎?」 及諸
侯爲宋之盟, 鄭伯享趙武于垂隴, 七卿皆從. 文子曰: 「七卿
從君, 以寵武也, 請皆賦詩, 以卒君貺, 亦以觀七子之志.」
見左傳. 又吳質書曰: 「趙武過鄭, 七子賦詩.」

【子展】李注에 子展은 子罕의 아들이며, 子西는 子駟의 아들, 子産은 子國의
　　아들, 公孫段은 子豐의 아들, 伯有는 子良의 손자이며 子耳의 아들, 子太叔은
　　子游의 손자이며 子矯의 아들, 印段은 子印의 손자이며 子張의 아들이라 함.
【左傳】이는 《左傳》 襄公 27년에 실려 있음. 襄公 26년에는 "叔向曰: 「鄭七穆,
　　罕氏其後亡者也, 子展儉而壹.」"라 함.
【吳質書】《文選》 吳質의 〈答東阿王書〉에 "昔趙武過鄭, 七子賦詩, 春秋載列,
　　以爲美談"이라 함.

075-25
삼환三桓

중손仲孫 곡문백穀文伯, 숙손叔孫 득신장숙得臣莊叔, 계손季孫 행보문자行父文子.

이상은 노魯나라 환공桓公의 증손으로 대대로 노나라 정권을 잡았으며 호를 삼환三桓이라 한다. 공자는 "삼환의 자손들이 미미해졌다"라 하였다. 《논어》와 《좌전》에 보인다.

仲孫穀文伯. 叔孫得臣莊叔. 季孫行父文子.

右魯桓公之曾孫, 世秉魯政, 號曰三桓. 孔子曰: 「三桓之子孫微矣.」 見論語·左傳.

【文伯】 李注에 그 가계에 대하여 "獻子, 莊子, 孝伯, 僖子, 懿子, 武伯"이라 함.
【莊叔】 李注에 그 가계에 대하여 "穆子, 昭子, 成子, 武子, 文子"라 함.
【文子】 李注에 그 가계에 대하여 "武子, 悼子, 平子, 桓子, 康子"라 함.
【論語】 論語 季氏篇에 "孔子曰:「祿之去公室五世矣, 政逮於大夫四世矣, 故夫三桓之子孫, 微矣.」"라 하였고, 〈集註〉에 "魯自文公薨, 公子遂殺子赤, 立宣公, 而君失其政, 歷成·襄·昭·定, 凡五公. 逮, 及也. 自季武子始專國政, 歷悼·平·桓子, 凡四世, 而爲家臣陽虎所執. 三桓, 三家, 皆桓公之後. 此以前章之說推之, 而知其當然也."라 함. 한편 何晏 〈集解〉에는 孔氏의 말을 인용하여 "三桓謂仲孫·叔孫·季孫. 三卿皆出桓公, 故曰三桓也. 仲孫改其氏孟氏, 至哀公皆衰"라 함.
【左傳】 《左傳》 昭公 25년부터 32년 사이 이들에 대한 이야기가 집중적으로 실려 있으며, 《史記》 魯周公世家에도 관련 내용이 실려 있음.

075-26
진경육족晉卿六族

조무휼趙無恤 양자襄子, 범길야范吉射 소자昭子, 지요智瑤 양자襄子, 순인荀寅 문자文子, 위다魏多양자襄子, 한불신韓不信 간자簡子.

이상 여섯 족속은 세칭 진경晉卿이라 하며 모두가 공훈으로 이름이 있었으나 이들 여섯 사람은 실제 진나라를 약화시킨 사람들이다. 순우월淳于越은 "마침내 전상田常과 육경六卿의 신하들이 나타나게 되었다"라 하였고, 유향劉向 역시 "전상이 지금 다시 나타날 것이요, 육경이 반드시 한나라에 생겨날 것입니다"라 하였다. 《좌전》과 《사기》, 《한서》에 보인다.

趙無恤襄子. 范吉射昭子. 智瑤襄子. 荀寅文子. 魏多襄子. 韓不信簡子.

右六族. 世爲晉卿, 並有功名, 此六人實弱晉國. 淳于越云: 「卒有田常六卿之臣.」 劉向亦曰: 「田常復見於今, 六卿必起於漢.」 見左傳·史記·漢書.

【趙無恤】 李注에 "趙衰始爲卿, 至無恤四世"라 하였으나 陶注에는 "李本·汲古閣本作四世. 何本作七世. 據世本: 成子襻生宣子盾, 盾生莊子朔, 朔生文子武, 武生景子成, 成生簡子鞅, 鞅生襄子無恤. 史記·左傳並同, 當從何作七世"라 함.

【范吉射】 李注에 "士會始爲卿, 至吉射五世"라 하였고, 陶注에는 "世本: 武子會生文子燮, 燮生宣子匄, 匄生獻子鞅, 鞅生昭子吉射. 凡五世"라 함.

【智瑤】李注에 "莊首始爲卿, 至瑤六世"라 함.

【荀寅】李注에 "荀林父始爲卿, 至寅四世"라 함. 그러나 陶注에는 "世本: 林父生宣子庚, 庚生獻子偃, 偃生穆子吳, 吳生文子寅, 凡五世. 四, 當作五"라 함.

【魏多】李注에 "魏絳始爲卿, 至多四世"라 함. 陶注에는 "史記魏世家: 魏絳生魏嬴, 嬴生魏舒, 舒生魏襄子, 凡四世. 魏多, 左傳作魏曼多. 公羊傳哀十三年作魏多, 史記作魏哆. 索隱曰: 一本作魏哆"라 함.

【韓不信】李注에 "韓厥始爲卿, 至不信四世"라 하였고, 陶注에는 "左傳: 厥生宣子起, 起生須, 須生簡子不信, 凡四世"라 함.

【田常】陳恒. 춘추시대 陳나라 사람으로 齊나라로 이주하여 田氏로 성을 바꾸었으며 결국 제나라를 차지하여 전국시대 田氏齊를 세움.《史記》田敬仲完世家 참조.

【史記】《史記》秦始皇本紀에 "博士齊人淳于越進曰:「臣聞殷周之王千餘歲, 封子弟功臣, 自爲枝輔. 今陛下有海內, 而子弟爲匹夫, 卒有田常六卿之臣, 無輔拂, 何以相救哉!」"라 함.

【漢書】《漢書》楚元王傳에 "劉向上封事極諫曰:「如不行此策, 田氏復見於今, 六卿必起於漢.」"이라 함.

075-27
작자칠인作者七人

의봉인儀封人, 하궤荷蕢, 신문晨門, 초광접여楚狂接輿, 장저長沮와 걸닉桀溺, 하조장인荷篠丈人.

이 상은 작자칠인作者七人이다. 《논어》에 "현자는 세상을 피하고 그 다음은 지역을 피하며 그 다음은 색을 피하고 그 다음은 말을 피한다"라 하였고, 공자는 "작자 칠인이 있었다"라 하였다. 포함包咸의 주에 보인다.
그리고 동위연董威輦의 시에 "드넓고 드넓도다, (귀에 가득하고) 눈에 가득차도다, 작자 칠인이여"라 하였다.

儀封人. 荷蕢. 晨門. 楚狂接輿. 長沮. 桀溺. 荷篠丈人.
右作者七人. 論語曰:「賢者避世, 其次避地, 其次避色, 其次避言.」孔子曰:「作者七人.」見包氏注. 董威輦詩曰:「洋洋乎盈耳哉滿目, 而作者七人.」

【七人】《論語》憲問篇에 "子曰:「作者七人矣.」"라 하였으며, 〈集註〉에 "李氏(李郁)曰:「作, 起也. 言起而隱去者, 今七人矣. 不可知其誰何. 必求其人以實之, 則鑿矣.」"라 함. 그러나 李注에는 "伯夷, 叔齊, 虞仲. 夷逸, 朱張, 柳下惠, 少連"이라 하였으며 何晏의 〈集解〉에는 "包曰: 謂長沮·桀溺·丈人·石門·荷蕢·儀封人·楚狂接輿"라 함.

【論語】 각기 《論語》에 보이는 인물들임. 儀封人(八佾篇), 荷蕢(憲問篇), 晨門(憲問篇), 楚狂接輿(微子篇), 長沮·桀溺(微子篇), 荷蓧丈人(微子篇) 등의 일화가 실려 있음.

【董威輦】 董京. 《晉書》(94) 隱逸傳에 "便便君子, 顧望而逝. 洋洋乎滿目, 而作者七人"이라 하였으며, 董威輦의 사적은 習鑿齒 《逸民傳》(北堂書鈔 87에 인용됨)과 王隱 《晉書》(藝文類聚 76, 北堂書鈔 129, 太平御覽 502에 인용됨) 및 葛洪 《神仙傳》(藝文類聚 78, 北堂書鈔 160, 太平御覽 662, 643에 인용됨), 《晉陽秋》(太平御覽 818에 인용됨)등에 보임.

공문사과孔門四科

덕행德行은 안연顏淵, 민자건閔子騫, 염백우冉伯牛, 중궁仲弓이요,
언어言語는 재아宰我, 자공子貢이며,
정사政事는 염유冉有, 계로季路요,
문학文學은 자유子游, 자하子夏로다.

이상은 사과四科이며 《논어》에 실려 있다.

德行: 顏淵, 閔子騫, 冉伯牛, 仲弓.
言語: 宰我, 子貢.
政事: 冉有, 季路.
文學: 子游, 子夏.
右四科. 見論語.

【四科】《論語》先進篇에 "子曰:「從我於陳·蔡者, 皆不及門也.」德行: 顏淵,
閔子騫, 冉伯牛, 仲弓. 言語: 宰我, 子貢. 政事: 冉有, 季路. 文學: 子游,
子夏"라 함. 이들을 흔히 「十哲」이라 하며 何注에 "世所謂十哲者, 唐孔廟顏
子配享, 升曾子爲十哲. 及後曾子配享, 升子張爲十哲"이라 함.

공자사우孔子四友

안회顔回, 자공子貢, 자로子路, 자장子張.

　이상은 공자의 네 친구이다. 문왕文王에게는 서부胥附, 분주奔奏, 선후先後, 어모禦侮가 있어 이들을 사린四鄰이라 불렀다. 맹의자孟懿子가 "선생님께도 역시 사린이 있습니까?"라 묻자 공자는 "나에게는 사우四友가 있다. 내가 안회顔回를 얻고 나서부터 문인들이 더욱 친해지고 있으니 이는 바로 서부가 아니겠는가? 내가 사賜, 端木賜, 子貢를 얻고 나서부터 먼 곳의 선비들이 날마다 찾아오고 있으니 이는 바로 분주가 아니겠는가? 내가 사師, 顓孫師, 子張를 얻고 나서부터 앞에는 광채가 나고 뒤에는 빛이 비취니 이는 선후가 아니겠는가? 내가 유由, 仲由, 子路를 얻고 나서부터 악담이 내 문에 이르지 않으니 이는 바로 어모가 아니겠는가?"라 하였다.
　《공총자孔叢子》에 실려 있다.

顔回. 子貢. 子路. 子張.
　右孔子四友. 文王有胥附·奔奏·先後·禦侮, 謂之四鄰. 孟懿子曰:「夫子亦有四鄰乎?」子曰:「吾有四友焉. 自吾得回, 門人益親, 是非胥附乎? 自吾得賜, 遠方之士日至, 是非奔奏乎? 自吾得師, 前有光, 後有輝, 是非先後乎? 自吾得由, 惡言不至於門, 是非禦侮乎?」見孔叢子.

【孔叢子】 陳勝의 博士를 지낸 孔鮒가 쓴 책으로 모두 7권. 이 내용은
《공총자》論書篇에 실려 있으며 '奔奏'는 '奔轃'로 되어 있음.

공자 육시孔子六侍

인회顔回, 염백우冉伯牛, 자로子路, 재아宰我, 자공子貢, 공서화公西華.

이상은 육시六侍이다. 중니仲尼께서 의지가 아직 서지 않았을 때면 자로가 곁에서 모셨고, 의복이 정제되지 않았을 때면 공서화가 곁에서 모셨으며, 예가 아직 연습되지 않았을 때는 자공이 모셨고, 언사에 변별이 생기지 못했을 때면 재아가 모셨고, 고금의 일에 혼란이 생겼을 때는 안회가 모셨고, 작은 물건을 절약하려할 때면 염백우가 모셨다. 그래서 공자는 "내 무릇 이 여섯 제자로 인하여 스스로 독려한다"라 하였다.《시자尸子》에 실려 있다.

顔回. 冉伯牛. 子路. 宰我. 子貢. 公西華.

右六侍. 仲尼志意不立, 子路侍. 衣服不修, 公西華侍. 禮不習, 子貢侍. 辭不辨, 宰我侍. 亡忽古今, 顔回侍. 節小物, 冉伯牛侍. 曰:「吾以夫六子自厲也」見尸子.

【六侍】공자를 곁에서 늘 모셨던 여섯 제자.
【尸子】尸佼가 지었다는 책으로 汪繼培의 輯本이 있음. 집본 下卷에 도연명의
　　　이 부분과《廣博物志》를 근거로 하였음. 그러나《晏子春秋》內篇 問上에

“景公問晏子曰:「吾欲善治齊國之政, 以干霸王之諸侯.」晏子對曰:「官未具也. 臣數以聞, 而君不肯聽也. 臣聞仲尼, 居處惰倦, 廉隅不正, 則季次·原憲侍; 氣鬱而疾, 志意不通, 則仲由·卜商侍; 德不盛, 行不厚, 則顔回·騫·雍侍. 今君之朝臣萬人, 兵車千乘, 不善政之所失于下霣墜于民者衆矣, 未有能士敢以聞者, 臣故曰官未具也.」라 하여 이 부분과 다름.

제위왕사신齊威王四臣

단자檀子, 반자盼子, 검부黔夫, 종수種首.

이상은 제齊 위왕威王 강장疆場의 사신四臣이다. 제 위왕이 위魏 혜왕惠王과 회맹을 하면서 교외에서 사냥을 하였다. 위왕魏王이 위왕威王에게 물었다. "왕께서는 보물이 있습니까?"그러자 위왕은 "없습니다"라 하였다. 이에 다시 "저 같은 경우에는 나라는 비록 작으나 도리어 지름이 한 촌寸이나 되는 구슬이 있어, 그것이 빛을 내는데 앞뒤로 수레 12대를 비출 정도인 것만 해도 10 개나 됩니다. 그런데 그대 같은 만승萬乘의 나라에 보물이 없다는 것입니까?"라고 하였다. 이에 위왕은 이렇게 대구하였다.

"과인이 보물로 여기는 바는 그대와 다릅니다. 내 신하 중에 단자라는 자가 있어 이로 하여금 남성南城을 지키도록 하면 초楚나라 사람들이 감히 넘보지 못하고 동쪽으로 사상泗上을 취하여 12 제후들이 모두 우리나라에 조공을 옵니다. 그리고 신하 중에 반자라는 자가 있어 고당高唐을 수비하도록 하였더니 위魏나라 사람들이 감히 동쪽으로 하수河水에 고기잡이를 나서지 못하더이다. 내 신하 중에 검부라는 자가 있어 그로 하여금 서徐 땅을 지키도록 하였더니 연燕나라 사람들은 북문北門에서 제사를 지내고, 조趙나라 사람들은 서문西門에서 제사를 지내며 우리나라로 이주해오는 자를 따라 온 가구가 70여 가家나 됩니다. 그리고 내 신하 중에 종수種首라는 자가 있어 그로 하여금 도적을 방비하도록 하였더니 길에 떨어진 것조차 줍지 아니합니다. 나는 이런 것을 보물로 여기고 있으니 이는 천리 국토를 모두 비추는 것으로 어찌 수레 12대를 비추는 것에 해당하겠습니까!"

그러자 위 혜왕은 부끄러워하면서 마음을 풀지도 못한 채 떠나버렸다.
《사기史記》와 《춘추후어春秋後語》에 실려 있다.

檀子. 盼子. 黔夫. 種首.

右齊威王疆場四臣. 齊威王與魏惠王會, 田于郊. 魏王問
威王曰:「王有寶乎?」威王曰:「無有.」魏王曰:「若寡人,
國雖小, 猶有徑寸之珠, 照前後車各十二乘者十枚. 奈何
爲萬乘之國, 而無寶乎?」威王曰:「寡人之所以爲寶與
王異. 吾臣有檀子者, 使守南城, 則楚人不敢爲寇; 東取
泗上, 十二諸侯, 皆來朝; 吾臣有盼子者, 使守高唐, 則魏
人不敢東漁于河; 吾臣有黔夫者, 使守徐, 則燕人祭北門,
趙人祭西門, 徙而從之者七十餘家, 吾臣有種首者, 使備
盜賊, 則道不拾遺; 以此爲寶, 將以照千里, 豈直十二乘哉!」
魏惠王慚, 不懌而去. 見史記及春秋後語.

【齊威王】전국시대 田氏齊의 왕. 이름은 田疆場. 재위 37년(B.C.356~B.C.320).
【四臣】이는 《史記》田敬仲完世家에 실려 있음. 그 외에 《說苑》(臣術篇)에도
비슷한 이야기가 실려 있으며, 《韓詩外傳》(10)에는 "齊宣王與魏惠王會田於郊.
魏王曰:「亦有寶乎?」齊王曰:「無有.」魏王曰:「若寡人之小國也, 尙有徑寸
之珠, 照車前後十二乘者十枚, 奈何以萬乘之國無寶乎?」齊王曰:「寡人之所
以爲寶與王異. 吾臣有檀子者, 使之守南城, 則楚人不敢爲冠, 泗水上有十二諸
侯皆來朝. 吾臣有盼子者, 使之守高唐, 則趙人不敢東漁於河. 吾臣有黔夫者,
使之守徐州, 則燕人祭北門, 趙人祭西門, 從而歸之者十千餘家. 吾臣有種首者,
使之備盜賊, 而道不拾遺, 吾將以照千里之外, 豈特十二乘哉!」魏王慙, 不懌
而去. 詩曰:『辭之懌矣, 民之莫矣.』"라 하여 宣王 때의 일로 되어 있음.
【春秋後語】孔舒元(孔術)이 지었다고 하며 《隋書》經籍志, 《唐書》藝文志,
《崇文總目》에 그 책이름이 보임.

전국사호戰國四豪

제齊나라 맹상군孟嘗君 전문田文, 위魏나라 신릉군信陵君 무기無忌, 조趙나라 평원군平原君 조승趙勝, 초楚나라 춘신군春申君 황헐黃歇.

이상은 전국사호戰國四豪이다. 《사기史記》에 보인다.

齊孟嘗君田文. 魏信陵君無忌. 趙平原君趙勝. 楚春申君黃歇

右戰國四豪. 見史記.

【戰國四豪】 흔히 '戰國四公子'라고도 하며 전국시대 3천 식객들을 거느리고 정치에 큰 영향을 미쳤던 인물들. 각기 《史記》(孟嘗君列傳, 平原君列傳, 魏公子列傳, 春申君列傳) 및 《戰國策》에 그들의 활동상이 실려 있음.

고조삼걸高祖三傑

태자소부太子少傅를 지낸 유후留侯 문성후文成侯 한韓나라 출신 장량張良,
상국相國 벼슬을 지냈으며 찬문종후酇文終侯였던 패沛 땅 출신 소하蕭何,
초왕楚王을 지낸 회음후淮陰侯 한신韓信.

이상은 삼걸三傑이다. 한漢 고조高祖, 劉邦은 "이 세 사람은 사람 가운데의
호걸이로다"라 하였다.
《한서漢書》에 보인다.

太子少傅留文成侯韓張良. 相國酇文終侯沛蕭何. 楚王
淮陰侯韓信.
右三傑. 漢高祖曰:「此三人, 人之傑也」見漢書.

【漢書】《漢書》高帝紀에 "上曰:「夫運籌帷幄之中, 決勝千里之外, 吾不如子房;
塡國家, 撫百姓, 給餉饋, 不絶糧道, 吾不如蕭何; 連百萬之衆, 戰必勝, 攻必取,
吾不如韓信. 三者皆人傑, 吾能用之, 此吾所以取天下者也.」라 하였으며, 《史記》
留侯世家에도 비슷한 내용이 실려 있음.

상산사호商山四皓

원공園公, 기리계綺里季, 하황공夏黃公, 녹리선생用里先生.

이상은 상산사호商山四皓이다. 진秦나라 말에 함께 상락上洛의 상산商山에 은거하였다. 황보사안皇甫士安, 皇甫謐은 "모두가 하내河內 지軹 땅 사람"이라 하였다. 《한서漢書》와 황보밀皇甫謐의 《고사전高士傳》에 실려 있다.

園公. 綺里季. 夏黃公. 用里先生.

右商山四皓. 當秦之末, 俱隱上洛商山. 皇甫士安云:「並河內軹人.」見漢書及皇甫謐高士傳.

【商山四皓】〈贈羊長史〉(027), 〈飮酒〉(042), 〈感士不遇賦〉(057) 및 주를 참조할 것. 皇甫謐의 《高士傳》 및 《史記》 留侯世家, 《漢書》 王貢兩龔傳, 《十八史略》, 《新序》 善謀篇 등에 그들의 일화와 사적이 자세히 실려 있음. 《漢書》(王貢傳)에는 "自園公·綺里季·夏黃公·用里先生·鄭子眞·嚴君平皆未嘗仕, 然其風聲足以激貪厲俗, 近古之逸民也. 若王吉·貢禹·兩龔之屬, 皆以禮讓進退云"라 함.

【園公】園秉. 자는 宣明. 陳留 襄邑人.(《陳留志》)

【夏黃公】崔郭. 자는 少通. 호는 夏黃公.(《崔氏譜》)

【高士傳】《高士傳》(中) 四皓에 "四皓者, 皆河內軹人也. 或在汲, 一曰東園公, 二曰用里先生, 三曰綺里季, 四曰夏黃公, 皆修道潔己, 非義不動. 秦始皇時,

見秦政虐, 乃退入藍田山, 而作歌曰:「莫莫高山, 深谷逶迤. 曄曄紫芝, 可以療饑. 唐虞世遠, 吾將何歸? 駟馬高蓋, 其憂甚大. 富貴之畏人, 不如貧賤之肆志.」乃共入商雒, 隱地肺山, 以待天下定. 及秦敗, 漢高聞而徵之, 不至. 深自匿終南山, 不能屈己. 皇皇四老, 同襟齊志. 遠虞藍田, 芝糧蘿被. 不鑿天眞, 重歸地肺. 隆準膺圖, 空勞聘幣"라 함.

〈商山四皓〉 淸 黃愼(그림)

이소二疏

태자태부太子太傅 소광疏廣, 자는 중옹重翁, 태자소부太子少傅 소수疏受,
자는 공자公子.

이상은 이소二疏로서 동해東海 출신이다. 선제宣帝 때 함께 태자의 사부
師傅가 되어 매번 조회에 나갈 때면 태부가 앞에 서고 소부가 뒤를 따라
조정에서는 영광스러운 모습이라 여겼다. 태자에게 《논어》와 《효경》을
가르쳤으며 각각 늙어지자 병을 핑계로 물러나기를 고하였다. 당시 사람
들은 이들을 '이소'라 불렀다. 《한서漢書》에 실려 있다.

太子太傅疏廣字重翁. 太子少傅疏受字公子.

右二疏, 東海人. 宣帝時並爲太子師傅; 每朝, 太傅在前,
少傅在後. 朝廷以爲榮. 授太子論語·孝經, 各以老疾告退.
時人謂之二疏. 見漢書.

【二疏】漢나라 때의 疏廣(疏廣)과 疏受(疏受) 두 사람을 가리킴. 소광은 자가
　　仲翁이며 東海 蘭陵人, 少傅·太傅를 지냈으며 그의 조카 疏受는 자는 公子
　　이며 太子家令·少傅 등을 역임함. 당시 소광이 태부이며 소수가 소부로서
　　태자가 조정에 이르면 태부가 앞서고 소부가 뒤따라 조정에서는 이 모습을
　　두고 영예스러운 일이라 하였음. 그들은 직책에 있은 지 5년이 되자 소광은
　　공과 명예를 모두 누렸으니 병을 핑계로 사직함이 마땅하다고 여겨 이를

청하자 선제가 허락하며 황금 20근을 하사하였고, 태자 역시 50근을 내려줌.
모든 사람들이 도성문에 모여 성대하게 전별식을 해 주었다 한다. 그들은
고향으로 돌아온 뒤 금을 모두 고향 사람들에게 풀어 큰 잔치를 열어
모두 써 버렸다 함.《漢書》(71) 疏廣傳 참조. '二疏'로도 표기함.〈詠二疏〉
(051)의 내용과 주를 볼 것.

오룡五龍

중합령重合令 자여子輿, 역양령櫟陽令 자우子羽, 동해태수東海太守 자중子仲, 연주자사兗州刺史 자명子明, 영양령潁陽令 자량子良.

이상은 군결조연郡決曹掾 여남汝南 주연周燕, 자는 소경少卿의 다섯 아들로서 이들을 '오룡五龍'이라 불렀다. 각기 한 마을에 살았고 자손들도 아울러 유가儒家를 바탕으로 한 퇴양退讓을 과업으로 삼아 천하에 이름난 성씨로 드러났다. 《주씨보周氏譜》와 《여남선현전汝南先賢傳》에 실려 있다.

重合令子輿. 櫟陽令子羽. 東海太守子仲. 兗州刺史子明. 潁陽令子良.

右郡決曹掾汝南周燕少卿之五子, 號曰:「五龍」各居一里, 子孫並以儒素退讓爲業, 天下著姓. 見周氏譜及汝南先賢傳.

【重合令】重合은 지명. 令은 그곳의 縣令을 말함. 그 아래도 같음.
【一里】각기 하나의 里를 이루고 살았음을 말함. 李注에 다섯의 거주지를 각각 "宋里, 東觀里, 宜唐里, 西商里, 遂與里"라 함.
【汝南先賢傳】《隋書》經籍志 史部 雜傳類에 보이며 魏나라 周裴가 편찬한 것임. 지금은 전하지 않음.

이공二龔

공승龔勝 자는 군빈君賓, 공사龔舍 자는 군천君倩.

이상은 함께 초楚나라 사람으로 모두가 깨끗한 절조를 닦아 세상에는 '이공二龔'이라 불렀다.《한서漢書》에 실려 있다.

龔勝, 字君賓. 龔舍, 字君倩.
右並楚人, 皆治淸節, 世號二龔. 見漢書.

【二龔】《漢書》王貢兩龔鮑傳에 "兩龔皆楚人也, 勝字君賓, 舍字君倩. 二人相友, 並著名節, 故世謂之楚兩龔. 少皆好學明經, 勝爲郡吏, 舍不仕"라 하였으며 뒤를 이어 내용이 자세히 실려 있음.

075-38
이당二唐

당림唐林 자는 자고子高. 당존唐尊 자는 백고伯高.

이상은 함께 패沛 땅 사람으로 역시 고결한 실천을 통해 성제成帝, 애제哀帝 시대에 그 이름이 드러나 호를 '이당二唐'이라 하여 초楚의 '이공楚二龔에 비유하였다. 뒤에 왕망王莽에게 벼슬하였다. 《한서漢書》에 실려 있다. 좌사左思는 "이당은 자신을 고결하게 하였으나 왕망에게 벼슬하여 오점을 남겼다"라 하였다.

唐林, 字子高. 唐尊, 字伯高.
右並沛人, 亦以潔履著名於成哀之世, 號爲二唐, 比楚二龔.
後皆仕王莽. 見漢書. 左思曰: 「二唐潔己, 乃點乃汙」

【二唐二貢】《漢書》王貢兩龔鮑傳에 "自成帝至王莽時, 淸名之士, 琅邪又有紀逡王思, 齊則薛方子容, 太原則郇越臣仲·郇相稚賓, 沛郡則唐林子高·唐尊伯高, 皆以明經飭行顯名於世"이라 함.
【成哀】西漢 말의 제 9대 成帝와 10대 哀帝黃帝. 성제는 劉驁로 B.C.32년부터 B.C.7년까지 재위하였으며 애제는 이름이 劉欣으로 B.C.6년부터 B.C.1년까지 재위함. 西漢은 뒤에 平帝와 孺子嬰을 거쳐 王莽이 찬탈하여 新을 세움(A.D.9년).

【左思】左思. 자는 太沖. 齊國人, 祕書를 지냄. 곧 '洛陽紙貴'의 고사를 낳은 인물. 바로 이 고사의 〈三都賦〉를 사람들이 서로 베끼려고 낙양의 종이가 바닥이나 종이 값이 급등하였다 함. 그 외에 〈詠史詩〉 8수가 유명함. 그의 문집은 사라졌으나 뒤에 《左太沖集》이 집일되어 있음. 《晉書》(92)에 전이 있음. 본문의 시구는 《全晉文》에 수록되어 있지 않음.

오후五侯

평아후平阿侯 왕담王譚, 성도후成都侯 왕상王商, 홍양후紅陽侯 왕장王章, 곡양후曲陽侯 왕근王根, 고평후高平侯 왕봉시王逢時.

이상은 모두 원후元后의 아우들로 같은 날에 봉을 받아 서울에서는 이들을 '오후五侯'라 불렀다. 함께 사치와 호기를 부려 천하의 현사들을 초빙하였는데 곡영谷永과 누호樓護가 모두 그들의 빈객賓客이었다. 당시 사람들은 "곡자운의 필찰, 누군경의 말솜씨"라 하였는데 그들의 문에서 나왔음을 말한 것이다.《한서漢書》에 실려 있다. 장재張載는 시에서 "부유함과 사치가 오후에 맞먹도다"라 하였다.

平阿侯王譚. 成都侯王商. 紅陽侯王章. 曲陽侯王根. 高平侯王逢時.

右並以元后弟同日受封, 京師號曰「五侯」. 並奢豪富侈, 招賢下士. 谷永·樓護, 皆爲賓客. 時人爲之語曰:「谷子雲之筆札, 樓君卿之唇舌」言出其門也. 見漢書. 張載詩曰:「富侈擬五侯」

【五侯】 成帝(劉驁)의 외삼촌 5명. 모두 侯에 봉해짐. 漢 成帝 河平 2년 (B.C.27)에 외삼촌 王譚을 平阿侯, 王商은 成都侯, 王立은 紅陽侯, 王根은 曲陽侯, 王逢時는 高平侯에 봉하였음.《漢書》元后傳 참조.《十八史略》(2)에 "封舅王崇爲安成侯, 賜譚·商·立·根·逢時爵關內侯, 黃霧四塞"라 함.

【谷子雲·樓君卿】 樓護와 谷永. 《漢書》遊俠傳에 "樓護, 字君卿, 與谷永俱爲
五侯上客. 長安號曰「谷子雲筆札, 樓君卿脣舌」 言其見信用也"라 함.

【張載】 자는 孟陽. 安平人. 長沙王 司馬乂의 記室을 거쳐 中書侍郞, 領著作
등을 지냈으며 天下가 난세에 접어든다고 여겨 사직하고 귀향함. 《晉書》(55)에
傳이 있으며 五言詩 10수, 四言, 雜言詩 약간의 散句가 전함. 明, 張溥의
집일본 《張孟陽·景陽集》이 있음. 여기에 인용된 시는 《全晉詩》에 실려
있으며 제목은 〈登成都白菟樓〉임. "驕侈擬五侯"라 함.

사자四子

북해北海의 왕맹王萌, 자는 자강子康, 북해의 서방徐房, 자는 평원平原, 이담李曇, 자는 자운子雲, 평원平原의 왕준王遵, 자는 군공君公.

이상은 모두가 덕을 품고 행동은 고의적으로 거칠게 하면서 난세에 벼슬을 하지 않고 서로 더불어 벗으로 지내어 당시 사람들은 '사자四子'라 불렀다. 《후한서後漢書》와 혜강嵇康의 《고사전高士傳》에 보인다.

北海逢萌, 字子康. 北海徐房, 字平原. 李曇, 字子雲. 平原
王遵, 字君公.

右皆懷德穢行, 不仕亂世, 相與爲友, 時人號之「四子」.
見後漢書·嵇康高士傳.

【逢萌】《後漢書》(83) 逸民傳 逢萌傳에 "逢萌字子康, 北海都昌人也. 家貧, 給事
縣爲亭長. 時尉行過亭, 萌候迎拜謁, 旣而擲楯歎曰:「大丈夫安能爲人役哉!」
遂去之長安學, 通春秋經. 時王莽殺其子宇, 萌謂友人曰:「三綱絶矣! 不去,
禍將及人.」卽解冠挂東都城門, 歸, 將家屬浮海, 客於遼東. 萌素明陰陽, 知莽
將敗, 有頃, 乃首戴瓦盆, 哭於市曰:「新乎新乎!」因遂潛藏. 及光武卽位, 乃之
琅邪勞山, 養志脩道, 人皆化其德. 北海太守素聞其高, 遣吏奉謁致禮, 萌不荅.
太守懷恨而使捕之. 吏叩頭曰:「子康大賢, 天下共聞, 所在之處, 人敬如父,
往必不獲, 祇自毁辱.」太守怒, 收之繫獄, 更發它吏. 行至勞山, 人果相率以兵

弩捍禦, 吏被傷流血, 奔而還, 後詔書徵萌, 託以老耄, 迷路東西, 語使者云: 「朝廷所以徵我者, 以其有益於政, 尙不知方面所在. 安能濟時乎?」卽便駕歸. 連徵不起, 以壽終. 初, 萌與同君徐房·平原李子雲·王君公相友善, 竝曉陰陽, 懷德穢行. 房與子雲養徒各千人, 君公遭亂獨不去, 儈牛自隱. 時人謂之論曰: 「避世牆東王君公.」라 함.

【子康】《後漢書》에는 '子慶'으로,《東觀漢記》에는 '子康'으로 되어 있음.

【嵇康】자는 叔夜(223~262). 어릴 때 고아였으며 奇才가 있었음. 老莊에 심취하였으며 시문에 능하였고 '竹林七賢'의 하나임. 뒤에 鍾會의 모함을 입어 司馬昭에게 죽음을 당함. 本姓은 奚氏였으나 뒤에 銍縣 嵇山 곁에 옮겨 살아 성을 嵇氏로 바꾸었다 함. 〈廣陵散曲〉, 〈琴賦〉, 〈養生論〉, 〈聲無哀樂論〉, 〈與山巨源絶交書〉 등이 유명함.《晉書》(49)에 전이 있음. 그의 《高士傳》은 지금은 전하지 않으며《隋書》經籍志 史部 雜傳類에 "聖賢高士傳贊三卷, 嵇康撰, 周續之注"라 하였음.

075-41
이중二仲

구중求仲, 양중羊仲.

이상 두 사람은 어디 출신인지는 알 수 없으나 모두가 수레를 만드는 일을 업으로 삼고 있었다. 그런데 청렴함에 좌절을 당하자 그 이름을 감추고 말았다. 장원경蔣元卿이 연주兗州를 떠나 두릉杜陵으로 돌아와 가시나무로 문을 막아 버렸다. 그 집 둘레에는 세 갈래의 오솔길만 있어 나오지 않았으나 오직 이 두 사람만은 그와 함께 내왕하며 교류할 수 있었다. 당시 사람들은 이들을 '이중二仲'이라 불렀다. 혜강嵇康의 《고사전高士傳》에 실려 있다.

求仲. 羊仲.

右二人不知何許人, 皆治車爲業, 挫廉逃名. 蔣元卿之去兗州, 還杜陵, 荊棘塞門. 舍中有三逕, 不出, 惟二人從之遊. 時人謂之「二仲」. 見嵇康高士傳.

【二仲】羊仲과 求仲 두 사람의 隱士.《三輔決錄》逃名에 실려 있는 고사. 西漢 말 兗州刺史 蔣詡는 王莽의 횡포를 보고 벼슬을 버리고 杜陵에 은거하였는데 그는 가시로 자신의 집을 가리고 살았음. 그의 집 곁에는 오직 세 갈래의 오솔길이 있어 이 길로 당시 같은 뜻으로 은거하고 있던 羊仲과 求仲만이 왕래할 수 있었다 함. 〈與子儼等疏〉와 〈歸去來辭〉 주를 참조할 것.
【蔣元卿】인명. 蔣詡, 자는 元卿.

하북이십팔장河北二十八將

태부太傅 고밀원후高密元侯 남양南陽 출신 등우鄧禹, 자는 중화仲華.

대사마大司馬 광평충후廣平忠侯 남양南陽 출신 오한吳漢, 자는 자안子顔.

좌장군左將軍 교동강후膠東剛侯 남양 출신 가복賈復, 자는 군문君文.

건위대장군建威大將軍 호치민후好畤愍侯 부풍扶風 출신 경엄耿弇, 자는 백소伯昭.

집금오執金吾 옹노위후雍奴威侯 상곡上谷 출신 구순寇恂, 자는 자익子翼.

정서대장군征西大將軍 양하절후陽夏節侯 영천潁川 출신 풍이馮異, 자는 공손公孫.

정남대장군征南大將軍 무양장후舞陽壯侯 남양南陽 출신 잠팽岑彭, 자는 군연君然.

정로장군征虜將軍 영양성후潁陽成侯 영천潁川 출신 제준祭遵, 자는 제손弟孫.

태상太常 영수후靈壽侯 신도信都 출신 비동邳彤, 자는 위군偉君.

동군태수東郡太守 동완성후東莞成侯 거록鉅鹿 출신 경순耿純, 자는 백산伯山.

상곡태수上谷太守 회음후淮陰侯 영천潁川 출신 왕패王霸, 자는 원백元伯.

좌중랑장左中郎將 낭릉민후朗陵愍侯 영천潁川 출신 장궁臧宮, 자는 군옹君翁.

표기대장군驃騎大將軍 역양후櫟陽侯 풍익馮翊 출신 경단景丹, 자는 손경孫卿.

표기대장군驃騎大將軍 삼거후參蘧侯 두무杜茂, 자는 제공諸公.

건의대장군建議大將軍 격후鬲侯 남양南陽 출신 주호朱祜, 자는 중선仲先.

표기장군驃騎將軍 신정후愼靖侯 남양南陽 출신 유륭劉隆, 자는 원백元伯.

양무장군揚武將軍 전초후全椒侯 남양南陽 출신 마성馬成, 자는 군천君遷.

대사공大司空 부성후阜成侯 어양漁陽 출신 왕량王梁, 자는 군엄君嚴.

위위衛尉 안성충후安城忠 영천潁川 출신 요기銚期, 자는 차황次況.

좌풍익左馮翊 안평후安平侯 어양漁陽 출신 개연蓋延, 자는 거경巨卿.

포로장군捕虜將軍 양허후揚虛侯 남양南陽 출신 마무馬武, 자는 자장子張.

효기장군驍騎將軍 창성후昌城侯 거록鉅鹿 출신 유식劉植, 자는 백선伯先.

좌장군左將軍 아릉후阿陵侯 남양南陽 출신 임광任光, 자는 백경伯卿.

예장태수豫章太守 중수후中水侯 동래東萊 출신 이충李忠, 자는 중도仲都.

좌장군左將軍 괴리후槐里侯 부풍扶風 출신 만수萬脩, 자는 군유君游.

낭야태수琅邪太守 축아후祝阿侯 남양南陽 출신 진준陳俊, 자는 자소子昭.

적노장군積弩將軍 곤양위후昆陽威侯 영천潁川 출신 부준傅俊, 자는 자위子衛.

양화장군揚化將軍 합비후合肥侯 영천潁川 출신 견심堅鐔, 자는 자급子伋.

이상은 하북이십팔장河北二十八將으로 광무제光武帝가 그들과 더불어 천하를 평정하였다. 《후한서後漢書》에 실려 있으며, 장형張衡의 〈동경부東京賦〉에 "지휘용 도끼를 받은 자 28명이 공공共工을 제거하도다"라 하였다.

太傅高密元侯南陽鄧禹, 字仲華. 大司馬廣平忠侯南陽
吳漢, 字子顔.

左將軍膠東剛侯南陽賈復, 字君文. 建威大將軍好畤愍
侯扶風耿弇, 字伯昭.

執金吾雍奴威侯上谷寇恂, 字子翼. 征西大將軍陽夏節
侯潁川馮異, 字公孫.

征南大將軍舞陽壯侯南陽岑彭, 字君然. 征虜將軍潁陽
成侯潁川祭遵, 字弟孫.

太常靈壽侯信都邳彤, 字偉君. 東郡太守東莞成侯鉅鹿
耿純, 字伯山.

上谷太守淮陰侯潁川王霸, 字元伯. 左中郎將朗陵愍侯
潁川臧宮, 字君翁.

驃騎大將軍櫟陽侯馮翊景丹, 字孫卿. 驃騎大將軍參蘧
侯杜茂, 字諸公.

建議大將軍鬲侯南陽朱祜, 字仲先. 驃騎將軍愼靖侯南陽劉隆, 字元伯.

揚武將軍全椒侯南陽馬成, 字君遷. 大司空阜成侯漁陽王梁, 字君嚴.

衛尉安城忠侯潁川銚期, 字次況. 左馮翊安平侯漁陽蓋延, 字巨卿.

捕虜將軍揚虛侯南陽馬武, 字子張. 驍騎將軍昌城侯鉅鹿劉植, 字伯先.

左將軍阿陵侯南陽任光, 字伯卿. 豫章太守中水侯東萊李忠, 字仲都.

左將軍槐里侯扶風萬脩, 字君游. 琅邪太守祝阿侯南陽陳俊, 字子昭.

積弩將軍昆陽威侯潁川傅俊, 字子衛. 揚化將軍合肥侯潁川堅鐔, 字子伋.

右河北二十八將, 光武所與定天下. 見後漢書. 張衡東京賦云:「受鉞四七, 共工以除.」

【光武】東漢을 세운 光武帝 劉秀를 가리킴. A.D.25년부터 57년까지 재위함. 《後漢書》光武帝紀 참조.

【後漢書】《後漢書》岑彭傳에 "建武元功二十八將, 佐命虎臣, 讖記有徵. 蓋蕭·曹紹封, 傳繼於今; 況此未遠, 而或至乏祀, 朕甚愍之. 其條二十八將無嗣絶世, 若犯罪奪國, 其子孫應當統後者, 分別署狀上"라 함. 한편 《新箋》에는 "三十二人題名, 見范書朱景王杜馬劉傅堅馬列傳十二, 名位與四八目不盡合, 蓋陶所據不同范書"라 함.

【張衡】【張衡】字는 平子. 〈二京賦〉를 지음.

【鉞】斧鉞. 의장용 도끼. 장군으로서의 훌륭한 역할을 하였음을 말함.

【共工】고대 복희씨 때의 악독한 제후.《십팔사략》(1)에 "諸侯有共工氏, 與祝
融戰, 不勝而怒, 乃頭觸不周山, 崩, 天柱折, 地維缺. 女媧乃鍊五色石以補天,
斷鰲足以立四極, 聚蘆灰以止滔水, 於是地平天成, 不改舊物"라 함. 여기서는
한말의 군웅들을 제거하고 새로운 동한을 세웠음을 말함.

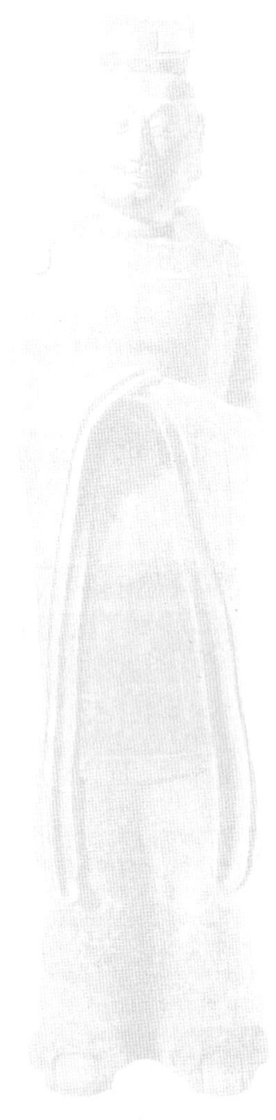

075-43
하서오수河西五守

무위태수武威太守 양통梁統, 자는 중녕仲寧.
금성태수金城太守 고균庫鈞, 자는 거공巨公.
장액태수張掖太守 사포史苞, 자는 숙문叔文.
주천태수酒泉太守 축증竺曾, 자는 거공巨公.
돈황태수燉煌太守 신동辛肜, 자는 대방大房.

이상은 하서오수河西五守이다. 이 때 갱시제更始帝는 이미 적미군赤眉軍에게 살해되고 외효隗囂는 비밀리에 다른 뜻을 가지고 있었다. 양통 등 다섯 사람은 함께 두융竇融을 추대하여 하서대장군河西大將軍으로 받들고 안으로 그곳 관리와 백성을 위무하고, 밖으로는 도적을 방어하였으며 동쪽으로 외효를 토벌하여 백성의 마음을 세조世祖에게 귀의하도록 하여 공과 업적을 세웠다.《후한서後漢書》와《선문善文》에 실려 있다.

武威太守梁統, 字仲寧.

金城太守庫鈞, 字巨公.

張掖太守史苞, 字叔文.

酒泉太守竺曾, 字巨公.

燉煌太守辛肜, 字大房.

右河西五守. 是時更始已爲「赤眉」所害, 隗囂密有異志,統等五人, 共推竇融爲河西大將軍, 內撫吏民, 外禦寇戎, 東伐隗囂, 歸心世祖, 克建功業. 見後漢書及善文.

【河西】지금의 甘肅省 河西回廊의 四郡. 武威, 張掖, 酒泉, 敦煌을 말함. 당시 '敦煌'은 '燉煌'으로 표기하였음.

【更始】이는 西漢 末 갱시제(更始帝) 유현(劉玄)의 멸망(A.D.25년)과 동한(東漢) 광무제(光武帝, 劉秀) 등극(A.D. 24년)까지의 역사 사실임. 즉 '적미병(赤眉兵)'과 '녹림병(綠林兵)'이 일어나 이들의 위세는 급격히 전국으로 번졌고, 그 분위기에 맞추어 한나라 종실의 유연(劉縯)과 유수(劉秀) 형제가 용릉(舂陵, 지금의 湖北省 棗陽縣)에서 일어나 '용릉병(舂陵兵)'이라 함. 이에 녹림병은 자연스럽게 한실(漢室)의 유씨(劉氏) 혈통을 명분으로 삼아 합세하게 되었다. 한편 왕망은 각지에서 40만의 정병을 모아 이들을 진압하기 위해 나섰으나 곤양(昆陽. 지금의 河南省 葉縣)에서 궤멸하였고 그 사이 적미군이 수도 장안(長安)으로 진입하여 성중에서 일어난 폭동 군중과 함께 왕망을 처단함으로써 신나라는 끝나고 말았음. 그전에 유수가 이미 하북(河北)에서 등극하여 황제에 올라 있어 이가 동한(후한)의 첫 황제 광무제(光武帝)로서 낙양(洛陽)에 도읍, 한나라 혈통을 잇게 된 과정의 일임.

【後漢書】《後漢書》竇融傳에 "是時酒泉太守梁統, 金城太守厙鈞·張掖都尉史苞·酒泉都尉竺曾·敦煌都尉辛肜, 並州郡英俊, 融皆與爲厚善"라 함.

【善文】杜預가 편찬한 책. 50권. 지금은 전하지 않음.《隋書》經籍志 集部 總集類에 "善文五十卷, 杜預撰"이라 함.

075-44
삼달三達

대홍려_{大鴻臚} 위맹달_{韋孟達}, 상당태수_{上黨太守} 공손백달_{公孫伯達}, 하양장
_{河陽長} 위중달_{魏仲達}.

　이상은 부풍_{扶風} 평릉_{平陵} 사람들로 동시에 이름을 나란히 하여 세상
에는 이들을 '삼달_{三達}'이라 불렀다. 위맹달은 이름이 표_彪이며 승상_{丞相}
위현_{韋賢}의 5세손으로 명제_{明帝} 때 사람이다.《후한서_{後漢書}》와《결록_{決錄}》에
기록이 들어 있다.

　大鴻臚韋孟達. 上黨太守公孫伯達. 河陽長魏仲達.
　右扶風平陵人, 同時齊名, 世號「三達」. 孟達名彪, 丞相賢
五世孫, 明帝時人. 見後漢書及決錄.

【明帝】동한 제 2대 황제. 劉莊. 58년부터 75년 재위.
【後漢書】《後漢書》韋彪傳에 "韋彪字孟達, 扶風平陵人也. 高祖賢, 宣帝時爲
　丞相. 祖賞, 哀帝時爲大司馬. 彪孝行純至, 父母卒, 哀毀三年, 不出廬寢. 服竟,
　羸瘠骨立異形, 醫療數年乃起. 好學洽聞, 雅稱儒宗. 建武末, 擧孝廉, 除郎中,
　以病免, 復歸敎授. 安貧樂道, 恬於進趣, 三輔諸儒莫不慕仰之"라 함.
【決錄】《三輔決錄》을 말함. 이 책은 漢나라 때 趙岐가 지었고 摯虞가 줄을
　단 것임.《隋書》經籍志 史部 雜傳類에 "三輔決錄七卷, 漢太僕趙岐撰, 摯
　虞注"라 함. 惠棟의《後漢書補注》에 "三輔決錄云: 彪與上黨太守公孫伯達·
　河陽長魏仲達同時齊名, 世號三達"이라 함.

팔사八使

광록대부光祿大夫 주거周擧.

광록대부光祿大夫 두교杜喬.

광록대부光祿大夫 주허周栩.

상서尚書 난파欒巴.

청주자사靑州刺史 풍연馮羨.

연주자사兗州刺史 곽준郭遵.

태위장사太衛長史 유반劉班.

시어사侍御史 장강張綱.

이상은 팔사八使이다. 한漢 순제順帝 때, 정치의 권세는 환관의 손에 있었으며 관에서는 뇌물이 성행하였다. 이에 주거 등이 건의에 의해 이 여덟 사자를 보내어 풍속을 살피도록 하되 같은 날 출발하여 천하에는 그들을 '팔사'라 불렀다. 장번張璠의 《한기漢紀》에 보인다.

光祿大夫周擧. 光祿大夫杜喬.

光祿大夫周栩. 尚書欒巴.

靑州刺史馮羨. 兗州刺史郭遵.

太衛長史劉班. 侍御史張綱.

右八使. 漢順帝時, 政在權宦, 官以賄成. 周擧等議遣八使, 循行風俗, 同日俱發, 天下號曰「八使」. 見張璠漢紀.

【八使】《後漢書》左周黃列傳에 "時詔遣八使巡行風俗, 皆選素有威名者, 乃拜
　　舉爲侍中, 與侍中杜喬·守光祿大夫周栩·前靑州刺史馮羨·尙書欒巴·侍御史
　　張綱·兗州刺史郭遵·太尉長史劉班並守光祿大夫, 分行天下. 其刺史·二千石
　　有臧罪顯明者, 驛馬上之; 墨綬以下, 便輒收舉. 其有淸忠惠利, 爲百姓所安,
　　宜表異者, 皆以狀上. 於是八使同時俱拜, 天下號曰「八俊」. 舉於是劾奏貪猾,
　　表薦公淸, 朝廷稱之. 遷河內太守, 徵爲大鴻臚"라 함.
【順帝】동한 8대 황제 劉保. 126년부터 144년 재위.
【漢紀】《後漢紀》라고도 함. 晉나라 때 張璠이 찬한 책.《隋書》經籍志 史部
　　古史類에 "後漢紀三十卷, 張璠撰"이라 하였고,《三國志》魏志 裴松之의
　　주에 "案張璠, 晉之令史, 出爲官長, 撰後漢紀, 雖以未成, 辭藻可觀"이라 함.

위씨삼군韋氏三君

평여령平輿令 위순韋順, 자는 숙문叔文.
위순의 아우 무양령武陽令 위표韋豹, 자는 계명季明.
위표의 아우 광도장廣都長 위의韋義, 자는 계절季節.

　이상은 청하대수淸河太守 위문고韋文高의 세 아들로 모두가 학문과 행동으로 이름이 알려져 '위씨삼군韋氏三君'이라 하였다.《경조구사京兆舊事》에 기록되어 있다.

　平輿令韋順, 字叔文. 順弟武陽令豹, 字季明. 豹弟廣都長義, 字季節.
　右淸河太守韋文高之三子, 皆以學行知名, 號「韋氏三君」. 見京兆舊事.

【三君】《後漢書》韋彪傳에 "彪淸儉好施, 祿賜分與宗族, 家無餘財. 著書十二篇, 號曰《韋卿子》. 族子義. 義字季節. 高祖父玄成, 元帝時爲丞相. 初, 彪獨徙扶風, 故義猶爲京兆杜陵人焉. 兄順, 字叔文, 平輿令. 有高名. 次兄豹, 字季明. 數辟公府, 輒以事去. 義少與二兄齊名, 初仕州郡. 太傅桓焉辟擧理劇, 爲廣都長, 甘陵·陳二縣令, 政甚有績, 官曹無事, 牢獄空虛. 數上書順帝, 陳宜依古典, 考功黜陟, 徵集名儒, 大定其制. 又譏切左右, 貶刺竇氏. 言既無感, 而久抑不遷,

以兄順喪去官. 比辟公府, 不就. 廣都爲生立廟. 及卒, 三縣吏民爲義擧哀, 若喪
考妣”이라 함.

【京兆舊事】 혹《三輔舊事》,《三輔故事》가 아닌가 함.《隋書》經籍志 地理類
에 “三輔故事二卷, 晉世撰”이라 하였고,《唐書》經籍志 故事類에는 “三輔舊事
一卷, 韋氏撰”이라 하였으며,《唐書》藝文志에는 “韋氏三輔舊事一卷”이라
하였음.

양씨사공楊氏四公

양진楊震, 자는 백기伯起.
양진의 아들 양병楊秉, 자는 숙절叔節.
양병의 아들 양사楊賜, 자는 백헌伯獻.
양사의 아들 양표楊彪, 자는 문선文先.

이상은 양씨사공楊氏四公이다. 굉농宏農, 弘農 화음華陰 사람이다. 안제安帝
때부터 헌제獻帝에 이르기까지 7대에 걸쳐 부자가 덕업이 이어져 삼공三公이
되었다. 《속한서續漢書》에 보인다.

楊震, 字伯起. 震子秉, 字叔節. 秉子賜, 字伯獻. 賜子彪,
字文先.
右楊氏四公. 宏農華陰人. 自孝安至獻帝七世, 父子以德
業相繼爲三公. 見續漢書.

【楊震】《後漢書》楊震傳에 "楊震字伯起, 弘農華陰人也. 八世祖喜, 高祖時有功,
封赤泉侯. 高祖敞, 昭帝時爲丞相, 封安平侯. 父寶, 習《歐陽尙書》. 哀·平之世,
隱居敎授. 居攝二年, 與兩龔·蔣詡俱徵, 遂遁逃, 不知所處. 光武高其節. 建武中,
公車特徵, 老病不到, 卒於家"라 하였으며 그 외의 일들이 자세히 실려 있음.

【安帝~獻帝】 동한의 제 6대 황제 안제(劉祜. 107~125)부터 7대 소제(劉懿), 8대
　順帝(劉保), 9대 冲帝(劉炳) 10대 質帝(劉續), 11대 桓帝(劉志), 12대 靈帝(劉宏),
　13대 廢帝(劉辯), 14대 獻帝(劉協)까지로 이어지며 헌제가 마지막 황제임.
【續漢書】 晉나라 때 司馬彪가 지은 책.《隋書》經籍志 史部 正史類에 "續
　漢書八十三卷, 晉秘書監司馬彪撰"이라 함.

원씨사세오공袁氏四世五公

원안袁安, 자는 소공, 字邵公.
원안의 아들 원창袁敞, 자는 숙평叔平.
원창의 아들 원탕袁湯, 자는 중하仲河.
원탕의 아들 원봉袁逢, 자는 주양周陽.
원봉의 아우 원외袁隗, 자는 차양次陽.

이상은 원씨사세오공袁氏四世五公이다.《속한서續漢書》에 실려 있다.

袁安, 字邵公. 安子敞, 字叔平. 敞子湯, 字仲河. 湯子逢,
字周陽. 逢弟隗, 字次陽.
右袁氏四世五公. 見續漢書.

【袁安】《後漢書》袁安傳에 "袁安字邵公, 汝南汝陽人也. 祖父良, 習《孟氏易》,
平帝時擧明經, 爲太子舍人; 建武初, 至成武令"라 하였으며 그 외의 일이
자세히 실려 있음.

오처사五處士

처사處士 예장豫章 서치徐穉, 자는 유자孺子.
경조京兆 위저韋著, 자는 휴명休明.
여남汝南 원굉袁閎, 자는 하보夏甫.
팽성彭城 강굉姜肱, 자는 백회伯淮.
영천潁川 이담李曇, 자는 자운子雲.

이상은 태부太傅 여남汝南 진공陳公, 陳藩이 당시 상서령尙書令이었을 때 여러 상서들과 더불어 모두 함께 한 명사들이다. 그는 이들 다섯을 함께 천거하여 당시 이들을 두고 '오처사五處士'라 불렀다. 《속한서續漢書》와 《선문善文》에 실려 있다.

　處士豫章徐穉, 字孺子. 京兆韋著, 字休明. 汝南袁閎, 字夏甫. 彭城姜肱, 字伯淮. 潁川李曇, 字子雲.
　右太傅汝南陳公, 時爲尙書令, 與諸尙書, 悉名士也. 共薦此五人, 時號「五處士」. 見續漢書及善文.

【徐穉】 자는 孺子(97~168). 예장의 高士·賢人. 陳藩이 지극히 존경하여 그만을 위하여 따로 자리를 마련하였다가 그가 떠나면 그 자리를 걸어 두었다 함. 《後漢書》徐穉傳에 "徐穉字孺子, 豫章南昌人也. 家貧, 常自耕稼, 非其力不食. 恭儉義讓, 所居服其德. 屢辟公府, 不起"라 함.

075-50
여남육효렴汝南六孝廉

주자거周子居, 황숙도黃叔度, 애백견艾伯堅, 질백향郅伯向, 봉무흥封武興, 성공숙盛孔叔.

    이상은 여남육효렴汝南六孝廉이다. 태수太守 이창李倀이 이 여섯 사람을 선발하여 세거歲擧에 응하도록 하였는데 이들이 임명장을 받기 전에 그만 이창이 죽고 말았다. 주자거 등은 드디어 가던 길을 멈추고 그곳에 머물러 장례에 참가하였다. 이창의 처가 영구 곁에서 장막을 내려 그들을 보고는 떠나라고 독려하였다. 그러자 주자거는 탄식하며 "가는 자가 없으면 공의 뜻을 어기는 것이요, 남아 있는 자가 없으면 거상을 해낼 수가 없다"라 하였다. 이에 주자거는 백견과 그 날 즉시 인사를 하고 떠나고, 봉무흥과 황숙도 등 네 사람은 영구차를 따르기 위해 남았다. 두원개(杜元凱, 杜預)의 《여계女誡》에 실려 있다.

周子居. 黃叔度. 艾伯堅. 郅伯向. 封武興. 盛孔叔.

  右「汝南六孝廉」. 太守李倀選此六人以應歲擧, 受版未行, 倀死, 子居等遂駐行喪. 倀妻於柩側下帷見之, 屬以宜行. 子居歎曰:「不有行者, 莫宣公; 不有止者, 莫卹居.」於是與伯堅卽日辭行. 封·黃四人留隨柩車. 見杜元凱女誡.

【周子居】周乘을 가리킴. 西陽太守, 泰山太守 등을 지냄. 천품이 고결하여 黃憲이나 陳寔 같은 이가 아니면 사귀지 않았다고 함.

【黃叔度】黃憲(75~122).《後漢書》(53)에 전이 있음. 덕과 수양이 높아 당시 많은 이들이 흠모하였으며 荀淑은 그를 '顔子'라 예찬하였음.

【歲擧】군과 지방에서 해마다 연례적으로 효렴, 방정 등의 과거에 천거함을 말함.

【女誡】杜預(元凱)가 지은 책으로 혹《女記》가 아닌가 함.《隋書》經籍志에 "女記十卷, 杜預撰"이라 함.

삼군三君

대장군大將軍 괴리후槐里侯 부풍扶風 평릉平陵 출신 두무竇武, 자는 유평游平.
태부太傅 고양향후高陽鄕侯 여남汝南 평여平輿 출신 진번陳蕃, 자는 중거仲擧.
시중侍中 하간河間 낙성樂成 출힌 유숙劉淑, 자는 중승仲承.

이상은 삼군三君이다.

大將軍槐里侯扶風平陵竇武, 字游平. 太傅高陽鄕侯汝
南平輿陳蕃, 字仲擧. 侍中河間樂成劉淑, 字仲承.
　右「三君」.

【竇武】《後漢書》竇武傳에 "竇武字游平, 扶風平陵人, 安豐戴侯融之玄孫也.
父奉, 定襄太守. 武少以經行著稱, 常敎授於大澤中, 不交時事, 名顯關西"라 함.
【陳蕃】漢나라 때 인물. 자는 仲擧(?~168). 汝南人. 太傅에 이르렀으며 桓帝
때 대장군 竇武와 宦官을 탄핵하다가 해를 입었음.《後漢書》(66)에 傳이
있음.
【劉淑】《後漢書》黨錮傳에 "劉淑字仲承, 河閒樂成人也. 祖父稱, 司隸校尉.
淑少學明《五經》, 遂隱居, 立精舍講授, 諸生常數百人. 州郡禮請, 五府連辟,
並不就"라 함.

팔준八俊

소부少傅 영천潁川 양성襄城 출신 이응李膺, 자는 원례元禮.
사공司公 산양山陽 고평高平 출신 왕창王暢, 자는 숙무叔茂.
태복太僕 영천潁川 성양城陽 출신 두밀杜密, 자는 주보周甫.
사예교위司隸校尉 패국沛國 출신 주우朱寓, 자는 계릉季陵.
상서尙書 회계會稽 상우上虞 출신 위랑魏朗, 자는 소영少英.
패국沛國 영음潁陰 출신 순욱荀昱, 자는 백조伯條.
대사농大司農 박릉博陵 안평安平 출신 유우劉祐, 자는 백조伯祖.
태상太常 촉군蜀郡 성도成都 출신 조전趙典, 자는 중경仲經.

이상은 '팔준八俊'이다.

少傅潁川襄城李膺, 字元禮. 司公山陽高平王暢, 字叔茂. 太僕潁川城陽杜密, 字周甫. 司隸校尉沛國朱寓, 字季陵. 尙書會稽上虞魏朗, 字少英. 沛國潁陰荀昱, 字伯條. 大司農博陵安平劉祐, 字伯祖. 太常蜀郡成都趙典, 字仲經.
　右「八俊」.

【李膺】자는 元禮(110~169). 인물 품평에 가장 뛰어났던 사람. 孔融과의 '小時了了', 그리고 '登龍門'등의 고사를 남김. 뒤에 당쟁에 얽혀 자결함. 《後漢書》(67)에 전이 있음.

【王暢】《後漢書》黨錮傳에 전이 있음.

【八俊】李注에 "天下模楷李元禮, 天下英秀王叔茂, 天下良輔杜周甫, 天下氷凌朱季陵, 天下忠貞魏少英, 天下好交荀伯條, 天下稽古劉伯祖, 天下才英趙仲經"이라 함.

075-53
팔고八顧

유도有道 태원太原 개휴介休 출신 곽태郭泰, 자는 임종林宗.
태상太常 진류陳留 어圍 출신 하복夏馥, 자는 자치子治.
상서령尙書令 하남河南 공鞏 출신 윤훈尹勳, 자는 백원伯元.
하남윤河南尹 태산太山 평양平陽 출신 양척羊陟, 자는 사조嗣祖.
의랑議郎 동군東郡 양발陽發 출신 유유劉儒, 자는 숙림叔林.
익주자사翼州刺史 진국陳國 항項 출신 채연蔡衍, 자는 맹희孟喜.
영천태수潁川太守 발해勃海 동성東城 출신 파숙巴肅, 자는 공조恭祖.
의랑議郎 남양南陽 안중安衆 출신 종자宗慈, 자는 효초孝初.

이상은 '팔고八顧'이다.

有道太原介休郭泰, 字林宗. 太常陳留圍夏馥, 字子治.
尙書令河南鞏尹勳, 字伯元. 河南尹太山平陽羊陟, 字嗣祖.
議郎東郡陽發劉儒, 字叔林. 翼州刺史陳國項蔡衍, 字孟喜.
潁川太守勃海東城巴肅, 字恭祖. 議郎南陽安衆宗慈, 字孝初.
右「八顧」.

【郭泰】 자는 林宗(127~169). 經典에 博通하여 제자가 천여 명에 이르렀으며
당시 학문의 조종으로 추앙 받았음. 뒤에 范曄이 《後漢書》를 쓰면서 자신의

아버지(范泰)의 이름을 피휘하여 '郭太'로 표기하였음.《後漢書》(68)에 전이
있음. 李元禮(李膺)가 극찬하였던 인물. 李注에 "天下和雍郭林宗"이라 함.
【八顧】대체로《後漢書》에 전이 있으며, 李注에 "天下慕恃夏子治, 天下英藩
尹伯元, 天下淸苦羊嗣祖, 天下瑤金劉叔林, 天下雅志蔡孟喜, 天下臥虎巴恭祖,
天下通儒宗孝初, 天下和雍郭林宗"이라 함. 그러나 李注에 "後漢書無劉儒,
有范滂"이라 함. 한편《後漢書》黨錮傳에 "自是正直廢放, 邪枉熾結, 海內希
風之流, 遂共相摽搒, 指天下名士, 爲之稱號. 上曰「三君」, 次曰「八俊」, 次曰
「八顧」, 次曰「八及」, 次曰「八廚」, 猶古之「八元」·「八凱」也. 竇武·劉淑·陳蕃爲
「三君」. 君者, 言一世之所宗也. 李膺·荀翌·杜密·王暢·劉祐·魏朗·趙典·
朱寓爲「八俊」. 俊者, 言人之英也. 郭林宗·宗慈·巴肅·夏馥·范滂·尹勳·蔡衍·
羊陟爲「八顧」. 顧者, 言能以德行引人者也. 張儉·岑晊·劉表·陳翔·孔昱·
苑康·檀敷(敦)·翟超爲八及. 及者, 言其能導人追宗者也. 度尙·張邈·王考·
劉儒·胡母班·秦周·蕃嚮·王章爲「八廚」. 廚者, 言能以財救人者也"라 함.

075-54
팔급八及

어사중승御史中丞 여남汝南 소릉召陵 출신 진상陳翔, 자는 자린子麟.

위위衛尉 산양山陽 고평高平 출신 장검張儉, 자는 원절元節.

태위연太尉掾 여남汝南 세양細陽 출신 범방范滂, 자는 맹박孟博.

몽령蒙令 산양山陽 고평高平 출신 단부檀敷, 자는 문우文友.

낙양령洛陽令 노국魯國 출신 공욱孔昱, 자는 세원世元.

태산태수太山太守 발해渤海 중합重合 출신 범강范康, 자는 중진仲眞.

태위연太尉掾 남양南陽 극양棘陽 출신 잠질岑晊, 자는 공효公孝.

진남장군鎭南將軍 형주목荊州牧 무성후武城侯 산양山陽 고평高平 출신
유표劉表, 자는 경승景升.

이상은 '팔급八及'이다.

御史中丞汝南召陵陳翔, 字子麟. 衛尉山陽高平張儉,
字元節. 太尉掾汝南細陽范滂, 字孟博. 蒙令山陽高平
檀敷, 字文友. 洛陽令魯國孔昱, 字世元. 太山太守渤海
重合范康, 字仲眞. 太尉掾南陽棘陽岑晊, 字公孝. 鎭南
將軍荊州牧武城侯山陽梁高平劉表, 字景升.
　　右「八及」.

【岑晊】《後漢書》(67) 黨錮列傳에 "岑晊字公孝, 南陽棘陽人也. 父(像)[豫], 爲南郡太守, 以貪叨誅死. 晊年少未知名, 往候同郡宗慈, 慈方以有道見徵, 賓客滿門, 以晊非良家子, 不肯見. 晊留門下數日, 晚乃引入. 慈與語, 大奇之, 遂將俱至洛陽, 因詣太學受業. 晊有高才, 郭林宗·朱公叔等皆爲友, 李膺·王暢稱其有幹國器, 雖在閭里, 慨然有董正天下之志. 太守弘農成瑨下車, 欲振威嚴, 聞晊高名, 請爲功曹, 又以張牧爲中賊曹吏. 瑨委心晊·牧, 褒善糾違, 肅淸朝府. 宛有富賈張汎者, 桓帝美人之外親, 善巧雕鏤玩好之物, 頗以賂遺中官, 以此並得顯位, 恃其伎巧, 用埶縱橫. 晊與牧勸瑨收捕汎等, 旣而遇赦, 晊竟誅之, 幷收其宗族賓客, 殺二百餘人, 後乃奏聞. 於是中常侍侯覽使汎妻上書訟其冤. 帝大震怒, 徵瑨, 下獄死. 晊與牧亡匿齊魯之閒. 會赦出. 後州郡察擧, 三府交辟, 並不就. 及李·杜之誅, 因復逃竄, 終于江夏山中云"라 함.

【八及】앞 장의 주《後漢書》黨錮傳을 볼 것. 한편 李注에 "海內貴珍陳子鱗, 海內忠烈張元節, 海內謇諤范孟博, 海內通士檀文友, 海內才珍孔世元, 海內彬彬范仲眞, 海內珍好岑公孝, 海內所稱劉景升"이라 함.

팔주八廚

소부少府 동래東萊 곡성曲城 출신 왕상王商, 자는 백의伯義.

낭중郎中 노국魯國 출신 번향蕃嚮, 자는 가경嘉景.

북해상北海相 진류陳留 기오己吾 출신 진주秦周, 자는 평왕平王.

시어사侍御史 태산太山 봉고奉高 출신 호모반胡母班, 자는 계피季皮.

태위연太尉掾 영천潁川 영음潁陰 출신 유익劉翊, 자는 자상子相.

기주자사冀州刺史 동평東平 수장壽張 출신 왕효王孝, 자는 문조文祖.

진류상陳留相 동평東平 수장壽張 출신 장막張邈, 자는 맹탁孟卓.

형주자사荊州刺史 산양山陽 호륙湖陸 출신 도상度尚, 자는 박평博平.

이상은 모두가 재산을 기울여 남을 돕기에 온 힘을 다한 이들로 원한 맺힌 것을 풀고 위급한 사람을 구제하여 이들을 '팔주八廚'라 불렀다.

'삼군'부터 여기에 이르기까지는 모두 《삼군팔준록三君八俊錄》에 실려 있다.

少府東萊曲城王商, 字伯義. 郎中魯國蕃嚮, 字嘉景. 北海相陳留己吾秦周, 字平王. 侍御史太山奉高胡母班, 字季皮. 太尉掾潁川潁陰劉翊, 字子相. 冀州刺史東平壽張王孝, 字文祖. 陳留相東平壽張張邈, 字孟卓. 荊州刺史山陽湖陸度尚, 字博平.

右皆傾財竭己, 解釋怨結, 拯救危急, 謂之「八廚」. 從三君
至此, 並見三君八俊錄.

【八廚】 앞 장의 주《後漢書》黨錮傳 참조. "廚者, 言能以財救人者也"라 함.
한편 李注에 "海內賢智王伯義, 海內修整蕃嘉景, 海內貞良秦平王, 海內珍奇
胡母季皮, 海內光光劉子相, 海內依怙王文祖, 海內嚴恪張孟卓, 海內淸明度博王"
이라 함.

【三君~八廚】 075-51 '三君'부터 '八俊', '八顧', '八及', 이곳 '八廚'까지에
대하여《新箋》에는 "袁山松書曰: 桓帝時, 朝廷日亂. 李膺風格秀整, 高自標尙,
後進之士升其堂者, 以爲登龍門. 太學生三萬餘人, 牓天下士, 上稱三君, 次八俊,
次八顧, 次八及, 次八廚, 猶古之八元八凱也. 因爲七言謠曰: '不畏彊禦陳仲
擧, 九卿直言有陳蕃, 天下模楷李元禮云云'"이라 함. 한편《後漢書》黨錮傳
에는 "初, 桓帝爲蠡吾侯, 受學於甘陵周福, 及卽帝位, 擢福爲尙書. 時同郡河
南尹房植有名當朝, 鄕人爲之謠曰:「天下規矩房伯武, 因師獲印周仲進.」二家
賓客, 互相譏揣, 遂各樹朋徒, 漸成尤隙, 由是甘陵有南北部, 黨人之議, 自此
始矣. 後汝南太守宗資任功曹范滂, 南陽太守成瑨亦委功曹岑晊, 二郡又爲謠
曰:「汝南太守范孟博, 南陽宗資主畫諾. 南陽太守岑公孝, 弘農成瑨但坐嘯.」
因此流言轉入太學, 諸生三萬餘人, 郭林宗·賈偉節爲其冠, 並與李膺·陳蕃·
王暢更相襃重. 學中語曰:「天下模楷李元禮, 不畏强禦陳仲擧, 天下俊秀王叔茂.」
又渤海公族進階·扶風魏齊卿, 並危言深論, 不隱豪强. 自公卿以下, 莫不畏其
貶議, 屣履到門. 時河內張成善說風角, 推占當赦, 遂敎子殺人. 李膺爲河南尹,
督促收捕, 旣而逢宥獲免, 膺愈懷憤疾, 竟案殺之. 初, 成以方伎交通宦官, 帝亦
頗訊其占. 成弟子牢脩因上書誣告膺等養太學遊士, 交結諸郡生徒, 更相驅馳,
共爲部黨, 誹訕朝廷, 疑亂風俗. 於是天子震怒, 班下郡國, 逮捕黨人, 布告天下,
使同忿疾, 遂收執膺等. 其辭所連及陳寔之徒二百餘人, 或有逃遁不獲, 皆懸
金購募. 使者四出, 相望於道. 明年, 尙書霍諝·城門校尉竇武並表爲請, 帝意
稍解, 乃皆赦歸田里, 禁錮終身. 而黨人之名, 猶書王府. 自是正直廢放, 邪枉
熾結, 海內希風之流, 遂共相摽搒, 指天下名士, 爲之稱號. 上曰「三君」, 次曰
「八俊」, 次曰「八顧」, 次曰「八及」, 次曰「八廚」, 猶古之「八元」·「八凱」也"라 함.

075-56
진씨삼군陳氏三君

태구장太邱長 영천潁川 출신 진식陳寔, 자는 중궁仲弓.
진식의 아들 대홍려大鴻臚 진기陳紀, 자는 원방元方.
진기의 아우 사공연司空掾 진심陳諶, 자는 계방季方.

이상은 모두가 높은 이름을 날린 분들로 '삼군三君'이라 불렸다.《견표장
甄表狀》 및 한단순邯鄲淳의 《기비紀碑》에 실려 있다.

太邱長潁川陳寔, 字仲弓. 寔子大鴻臚紀, 字元方. 紀弟
司空掾諶, 字季方.
右並以高名, 號曰「三君」. 見甄表狀及邯鄲淳紀碑.

【陳寔】 자는 仲弓(104~187). 후한 때 인물로 太丘(太邱)縣의 현장을 지냈으며
향리에 덕행으로 소문이 나서 "寧爲刑罰所加, 不爲陳君所短"이라 하였음.
그가 죽었을 때 3만 명의 조문객이 왔었다 함. 아들 여섯 중에 陳紀와
陳諶이 가장 어질고 똑똑하였다 함. 《後漢書》(62) 陳寔傳에 "陳寔字仲弓,
潁川許人也. 出於單微. 自爲兒童, 雖在戲弄, 爲等類所歸. 少作縣吏, 常給事
廝役, 後爲都亭(刺)佐. 而有志好學, 坐立誦讀. 縣令鄧邵試與語, 奇之, 聽受業
太學. 後令復召爲吏, 乃避隱陽城山中. 時有殺人者, 同縣楊吏以疑寔, 縣遂
逮繫, 考掠無實, 而後得出. 及爲督郵, 乃密託許令, 禮召楊吏. 遠近聞者,
咸歎服之. 家貧, 復爲郡西門亭長, 尋轉功曹. 時中常侍侯覽託太守高倫用吏,
倫敎署爲文學掾. 寔知非其人, 懷檄請見. 言曰:「此人不宜用, 而侯常侍不可違.

寔乞從外署, 不足以塵明德.」倫從之. 於是鄕論怪其非擧, 寔終無所言. 倫後
被徵爲尙書, 郡中士大夫送至輪氏傳舍. 倫謂衆人言曰:「吾前爲侯常侍用吏,
陳君密持敎還, 而於外白署. 比聞議者以此少之, 此咎由故人畏憚强禦, 陳君
可謂善則稱君, 過則稱己者也.」寔固自引愆, 聞者方歎息, 由是天下服其德.
……有六子, 紀·諶最賢. 紀字元方, 亦以至德稱. 兄弟孝養, 閨門雍和, 後進之
士皆推慕其風. 及遭黨錮, 發憤著書數萬言, 號曰《陳子》. 黨禁解, 四府並命,
無所屈就. 遭父憂, 每哀至, 輒歐血絶氣, 雖衰服已除, 而積毀消瘠, 殆將滅性.
豫州刺史嘉其至行, 表上尙書, 圖象百城, 以厲風俗. 董卓入洛陽, 乃使就家拜
五官中郞將, 不得已, 到京師, 遷侍中. 出爲平原相, 往謁卓, 時欲徙都長安,
乃謂紀曰:「三輔平敞, 四面險固, 土地肥美, 號爲陸海. 今關東兵起, 恐洛陽
不可久居. 長安猶有宮室, 今欲西遷何如?」紀曰:「天下有道, 守在四夷. 宜脩
德政, 以懷不附. 遷移至尊, 誠計之末者. 愚以公宜事委公卿, 專精外任. 其有
違命, 則威之以武. 今關東兵起, 民不堪命. 若謙遠朝政, 率師討伐, 則塗炭
之民, 庶幾可全. 若欲徙萬乘以自安, 將有累卵之危, 崢嶸之險也.」卓意甚忤,
而敬紀名行, 無所復言. 時議欲以爲司徒, 紀見禍亂方作, 不復辦嚴, 卽時之郡.
璽書追拜太僕, 又徵爲尙書令. 建安初, 袁紹爲太尉, 讓於紀; 紀不受, 拜大
鴻臚. 年七十一, 卒於官. 子羣, 爲魏司空. 天下以爲公慙卿, 卿慙長. 弟諶,
字季方. 與紀齊德同行, 父子並著高名, 時號三君. 每宰府辟召, 常同時旌命,
羔鴈成羣, 當世者靡不榮之. 諶早終"이라 함.

【陳紀】陳寔의 맏이 陳紀. 자는 元方. 여러 차례 부름을 받았으나 나가지
않음. 董卓이 洛陽을 점령하여 억지로 五官中郞將을 시켰다가 侍中으로
발탁, 平原相에 이름. 뒤에 尙書令이 되었다가 獻帝 建安초에 大鴻臚가 됨.
《後漢書》(62)에 전이 있음.

【陳諶】자는 季方. 아버지 陳寔, 형 陳紀와 함께 '三君'으로 불렸으며, '難兄
難弟'의 고사를 남김.《世說新語》德行篇에 "陳元方子長文有英才, 與季方
子孝先, 各論其父功德, 爭之不能決, 咨於太丘. 太丘曰:「元方難爲兄, 季方難
爲弟.」"라 함.

【紀碑】邯鄲淳이 지은 陳紀의 비문.《新箋》에 "陳紀碑曰:「顯考以茂行崇冠
先儔, 季弟亦以英才知名當世. 孝靈之初, 並遭黨錮, 俱處于家, 號曰三君.」"
이라 함.

卷十『집성현군보록集聖賢羣輔錄』(下)

一名『四八目』

〈蠟梅山禽〉 宋 徽宗(趙佶) 그림. 臺北故宮博物館 소장

076 〈集聖賢羣輔錄〉(下) 一名『四八目』
집성현군보록(하)

076-1
이십사현二十四賢

태위太尉 하남河南 출신 두교杜喬, 자는 숙영叔榮

태상太常 돈황燉煌 출신 장환張奐, 자는 연명然明.

시중侍中 하내河內 출신 상후向詡, 자는 보흥甫興.

태부太傅 여남汝南 출신 진번陳蕃, 자는 중거仲擧.

태위太尉 패국沛國 출신 시연施延, 자는 군자君子.

소부少府 영천潁川 출신 이응李膺禮, 자는 원례元禮.

사예司隸 패국沛國 출신 주우朱寓, 자는 계릉季陵.

태복太僕 영천潁川 출신 두밀杜密, 자는 주보周甫.

대홍려大鴻臚 영천潁川 출신 한융韓融, 자는 원장元長.

사공司空 영천潁川 출신 순상荀爽, 자는 자명慈明.

사공司空 청하淸河 출신 방식房植, 자는 백무伯武.

빙사聘士 팽성彭城 출신 강굉姜肱, 자는 백회伯淮.

태위太尉 하비下邳 출신 진구陳球, 자는 백진伯眞.

사공司空 산양山陽 출신 왕창王暢, 자는 숙무叔武.

징사徵士 진류陳留 출신 도반屠蟠, 자는 자룡子龍.

위위衛尉 산양山陽 출신 장검張儉, 자는 원절元節.

대사농大司農 북해農北 출신 정현鄭玄, 자는 강성康成.

징사徵士 낙안樂安 출신 염구冉璆, 자는 맹옥孟玉.

태위太尉 한중漢中 출신 이고李固, 자는 자견子堅.

유도有道 태원太原 출신 곽태郭泰, 자는 임종林宗.

익주자사翼州刺史 남양南陽 출신 주목朱穆, 자는 공숙公叔.

상서尙書 회계會稽 출신 위랑魏朗, 자는 소영少英.

빙사聘士 예장豫章 출신 서치徐穉, 자는 유자儒子.

도료장군度遼將軍 안정安定 출신 황보규皇甫規, 자는 위명威明.

이상은 위魏 문제(文帝, 曹丕)가 처음 승상丞相으로 위왕魏王이 되었을 때 정표旌表한 이십사현二十四賢이다. 뒤에 명제(明帝, 曹叡)가 그들의 행장을 찬술하였다. 〈문제령文帝令〉과 《견표장甄表狀》에 실려 있다.

太尉河南杜喬, 字叔榮. 太常燉煌張奐, 字然明.

侍中河內向詡, 字甫興. 太傅汝南陳蕃, 字仲擧.

太尉沛國施延, 字君子. 少府潁川李膺, 字元禮.

司隷沛國朱寓, 字季陵. 太僕潁川杜密, 字周甫.

大鴻臚潁川韓融, 字元長. 司空潁川荀爽, 字慈明.

司空淸河房植, 字伯武. 聘士彭城姜肱, 字伯淮.

太尉下邳陳球, 字伯眞. 司空山陽王暢, 字叔武.

徵士陳留屠蟠, 字子龍. 衛尉山陽張儉, 字元節.

大司農北海鄭玄, 字康成. 徵士樂安冉璆, 字孟玉.

太尉漢中李固, 字子堅. 有道太原郭泰, 字林宗.

翼州刺史南陽朱穆, 字公叔. 尚書會稽魏朗, 字少英.
聘士豫章徐穉, 字孺子. 度遼將軍安定皇甫規, 字威明.
右魏文帝初爲丞相魏王所旌表二十四賢; 後, 明帝乃述
撰其狀. 見文帝令及甄表狀.

【狀】魏 明帝가 撰한 각 사람들의 行狀으로 陳澧의《讀陶詩箚記》에 "狀者,
二十四賢之行狀"이라 함. 이《箚記》는 홍콩 馮平山圖書館에 소장되어
있음.(楊勇)
【文帝令】魏 文帝 曹丕가 내린 令.
【甄表狀】당시 司隸였던 沛國 朱寓(자는 季陵)이 올린 표.

양주삼명凉州三明

태상太常 돈황燉煌의 장환張奐, 자는 연명然明.
도료장군度遼將軍 안정安定의 황보규皇甫規, 자는 위명威明.
태위太尉 무위武威의 단영段潁, 자는 기명紀明.

이상은 '양주삼명凉州三明'이다. 모두가 환제桓帝, 영제靈帝 때 위엄 있는 명성을 날린 사람들로 명사들이다. 《속한서續漢書》를 보라.

太常燉煌張奐. 字然明. 度遼將軍安定皇甫規, 字威明. 太尉武威段潁, 字紀明.

右「凉州三明」. 並著威名於桓靈之世, 悉名士也. 見續漢書.

【凉州】涼州로도 표기하며 지명. 河西 四郡(武威, 酒泉, 張掖, 敦煌) 중 武威의 옛 지명.
【三明】後漢書 段潁傳에 "初, 潁與皇甫威明·張然明, 並知名顯達, 京師稱爲 「凉州三明」云"이라 함.

076-3
위삼의韋三義

위권韋權, 자는 공형孔衡.
위권의 아우 위찬韋瓚, 자는 공옥孔玉.
위찬의 아우 위구韋矩, 자는 공규孔規.

이상은 태위연太尉掾 위자재韋子才의 세 아들이다. 모두가 인의仁義를
닦았으며 형제가 효도를 잘 하고 우애스러웠다. 도적을 만나 한 사람이
병이 나서 자리를 피할 수 없게 되자 형제들이 서로 사모하다가 적병들이
들이닥치자 함께 죽었다. 당시 사람들은 이들을 '위삼의韋三義'라 불렀다.
《삼보결록三輔決錄》에 실려 있다.

韋權, 字孔衡. 權弟瓚, 字孔玉. 瓚弟矩, 字孔規.
右太尉掾韋子才之三子. 皆修仁義, 兄弟孝友. 逢盜賊,
一人病不能去, 兄弟相慕, 兵至俱死. 時人稱之. 號「韋三義」.
見三輔決錄.

【兄弟相慕】汲古閣本에는 '兄弟相保'로 되어 있음.
　漢나라 때 趙岐가 지었고 摯虞가 줄을 단 것임.《隋書》經籍志 史部 雜傳
　類에 "三輔決錄七卷, 漢太僕趙岐撰, 摯虞注"라 함.

순씨팔룡荀氏八龍

순검荀儉, 자는 백자伯慈.
순검의 아우 순곤荀緄, 자는 중자仲慈.
순곤의 아우 순정荀靖, 자는 숙자叔慈.
순정의 아우 순도荀燾, 자는 자광慈光.
순도의 아우 순왕荀汪, 자는 맹자孟慈.
순왕의 아우 순상荀爽, 자는 자명慈明.
순상의 아우 순숙荀肅, 자는 경자敬慈.
순숙의 아우 순부荀旉, 자는 유자幼慈.

이상은 낭릉朗陵 영천潁川의 순계화荀季和의 여덟 아들로 모두가 덕업德業이 있어 당시 사람들은 '팔룡八龍'이라 불렀다. 그들은 서호리西豪里에 살았다. 발해勃海, 渤海 사람 완강宛康은 이름 있는 명사였는데 당시 영음령潁陰令이 되어 이들을 찬미하기를 "고양씨高陽氏의 재자才子 여덟이라"하였다. 그리하여 드디어 그들이 사는 곳을 고양리高陽里라 고쳐 불렀다. 장번張璠의 《한기漢紀》와 《순씨보荀氏譜》에 실려 있다.

荀儉, 字伯慈. 儉弟緄, 字仲慈. 緄弟靖, 字叔慈. 靖弟燾, 字慈光. 燾弟汪, 字孟慈. 汪弟爽, 字慈明. 爽弟肅, 字敬慈. 肅弟旉, 字幼慈.

右朗陵潁川荀季和之八子, 並有德業, 時人號之「八龍」,
居西豪里. 勃海宛康, 知名士也, 時爲潁陰令, 美之曰「高陽氏
才子八人」 遂改所居爲高陽里. 見張璠漢紀及荀氏譜.

【八龍】동한 荀淑(자는 季和. 83~149)은 李固, 李賢 등이 그를 스승으로
모셨으며 그의 여덟 아들(儉·緄·靖·燾·汪·爽·肅·敷)이 모두 훌륭하여 '八龍'
이라 불렸음.《後漢書》(62)에 전이 있음.《世說新語》德行篇에 인용된《先賢
行狀》에 "荀淑字季和, 潁川潁陰人也. 所拔韋褐芻牧之中, 執案刀筆之吏, 皆爲
英彦. 擧方正, 補朗陵侯相, 所在流化. 種皓字季明, 潁川長社人. 父·祖至德著名.
皓高風承世, 除林慮長, 不之官. 人位不足, 天爵有餘"라 함.
【漢紀】《後漢紀》라고도 함. 晉나라 때 張璠이 찬한 책.《隋書》經籍志 史部
古史類에 "후한기삼십권, 장번찬"이라 하였고《三國志》魏志 裴松之의 주에
"案張璠, 晉之令史, 出爲官長, 撰後漢紀, 雖以未成, 辭藻可觀"이라 함.
【荀氏譜】순씨 집안의 족보. 구체적인 것은 알 수 없음.

공사오룡公沙五龍

공사소公沙紹, 자는 자기子起.
공사소의 아우 공사부公沙孚, 자는 윤자允慈.
공사부의 아우 공사각公沙恪, 자는 윤양允讓.
공사각의 아우 공사규公沙逵, 자는 의칙義則.
공사규의 아우 공사번公沙樊, 자는 의기義起.

  이상은 북해北海 땅 공사목公沙穆의 다섯 아들로 모두가 아름다운 이름이
난 사람들이다. 서울에서는 "공사 집안의 다섯 용, 천하에 쌍을 이룰 자가
없도다"라 하였다. 공사목 역시 기이한 선비였다. 위魏 명제(明帝, 曹叡)의
《견표장甄表狀》과 《후한서後漢書》에 실려 있다.

  公沙紹, 字子起. 紹弟孚, 字允慈. 孚弟恪, 字允讓. 恪弟逵,
字義則. 逵弟樊, 字義起.
  右北海公沙穆之五子, 並有令名. 京師號曰:「公沙五龍,
天下無雙」穆亦奇士也. 見魏明帝甄表狀及後漢書.

【公沙穆】《後漢書》方術傳(下) 公沙穆傳에 "公沙穆字文乂, 北海膠東人也.
家貧賤, 自爲兒童不好戲弄, 長習韓詩·公羊春秋, 尤銳思河洛推步之術. 居建
成山中, 依林阻爲室, 獨宿無侶. 時暴風震雷, 有聲於外呼穆者三, 穆不與語,

有頃, 呼者自牖而入, 音狀甚怪, 穆誦經自若, 終亦無它妖異, 時人奇之. 後遂隱居東萊山, 學者自遠而至. ……年六十六卒官. 六子皆知名"라 하였으며, 陶注에는 惠棟의《後漢書補注》를 인용하여 "袁山松書曰:「公沙六龍, 天下無雙.」"이라 함.

제북오룡濟北五龍

교동령膠東令 노盧 출신 사소汜昭, 자는 홍선興先.

악성령樂城令 강剛 출신 대기戴祁, 자는 자릉子陵.

영음령潁陰令 강剛 출신 서안徐晏, 자는 맹평孟平.

경령逕令 노盧 출신 하은夏隱, 자는 숙세叔世.

주별가州別駕 사구蛇丘 출신 유빈劉彬, 자는 문요文曜.

이상은 '제북오룡濟北五龍'으로 어려서부터 모두가 기이한 재능이 있어 모두가 신동神童이라 칭해졌다. 환제桓帝, 영제靈帝 때에 당시 사람들은 이들을 '오룡五龍'이라 불렀다.《제북영현전濟北英賢傳》에 실려 있다.

膠東令盧汜昭, 字興先. 樂城令剛戴祁, 字子陵. 潁陰令剛徐晏, 字孟平. 逕令盧夏隱, 字叔世. 州別駕蛇丘劉彬, 字文曜.

右「濟北五龍」, 少並有異才, 皆稱神童. 當桓靈之世, 時人號爲「五龍」. 見濟北英賢傳.

【戴祁】 다른 판본에는 '戴祁'로 되어 있음.

【盧·剛·蛇丘】 모두 濟北의 屬縣.

【濟北英賢傳】《隋書》經籍志 雜傳類에 "濟北先賢傳一卷, 不著撰人"이라 하여 이 책을 말하는 것으로 보임.

076-7
경조삼휴京兆三休

효렴孝廉 두릉杜陵 사람 김창金敞, 자는 원휴元休.
상계연上計掾 장릉長陵 사람 제오순第五巡, 자는 문휴文休.
상계연上計掾 두릉杜陵 사람 위단韋端, 자는 보휴甫休.

이상은 같은 군에서 한꺼번에 이름이 난 사람들로 당시 이들을 '경조삼휴京兆三休'라 불렀다. 모두가 함께 광화光和 원년에 찰거察擧가 되었다. 《삼보결록三輔決錄》에 실려 있다.

孝廉杜陵金敞, 字元休. 上計掾長陵第五巡, 字文休. 上計掾杜陵韋端, 字甫休.

右同郡齊名, 時人號之「京兆三休」並以光和元年察擧. 見三輔決錄.

【元休】 벼슬이 兗州刺史에 이르렀다 함.
【文休】 李注에 "興先之子. 興先名種, 司空伯魚之孫, 名士也. 不詳巡位所至, 時辟太尉掾"이라 함.
【韋端】 後漢書 荀彧傳 注에 "端從涼州牧徵爲太僕"이라 함.
【光和】 동한 靈帝 때의 연호. 178년부터 183년까지.
【察擧】 察院(御史官)의 천거로 擧士가 됨.

위문제사우魏文帝四友

진晉 선제宣帝 하남河南 출신 사마의司馬懿, 자는 중달仲達.
위魏 사공司空 영천潁川 사람 진군陳羣, 자는 장문長文.
중령군中領軍 초譙 출신 주삭朱鑠, 자는 언재彦才.
시중侍中 제음濟陰 출신 오질吳質, 자는 계중季重.

이상은 위魏 문제文帝, 曹丕의 사우四友이다.《진기晉紀》에 실려 있다.

晉宣帝河南司馬懿, 字仲達. 魏司空潁川陳羣, 字長文.
中領軍譙朱鑠, 字彦才. 侍中濟陰吳質, 字季重.
右魏文帝四友. 見晉紀.

【宣帝】司馬懿(179~251). 자는 仲達. 溫縣人. 司馬師와 司馬昭의 아버지이며
司馬炎(西晉의 첫 황제 晉武帝. 265~290 재위)의 할아버지. 曹操가 승상이
되자 그의 掾이 되었다가 능력을 인정받아 尙書를 거쳐 撫軍에 올라 蜀漢을
막음. 뒤에 大將軍 曹爽과 함께 漢나라 정권을 휘둘렀으며 諡號는 文으로
하였다가 다시 宣文이라 하였으며, 魏 元帝(陳留王) 때 宣王으로 부름.
司馬炎이 魏나라를 이어받고 황제가 되어 晉나라를 세우고 宣帝라 추존
하였음.《晉書》(1)에 紀가 있음.
【魏文帝】曹丕(187~226)를 가리킴. 字는 子桓. 曹操의 長子. 漢을 찬탈하고
帝가 됨. 그의《典論》〈論文〉으로 유명함. 曹操의 둘째 아들. 아버지 曹操가
죽고 魏王을 습봉하여 漢나라 丞相이 됨. 延康 元年(220)에 禪讓을 받아

황제가 되었으며 연호를 黃初로 바꾸고 국호를 魏나라로, 洛陽을 도읍으로
정함. 재위 7년에 졸하였으며 시호는 文皇帝.
【晉紀】같은 서명으로 지은이가 여럿이며 史書의 일종.《隋書》經籍志 史部
　古史類에 “晉紀司卷, 陸機撰. 又晉紀二十三卷, 干寶撰, 訖愍帝. 又晉紀十卷,
　晉前軍諮議曹嘉之撰. 又晉紀十一卷, 訖明帝, 晉荊州別駕鄧粲撰”이라 함.

076-9

죽림칠현竹林七賢

위보병교위魏步兵校尉 진류陳留 출신 완적阮籍, 자는 사종嗣宗.

중산대부中散大夫 초譙 출신 혜강嵇康, 자는 숙야叔夜.

진晉 사도司徒 하내河內 출신 산도山濤, 자는 거원巨源.

건위참군建威參軍 패沛 출신 유령劉伶, 자는 백륜伯倫.

시평태수始平太守 진류陳留 출신 완함阮咸, 자는 중용仲容.

산기상시散騎常侍 하내河內 출신 상수向秀, 자는 자기子期.

사도司徒 낭야琅邪 출신 왕융王戎, 자는 준중濬仲.

이상은 위魏나라 가평嘉平 연간에 모두가 하내河內의 산양山陽에 살며 함께 죽림竹林에서 놀아 세상에서는 이들을 '죽림칠현竹林七賢'이라 불렀다. 《진서晉書》와 《위서魏書》에 실려 있다. 원굉袁宏과 대규戴逵가 이들의 전傳을 썼으며 손통孫統이 다시 찬讚을 지었다.

魏步兵校尉陳留阮籍, 字嗣宗. 中散大夫譙嵇康, 字叔夜. 晉司徒河內山濤, 字巨源. 建威參軍沛劉伶, 字伯倫. 始平太守陳留阮咸, 字仲容. 散騎常侍河內向秀, 字子期. 司徒琅邪王戎, 字濬仲.

右魏嘉平中, 並居河內山陽, 共爲竹林之游, 世號「竹林七賢」. 見晉書·魏書. 袁宏·戴逵爲傳, 孫統又爲讚.

〈竹林七賢圖〉

【竹林七賢】《世說新語》任誕篇에 "陳留阮籍, 譙國嵇康, 河內山濤, 三人年皆
相比, 康年少亞之. 預此契者: 沛國劉伶, 陳留阮咸, 河內向秀, 琅邪王戎. 七人
常集于竹林之下, 肆意酣暢, 故世謂「竹林七賢」"이라 함.

【阮籍】자는 嗣宗(210~263). 〈豪傑詩〉·〈詠懷詩〉·〈達莊論〉·〈大人先生傳〉 등을
남겼으며 지금은 陳伯君의 《阮籍集校注》(1987)가 있음. 《三國志》(21)·
《晉書》(49)에 전이 있음. 步兵校尉를 지냄.

【嵇康】자는 叔夜(223~263). 어려서 고아로 자람. 詩文과 음악에 밝았음.
中散大夫를 지냄. 뒤에 鍾會의 모함으로 司馬昭에게 죽음을 당함. 작품으로
〈琴賦〉·〈養生論〉·〈聲無哀樂論〉·〈與山巨源絶交書〉 등이 있음. 《晉書》(49)에
전이 있음. 嵇氏는 원래 奚씨였으나 위에 銍 땅으로 옮겨 嵇山 곁에 살아
성씨를 嵇氏로 하였다 함. 莊萬壽의 《嵇康年譜》(1990. 대북) 등 참조.

【山濤】자는 巨源(205~283). 《老莊》과 음주를 좋아하였으며 40세에 이르러
郡의 主簿를 거쳐 魏나라의 郎中·尙書吏部郎 등을 지냄. 晉에 들어서는
翼州刺史·北中郎k將·侍中·吏部尙書·太子少傅·右僕射·司徒 등을 지냄.
《晉書》(43)에 傳이 있음.

【劉伶】자는 伯倫. 용모가 못생겼다 하며 魏末 司馬氏가 정권을 휘두르자
自然으로 돌아가 老莊을 신봉하여 無爲而治를 주장하면서 음주로 세월을
보냄. 죽림칠현의 하나. 〈酒德頌〉을 남김. 〈任誕〉편 참조. 《晉書》(49)에

전이 있음. 唐 이전에는 〈劉靈〉으로 표기하였음.

【阮咸】 자는 仲容(234~305). 阮籍의 從子. 音律의 이해에 뛰어났으며, 비파를 잘 탔음. 阮籍과 함께 大阮·小阮이라 불렸으며, 散騎侍郎·始平太守 등을 지냄.《晉書》(49)에 傳이 있음.

【向秀】 자는 子期(227?~272?). 竹林七賢의 하나. 처음 山濤·嵇康·呂安 등과 자연을 즐기다가 嵇康과 呂安이 司馬氏에게 죽음을 당한 후 벼슬길로 들어서 黃門侍郎, 散騎常侍를 지냄.《老·莊》에 심취하여《莊子注》를 완성하였으며, 이를 바탕으로 한 郭象의《莊子注》가 지금도 전함. 賦에도 뛰어나 〈思舊賦〉를 남김.《晉書》(49)에 傳이 있음. 向은 姓氏나 地名일 경우 '상' 으로 읽음.

【王戎】 자는 濬沖(234~305). 王安豐으로도 불림. 王綏의 아버지. 성격이 인색 하였으며 禮敎에 얽매이지 않았음. 阮籍, 山濤, 向秀, 阮咸, 嵇康, 劉伶과 더 불어 '竹林七賢'으로 불렸음.《晉書》(43)에 전이 있음. 阮籍과 忘年之交를 맺었으며 아버지의 작위를 이어 相國掾이 되었다가 吳亂을 평정한 공로로 安豐侯에 봉해짐. 惠帝 때에는 尙書令·司徒를 지매. 예절을 무시하고 인색 하기로 이름이 높았음. 본문의 濬仲은 濬沖의 오기임.

【晉書】 원래《晉書》는 많은 사람들이 편찬한 같은 서명이 있었음.《隋書》 經籍志 正史類에 "晉書八十六卷, 晉著作郎王隱撰. 又晉書二十六卷, 晉散騎 常侍虞預撰. 又晉書十卷, 晉中書郎朱鳳撰"이라 함.

【魏書】《隋書》經籍志 正史類에 "魏書四十八卷, 晉司空王沈撰"이라 하였 으며, 그 외 같은 책 史部 雜傳類에 "竹林七賢論二卷. 晉太子中庶子戴逵撰" 이라 함.

【戴逵】 자는 安道(326~396). 거문고 연주에 뛰어났으며 회화에도 뛰어나 佛畫 와 불상 조각을 많이 남김. 불교를 신봉했으나 인과설을 의심하여 〈釋疑論〉 을 지었음. 영리를 추구하지 않고 기절을 중시하여 國子博士에 초빙되었 으나 나가지 않음.《晉書》(94)에 전이 있음.

【孫統】 자는 承公. 孫綽의 형이며 孫楚(子荊)의 손자. 山水를 즐겼으며 吳寧令, 餘姚令 등을 지냄.《晉書》(56)에 전이 있음.

오팔절吳八絶

오범吳範은 바람을 잘 살폈으며, 유돈劉惇은 기후에 대한 점을 잘 쳤고, 조달趙達은 산술에 뛰어났으며, 황상皇象은 글씨에 뛰어났으며, 엄자경嚴子卿은 바둑에 뛰어났고, 송수宋壽는 점몽占夢에 뛰어났고, 조불흥曹不興은 그림에 뛰어났으며, 고성孤城의 정모鄭姥는 관상을 잘 보았다.

이상은 '오팔절吳八絶'로 장발張勃의 《오록吳錄》에 실려 있다.

吳範, 相風. 劉惇, 占氣. 趙達, 算. 皇象, 書. 嚴子卿, 棊.
宋壽, 占夢. 曹不興, 畫. 孤城鄭姥, 相.
右「吳八絶」, 見張勃吳錄.

【畫】李注에 "爲孫權畫屛風, 筆墨誤點, 因以爲蠅; 後張御坐, 權以爲眞蠅, 手彈
 不去, 方知其非也"라 함.
【相】李注에 "見王粲於童賦, 謂士必至師傅. 後爲太子太傅"라 함.
【吳錄】《隋書》經籍志 史部 正史類에 "梁有張勃吳錄三十卷, 亡"이라 함.

076-11
진중조팔달晉中朝八達

진류陳留 동창董昶, 자는 중도仲道.

낭야琅邪 왕징王澄, 자는 평자平子.

진류陳留 완첨阮瞻, 자는 천리千里.

영천潁川 유애庾敱, 자는 자숭子嵩.

진류陳留 사곤謝鯤, 자는 유여幼輿.

태산太山 호모보지胡母輔之, 자는 언국彦國.

사문沙門 어법룡於法龍, 于法龍

낙안樂安 광일光逸, 자는 맹조孟祖.

이상은 진晉나라 중흥기東晉의 팔달八達이다. 근세 고로故老에게서 들었다.

陳留董昶, 字仲道. 琅邪王澄, 字平子. 陳留阮瞻, 字千里. 潁川庾敱, 字子嵩. 陳留謝鯤, 字幼輿. 太山胡母輔之, 字彦國. 沙門於法龍. 樂安光逸, 字孟祖.

右晉中朝八達. 近世聞之故老.

【董昶】《晉書》隱逸傳에는 '董養'으로 되어 있음.

【王澄】자는 平子(269~312). 王衍의 아우. 荊州刺史를 지냄. 뒤에 王敦에게 죽음을 당함.《晉書》(43)에 전이 있음.

【阮瞻】자는 千里. 阮咸의 장자. 司徒掾, 司馬越의 記室參軍을 지냈으며 懷帝 때 太子舍人을 지냄.〈無鬼論〉으로 유명함. 30세에 병으로 죽음.《晉書》 (49)에 전이 있음.

【庾敳】자는 子嵩(261~311). 王衍의 중시를 받아 吏部郎. 東海王(司馬越)의 太傅가 되었으며 石勒의 난에 왕연과 함께 피살됨.《晉書》(50)에 전이 있음.

【謝鯤】자는 幼興(280~322). 謝衡의 아들이며 謝尚의 아버지. 老莊과《易》에 밝았으며 豫章太守를 지냄. 東海王(司馬越)에게 발탁되어 掾을 거쳐 參軍을 지냄. 뒤에 다시 王敦에게 발탁되었으며 왕돈이 난을 일으키자 이를 극구 간언하였음.《晉書》(49)에 전이 있음.

【胡母輔之】이름은 輔之(補之). 자는 彦國. 泰山 高峯人. 湘州刺史를 지냄. 王澄, 王敦, 庾顗 등과 함께 太尉 王衍에게 사랑을 받음. '胡母'는 복성으로 판본에 따라 흔히 '胡毋'로도 표기함.《晉書》(49)에 전이 있음.

【沙門於法龍】沙門은 불교 스님을 말함. '於法龍'은 '于法龍'으로 표기함이 맞음.

【八達】何注에《晉書》光逸傳을 인용하여 "逸渡江依胡母輔之. 初至, 屬輔之 與謝鯤·阮放·畢卓·羊曼·桓彝·阮孚散髮裸袒, 閉室酣飮已數日. 逸將排戶入, 守者不聽. 逸便於戶外脫衣露頭, 于狗竇中窺之, 而大叫. 輔之驚曰: 「他人決 不能爾, 必我孟祖也.」呼入與飮, 不舍晝夜, 時人謂之八達"이라 함. 따라서 여기서 '八達'의 거론 인물들과 다르다고 하였음.

【中朝】흔히 '晉中興'이라고도 하며 이는 西晉이 망하고 建業에 다시 진나라 를 세운 東晉 시대를 일컫는 말임.

【故老】책이나 典籍이 아닌 나이 많은 노인에게서 들었다는 뜻.

하동팔배河東八裴·낭야팔왕琅邪八王

배휘(裴微, 徵의 오기) 자는 문수文秀.

배해裴楷 자는 숙칙叔則.

배작裴綽 자는 계서季舒.

배찬裴瓚 자는 국보國寶.

배막裴邈 자는 경초景初.

배하裴遐 자는 숙도叔道.

배강裴康 자는 중예仲豫.

배위裴頠 자는 일민逸民.

왕상王祥 자는 휴징休徵.

왕융王戎 자는 준중濬仲, 濬沖.

왕징王澄 자는 평자平子.

왕도王導 자는 무굉(茂宏, 茂弘).

왕수王綏 자는 만자萬子.

왕연王衍 자는 이보夷甫.

왕돈王敦 자는 처중處仲.

왕현王玄 자는 미자眉子.

이상은 하동팔배河東八裴이며 낭야팔왕琅邪八王이다. 옛 노인들에게 들었다.

裴微, 字文秀. 裴楷, 字叔則. 裴綽, 字季舒. 裴瓚, 字國寶.
裴邈, 字景初. 裴遐, 字叔道. 裴康, 字仲豫. 裴頠, 字逸民.
王祥, 字休徵. 王戎, 字濬仲. 王澄, 字平子. 王導, 字茂宏.
王綏, 字萬子. 王衍, 字夷甫. 王敦, 字處仲. 王玄, 字眉子.
右「河東八裴」·「琅邪八王」. 聞之於故老.

【裴微】楊勇本의 이 '裴微'는 '裴徽'의 오기임. 裴徽는 자가 文季이며 삼국시대
魏나라 사람. 裴楷의 아버지이며 裴潛의 아우. 그의 네 아들 裴黎·裴康·
裴楷·裴綽은 모두 당시의 名士로 이름을 날렸음.《三國志》魏書 裴潛傳
注 참조.

【裴遐】자는 叔道. 裴徽의 손자이며 裴綽의 아들. 散騎郎을 지냄. 王衍의 사위
이며 東海王(司馬越)의 太傅主簿를 지냈으나 司馬越의 아들 司馬毗에게
죽음을 당함.《三國志》魏書 裴潛傳 注 및《晉書》裴秀傳 참조.

【裴頠】자는 逸民(267~300). 裴秀의 막내아들. 老莊과 醫術에 밝았으며〈崇有論〉
을 지어 儒家의 인의도덕을 중시할 것을 주장하였음. 尙書左僕射, 侍中 등을
지냈으며 賈后의 난에 인척임에도 정도를 지켰음. 趙王(司馬倫)이 가후에게
빌붙자 이를 탄핵하다가 결국 34세에 司馬倫에게 주살당함. 惠帝가 反正
하여 그를 복권시켰으며 시호를 成이라 함.《晉書》(35)에 전이 있음.

【王戎】자는 濬沖(234~305). 王安豐으로도 불림. 王綏의 아버지이며 安豐縣侯
를 역임함. 성격이 인색하였으며 禮敎에 얽매이지 않았음. 阮籍, 山濤, 向秀,
阮咸, 嵇康, 劉伶과 더불어 '竹林七賢'으로 불렸음.《晉書》(43)에 전이 있음.

【王澄】앞장 '八達'의 주를 볼 것.

【王導】자는 茂弘(276~339). 어릴 때 자는 阿龍. 王敦의 從弟. 서진이 망하자
王敦과 함께 司馬睿를 황제로 추대하여 東晉을 세움. 그 공으로 丞相이
되었으며 號를 '仲父'라 하였음. 천하의 권세를 잡아 당시 "王與馬, 共天下"
라 하였음. 元帝와 明帝, 成帝를 차례로 즉위시켰음. 아울러 남방 세족의
도움으로 강남에서의 동진 정권을 안정시킴.《晉書》(65)에 전이 있음.

【王綏】자는 彦猷(?~404). 王愉의 아들. 桓玄이 찬위할 때 尙書令이 되었으며
劉裕가 환현을 깨뜨릴 때 冠軍將軍이 되었다가 荊州刺史가 됨. 뒤에 아버지
와 함께 유유에게 반기를 들었다가 살해당함.《晉書》(75)에 전이 있음.

【王衍】 자는 夷甫(256~311). 죽림칠현의 하나인 王戎의 從弟. 太尉를 지냄.
《晉書》(43)에 전이 있음.

【王敦】 자는 處仲(266~324). 어릴 때는 阿黑이라 부름. 王含의 아우이며
王導의 종제로 八王之亂 때 공을 세워 散騎常侍, 侍中, 靑州刺史, 鎭東
大將軍 등을 지냄. 西晉이 망하자 司馬睿를 옹립하여 황제로 삼음. 뒤에
明帝 때 난을 일으켰다가 軍中에서 죽음.《晉書》(98)에 전이 있음.

【王玄】 자는 眉子(?~313?). 王衍(夷甫)의 아들. 뒤에 尉氏 땅에 가는 길에
성곽에서 피살되었음.《晉書》43에 전이 있음.

【八裴八王】 何注에 "世說: 裴王二族, 盛乎魏晉之世. 八裴方八王: 裴徽方王祥,
裴楷方王衍, 裴康方王綏, 裴綽方王澄, 裴瓚方王敦, 裴遐方王導, 裴頠方王戎,
裴邈方王玄. 裴康兄黎弟綽, 並有盛名, 又謂四裴"라 함.

태원왕太原王·경조두京兆杜

위魏나라 사공司空 왕창王昶, 자는 문서文舒.
왕창의 아들 여남태수汝南太守 왕담王湛, 자는 처충處沖.
왕담의 아들 동해내사東海內史, 왕승王承, 자는 안기安期.
왕승의 아들 표기장군驃騎將軍 왕술王述, 자는 회조懷祖.
왕술의 아들 안북장군安北將軍 왕탄지王坦之, 자는 문도文度.
위魏나라 상서복야尙書僕射 두기杜畿, 자는 백후伯侯.
두기의 아들 유주자사幽州刺史 두서杜恕, 자는 무백武伯.
두서의 아들 진남장군鎭南將軍 두예杜預, 자는 원개元凱.
두예의 아들 산기상시散騎常侍 두석杜錫, 자는 세하世瑕.
두석의 아들 광록대부光祿大夫 두예杜乂, 자는 굉치宏治.

이상은 '태원의 왕씨太原王'와 '경조의 두씨京兆杜'이다. 각기 5대를 두고 풍성한 덕으로 칭해졌다. 나이 많은 노인들에게서 들었다.

魏司空王昶, 字文舒. 昶子汝南太守湛, 字處沖. 湛子東海內史承, 字安期. 承子驃騎將軍述, 字懷祖. 述子安北將軍坦之, 字文度.

魏尙書僕射杜畿, 字伯侯. 畿子幽州刺史恕, 字武伯. 恕子鎭南將軍預, 字元凱. 預子散騎常侍錫, 字世瑕. 錫子光祿大夫乂, 字宏治.
　右「太原王」·「京兆杜」, 各稱五世盛德. 聞之於故老.

【王昶】太原王氏. 王湛의 아버지이며 王承의 할아버지. 그 후대로 王述, 王坦之로 이어짐.

【王湛】자는 處沖(249~295). 太原王氏 王渾의 아우이며 王承의 아버지. 太子洗馬, 尙書郞, 太子中庶子, 汝南內史 등을 지냄.《晉書》(75)에 전이 있음.

【王承】자는 安期(275~320). 太原 晉陽人. 汝南太守 王湛의 아들이며 王述의 아버지. 東海太守가 되어 덕정을 베풀었음. 王導, 衛玠, 周顗, 庾亮 등과 함께 東晉의 명사로 추앙됨.《晉書》(75)에 전이 있음.

【王述】자는 懷祖(303~368). 王承의 아들이며 王坦之의 아버지. 고아가 되어 어머니를 극진히 모심. 아버지를 이어 藍田侯에 봉해졌으며 宛陵令, 臨海太守, 建威將軍, 會稽內史, 揚州刺史, 征虜將軍 등을 역임함. 청렴하기로 이름이 널리 알려졌음.《晉書》(75)에 전이 있음.

【王坦之】자는 文度(330~375). 王述의 아들이며 王忱·王國寶·王愷·王愉의 아버지. 北中郞將을 지냈으며 〈廢莊論〉을 씀.《晉書》(75)에 전이 있음.

【杜預】자는 元凱(222~284). 京兆 杜陵人. 杜恕의 아들이며 杜甫의 선대. 河南尹, 度支尙書, 荊州都督 등을 거쳐 羊祜가 죽자 뒤를 이어 鎭南大將軍이 됨. 치적이 훌륭하여 당시 백성과 조정에서는 그를 '杜父', '杜武庫'라 불렀음. 太康 원년에 吳를 평정한 공로로 當陽侯에 봉해짐. 經學에도 밝아《春秋左傳經傳集解》를 남김.《三國志》(16)와《晉書》(34)에 전이 있음. 그의 가계는 杜畿에서 杜恕로, 다시 杜預로 이어졌으며 그 아들 杜錫, 그리고 다시 杜乂로 이어짐.

076-14
실명자失名者

　　무릇 서적에 실려 있거나 노인들에게서 들은 이들의 전傳으로 그 선악善惡이 세상에 소문난 이들로써 모두가 여기에 다 들어 있다. 한漢나라 때 전숙田叔과 맹서孟舒 등 열 사람과 전횡田橫을 따라 죽은 두 객客, 그리고 조정에서 불러도 가지 않았던 노魯나라 두 선비는 역사 속에 그 이름이 나타나지 않는다. 무릇 그렇게 행동하기가 어려운 것인데도 성명이 가려졌으니 그 때문에 책을 어루만지면서 길게 탄식을 하며 어쩔 수 없어 여기에서 그치는 것이다.

　　凡書籍所載及故老所傳, 善惡聞於世者, 蓋盡於此矣.
漢稱田叔·孟舒等十人及田橫兩客·魯二儒, 史並失其名.
夫操行之難, 而姓名翳然, 所以撫卷長歎, 不能已已者也.

【田橫】 전국시대 齊나라 田氏의 후손. 從兄인 田儋이 자립하여 齊王이 되었다가 전사하자, 5백 무리를 이끌고 海島로 숨음. 漢 劉邦이 稱帝하여 전횡을 부르자 洛陽 20리에 이르러 漢나라 臣下가 되는 것을 부끄럽게 여겨 자살하였으며 이때 따라 죽은 두 사람이 있었음. 《史記》와 《漢書》 참조.
【田叔·孟舒】 《漢書》(37) 田叔傳에 "田叔, 趙陘城人也. 其先, 齊田氏也. 叔好劍, 學黃老術於樂鉅公. 爲人廉直, 喜任俠. 游諸公, 趙人舉之趙相趙午, 言之趙王張敖, 以爲郎中. 數歲, 趙王賢之, 未及遷. 會趙午·貫高等謀弑上, 事發覺, 漢下詔捕趙王及羣臣反者. 趙有敢隨王, 罪三族. 唯田叔·孟舒等十餘人赭衣自髡鉗, 隨王至長安. 趙王敖事白, 得出, 廢王爲宣平侯, 乃進言叔等十人.

上召見, 與語, 漢廷臣無能出其右者. 上說, 盡拜爲郡守, 諸侯相. 叔爲漢中守十餘年. 孝文帝初立, 召叔問曰:「公知天下長者乎?」對曰:「臣何足以知之!」上曰:「公長者, 宜知之.」叔頓首曰:「故雲中守孟舒, 長者也.」是時孟舒坐虜大入雲中免. 上曰:「先帝置孟舒雲中十餘年矣, 虜常一入, 孟舒不能堅守, 無故士卒戰死者數百人. 長者固殺人乎?」叔叩頭曰:「夫貫高等謀反, 天子下明詔, 趙有敢隨張王者罪三族, 然孟舒自髡鉗, 隨張王, 以身死之, 豈自知爲雲中守哉! 漢與楚相距, 士卒罷敝, 而匈奴冒頓新服北夷, 來爲邊寇, 孟舒知士卒罷敝, 不忍出言, 士爭臨城死敵, 如子爲父, 以故死者數百人, 孟舒豈敺之哉! 是乃孟舒所以爲長者.」於是上曰:「賢哉孟舒!」復召以爲雲中守. 後數歲, 叔坐法失官. 梁孝王使人殺漢議臣爰盎, 景帝召叔案梁, 具得其事. 還報, 上曰:「梁有之乎?」對曰:「有之.」「事安在?」叔曰:「上無以梁事爲問也. 今梁王不伏誅, 是廢漢法也;如其伏誅, 太后食不甘味, 臥不安席, 此憂在陛下.」於是上大賢之, 以爲魯相. 相初至官, 民以王取其財物自言者百餘人. 叔取其渠率二(千)[十]人笞, 怒之曰:「王非汝主邪? 何敢自言主!」魯王聞之, 大慙, 發中府錢, 使相償之. 相曰:「王自使人償之, 不爾, 是王爲惡而相爲善也.」魯王好獵, 相常從入苑中, 王輒休相就館. 相常暴坐苑外, 終不休, 曰:「吾王暴露, 獨何爲舍?」王以故不大出遊. 數年以官卒, 魯以百金祠, 少子仁不受, 曰:「義不傷先人名.」仁以壯勇爲衛將軍舍人, 數從擊匈奴. 衛將軍進言仁爲郎中, 至二千石·丞相長史, 失官. 後使刺三河, 還, 奏事稱意, 拜爲京輔都尉. 月餘, 遷司直. 數歲, 戾太子擧兵, 仁部閉城門, 令太子得亡, 坐縱反者族"라 함.

【魯二儒】〈魯二儒〉(063-8)의 내용 및 주를 참조할 것.

077 八儒·三墨
팔유·삼묵

※ 八儒·三墨의 이 두 문장에 대하여 宋庠《私記》에는 "八儒·三墨二條, 似後人妄加, 非陶公本意. 四八目之末, 陶自謂說曰:「書籍所載及故老所傳, 善惡聞於世者, 蓋盡於此.」卽知其後無餘事矣"라 하여 도연명의 글이 아니라 주장하였다. 그러나 楊勇은 도연명이 '더 이상 없다'라 한 것은 〈四八目〉에 대한 것일 뿐 '전체 자신의 모든 저술이 〈사팔목〉에서 끝난다'라는 뜻이 아니라 하여 송상의 주장은 믿을 수 없다고 하였다.

한편 方宗誠의 《眞詮》에는 "八儒·三墨, 大抵亦記故事以示諸子, 後人輯之以坿集後耳"라 하여 고사를 적어 아들들에게 보여 주기 위해 쓴 것이라 하였다.

이 글은 《韓非子》顯學篇과 《莊子》天下篇의 내용을 근거로 한 것으로 보이며 관련 내용을 摘錄하면 다음과 같다.

(1)《韓非子》顯學篇

"世之顯學, 儒·墨也. 儒之所至, 孔丘也. 墨之所至, 墨翟也. 自孔子之死也, 有子張之儒, 有子思之儒, 有顔氏之儒, 有孟氏之儒, 有漆雕氏之儒, 有仲良氏之儒, 有孫氏之儒, 有樂正氏之儒. 自墨子之死也, 有相里氏之墨, 有相夫氏之墨, 有鄧陵氏之墨. 故孔·墨之後, 儒分爲八, 墨離爲三, 取舍相反不同, 而皆自謂眞孔, 墨, 孔·墨不可復生, 將誰使定後世之學乎? 孔子·

墨子俱道堯·舜, 而取舍不同, 皆自謂眞堯·舜, 堯·舜不復生, 將誰使定儒·
墨之誠乎? 殷·周七百餘歲, 虞·夏二千餘歲, 而不能定儒·墨之眞; 今乃欲
審堯·舜之道於三千歲之前, 意者其不可必乎? 無參驗而必不者, 愚也; 弗能
必而據之者, 誣也. 故明據先王, 必定堯·舜者, 非愚則誣也. 愚誣之學, 雜反
之行, 明主弗受也."

(2)《莊子》天下篇

不侈於後世, 不靡於萬物, 不暉於數度, 以繩墨自矯, 而備世之急; 古之
道術有在於是者. 墨翟禽滑釐聞其風而說之. 爲之大過, 已之大循. 作爲
非樂, 命之曰節用; 生不歌, 死无服. 墨子氾愛兼利而非鬪, 其道不怒; 又好學
而博, 不異, 不與先王同, 毀古之禮樂.

黃帝有咸池, 堯有大章, 舜有大韶, 禹有大夏, 湯有大濩, 文王有辟雍之樂,
武王周公作武. 古之喪禮, 貴賤有儀, 上下有等, 天子棺槨七重, 諸侯五重,
大夫三重, 士再重. 今墨子獨生不歌, 死不服, 桐棺三寸而无槨, 以爲法式.
以此教人, 恐不愛人; 以此自行, 固不愛己. 未敗墨子道, 雖然, 歌而非歌,
哭而非哭, 樂而非樂, 是果類乎? 其生也勤, 其死也薄, 其道大觳; 使人憂,
使人悲, 其行難爲也, 恐其不可以爲聖人之道, 反天下之心, 天下不堪. 墨子
雖獨能任, 奈天下何! 離於天下, 其去王也遠矣.

墨子稱道曰:「昔者禹之湮洪水, 決江河而通四夷九州也, 名川三百, 支川
三千, 小者无數. 禹親自操橐耜而九雜天下之川; 腓无胈, 脛无毛, 沐甚雨,
櫛疾風, 置萬國. 禹大聖也, 而形勞天下也如此.」

使後世之墨子, 多以裘褐爲衣, 以跂蹻爲服, 日夜不休, 以自苦爲極, 曰:
「不能如此; 非禹之道也, 不足謂墨.」

相里勤之弟子, 五侯之徒, 南方之墨子苦獲·己齒·鄧陵子之屬, 俱誦
墨經, 而倍譎不同, 相謂別墨; 以堅白同異之辯相訾, 以觭偶不仵之辭相應;
以巨子爲聖人, 皆願爲之尸, 冀得爲其後世, 至今不決.

墨翟·禽滑釐之意則是, 其行則非也. 將使後世之墨者, 必自苦以腓无
胈脛无毛, 相進而已矣. 亂之上也, 治之下也. 雖然, 墨子眞天下之好也,
將求之不得也, 雖枯槁不舍也, 才士也夫!

팔유八儒

공자가 죽은 후에 그 학문이 천하에 널리 흩어져 중원에서 펼쳐졌으며 온갖 제자백가들의 근원을 이루었고 그 중 근본을 이루는 유가가 된 것이다.

흙담이 곧 벽인 가난 속에 살며, 사립문으로 대강 얽은 집에 구멍뚫인 문, 옹기로 창문을 삼고 새끼줄로 지도리를 삼은 집에 살면서 이틀에 한 번의 식사일 뿐이면서도 이러한 도道에 사는 자들은 도를 가지고 있는 선비로서 바로 자사씨子思氏 학파의 행동들이다.

의관衣冠은 맞게 하고 동작은 순하게 하며, 크게 양보하는 것을 마치 거만히 하는 것처럼 여기며 작게 양보하는 것은 위선僞善이라 여기는 자들이 있으니, 이들은 자장씨子張氏 학파의 행동들이다.

안씨顔氏는 《시詩》를 전하여 도로 삼고 풍간諷諫을 위주로 하는 유가가 되었으며, 맹씨孟氏는 《서書》를 전하는 것으로 도를 삼고 서로 소통시키고 멀리까지 통달하는 것을 위주로 하는 유가가 되었다.

칠조씨漆雕氏는 《예禮》를 전하는 것을 도로 삼고 공검장경恭儉莊敬함을 위주로 하는 유가가 되었다.

중량씨仲梁氏는 《악樂》을 전하는 것을 도로 삼고 음양陰陽을 조화롭게 하고 이풍역속移風易俗을 위주로 하는 유가가 되었다.

악정씨樂正氏는 《춘추春秋》를 전하는 것을 도로 삼고 사물에 비유하여 말을 잘 정리하는 것을 위주로 하는 유가가 되었다.

공손씨公孫氏는 《역易》을 전하는 것을 도로 삼고 깨끗하고 정미精微한 것을 위주로 하는 유가가 되었다.

夫子沒後, 散於天下, 設於中國, 成百氏之源, 爲綱紀之儒.

居環堵之室, 蓽門圭竇, 甕牖繩樞, 倂日而食, 以道自居者, 有道之儒, 子思氏之所行也.

衣冠中, 動作順, 大讓如慢, 小讓如僞者, 子張氏之所行也.

顏氏傳詩爲道, 爲諷諫之儒. 孟氏傳書爲道, 爲疎通致遠之儒.

漆雕氏傳禮爲道, 爲恭儉莊敬之儒.

仲梁氏傳樂爲道, 以和陰陽, 爲移風易俗之儒.

樂正氏傳春秋爲道, 爲屬辭比事之儒.

公孫氏傳易爲道, 爲潔淨精微之儒.

【夫子】 공자를 가리킴. 이름은 丘, 자는 仲尼, 魯나라 사람으로 周 靈王 21년 (B.C.551)에 출생하여 周 敬王 41년(B.C.479)까지 73세를 일기로 생을 마침.

【子思氏】 공자의 손자 孔伋의 학문계열. 漢書 藝文志에 "子思二十三篇, 名伋, 孔子孫, 爲魯穆公師"라 함. 陳澧의 《讀陶詩箚記》에 "貧而以道自居, 乃子思之學, 此爲孔氏之正宗"이라 함.

【子張氏】 子張은 孔子의 弟子이며, 姓은 顓孫, 이름은 師, 字는 子張 (B.C.503~?). 陳人으로 孔子보다 48세 아래였으며 여기서는 그가 이어간 한 학파를 말함.

【顏氏】 구체적으로 알 수 없음.《史記》仲尼弟子列傳에 의하며 공자 제자로 顏無繇, 顏回, 顏幸, 顏高, 顏祖, 顏之僕, 顏噲, 顏何 등이 있었음.

【孟氏】 孟子를 가리킴. 이름은 軻, 鄒나라 사람으로 子思의 문인이었음. 대체로 周 安王 17년(B.C.385)에 태어나 赧王 13년(B.C.302)까지 84세의 수를 누렸음.

【漆雕氏】 漆雕啓의 후손으로 보임.《漢書》藝文志 儒家類에《漆雕子》12편의 저록이 보이며 注에 "孔子弟子漆雕啓後"라 함.

【仲梁氏】 陳澧의 《讀陶詩箚記》에 "此仲梁氏, 卽毛傳所稱仲梁子"라 함.

【樂正氏】梁啓楚는 “曾子弟子有樂正子春, 此文樂正氏, 疑卽傳曾子學者. 孟子
　　弟子亦有樂正子, 當屬孟氏一派也”라 함.
【公孫氏】《漢書》藝文志 儒家類에《公孫尼子》28편의 저록이 보이며 注에
　　“七十子之弟子”라 함.

077-2
삼묵三墨

세속에 얽매이지 아니하고 사물에 수식을 가하지 아니하며, 이름에 존귀함을 받고자 하지도 아니하며, 무리가 많다고 이들을 남을 해치려 들지 아니하는 자들이 있으니 이들은 바로 송형宋鈃과 윤문尹文들이 실행한 묵가墨家이다.

거친 갈의를 외투로 삼아 입고 맨발이 부르트도록 남을 위해 복역하며, 밤이나 낮도 쉬지 아니하며 스스로 고행을 지극한 것으로 여기는 자들이 있으니 이들은 바로 상리근相里勤과 오후자五侯子들이 실행한 묵가이다.

함께 경전經典을 내세워 칭하되 돌아서서는 헐뜯는 말이 달라 서로 별묵別墨이라 부르며, 이로써 흑백黑白을 달리 하는 이들이 있으니 이들은 바로 고획苦獲, 이치以齒, 등릉자鄧陵子 일파의 묵가이다.

不累於俗, 不飾於物, 不尊於名, 不忮於衆, 此宋鈃·尹文
之墨.

裘褐爲衣, 跂蹻爲服, 日夜不休, 以自苦爲極者, 相里勤·
五侯子之墨.

俱稱經而背譎不同, 相謂別墨以黑白, 此苦獲·以齒·鄧
陵子之墨.

【三墨】梁啓楚의《墨子學說》에 “墨派可分爲四: 相里勤·五侯之徒, 得力於勤
儉力行者多. 苦獲·己齒·鄧陵子之徒, 得力於論理學者多. 相夫氏一派, 不詳.
宋鉶·尹文一派, 得力於非攻寬恕者多”라 함.

【宋鉶】《韓非子》에는 ‘宋榮子’로 되어 있으며 宋銒으로 표기하기도 함.

【黑白】일부 본에는 ‘堅白’으로 되어 있음.

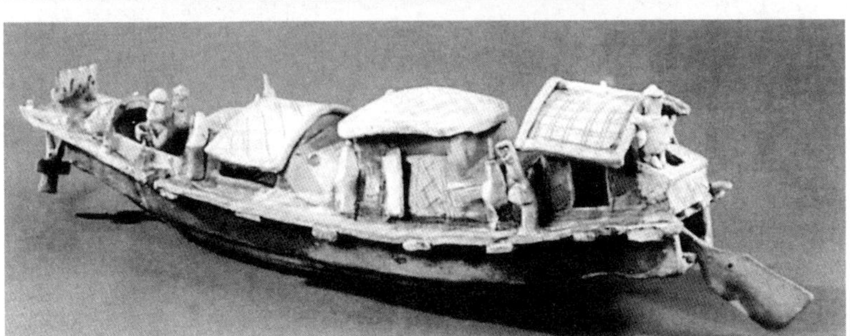

〈陶船〉 1954 廣東 廣州 東郊 東漢墓 출토

부기附記

도연명 작품으로 잘못 전해진 시 3수

※ 〈種苗在東皐〉(〈歸園田居〉 012-6)는 잘못 편집되어 도연명의 시인 것으로 되어 있으며 蘇東坡도 잘못 알고 그에 대한 和詩를 지을 정도였다. 그 외에 〈問來使〉(曾本과 李本에 〈歸園田居〉 제 6수 뒤에 실었음)와 〈四時〉의 시도 도연명의 작품으로 와전되어 왔다. 즉 〈종묘재동고〉는 江淹 雜體詩 30수 중의 末篇 〈效陶徵君田居〉로서 《文選》(31)에 실려 있다. 그리고 〈사시〉와 〈문래사〉는 宋代에 이르러 《古文眞寶》(卷一 五言古風短篇)에 도연명 작으로 실리면서 한국에서는 특히 와전되어 온 지가 오래이다. 그러나 〈사시〉는 晉나라 때 유명한 화가인 고개지(顧愷之: 346~407. 자는 長康)의 〈神情詩〉이며 〈문래사〉는 위탁으로 보인다. 이에 따라 《고문진보》에도 〈문래사〉의 주에 "此非淵明詩". "天目, 山名, 在今杭州, 淵明未嘗到"라 하는 등, 간단히 주를 달고 있다. 그러면서도 도리어 시 말미에는 "陶淵明, 心在歸隱, 因來使而問南山之菊·山中之酒』라 하였다.

이에 간단히 이들 시를 풀이하기로 한다.

1. 〈종묘재동고種苗在東皐〉　江淹(文通)

모종을 동쪽 언덕에 심었더니,
싹들이 온 밭두둑을 메웠네.
비록 호미 메고 하는 일 권태로우나
탁주 한 잔으로 스스로 힘을 더네.
날 저물어 수건과 땔감을 수레에 실으니
길 어두워 빛은 이미 석양이 기울었네.

돌아오는 사람 멀리 저녁연기 바라보고,
기다리는 어린 아이 처마 틈에서 기다리네.
그대에게 묻노니 어찌 그렇게 사는가?
백년 한 평생을 이렇게 일거리를 만났소.
다만 원하노니 뽕나무 삼대가 잘 성장하여
누에치는 달에 실이나 많이 나기를.
본디 소원이 꼭 이와 같으니,
오솔길 열어 세 가지 이익을 바라고 있다오.

種苗在東皐, 苗生滿阡陌.

雖有荷鋤倦, 濁酒聊自適.

日暮巾柴車, 路暗光已夕;

歸人望煙火, 稚子候簷隙.

問君亦何爲? 百年會有役.

但願桑麻成, 蠶月得紡織.

素心正如此, 開徑望三益.

참고 및 관련 자료

1. 韓子蒼은 "田園六首, 末篇乃序行役, 與前五首不類. 今俗本乃取江淹『種苗在東皐』爲末篇. 東坡亦因其誤和之. 陳述古本止有五首. 予以爲皆非也, 當如張相國本題爲雜詠六首. 江淹雜擬詩, 亦頗似之, 但『開徑望三益』. 此一句不類"라 함.

2. 陶注에는 "文通(江淹)此詩載在文選, 其不當入陶集甚明. 惟子蒼以田園六首, 末篇乃序行役, 不知所指何篇? 張相國本, 今亦未見, 識以俟考"라 함.

3. 鄭文焯은 "此文通擬作, 當據文選正是, 不當以此附會子蒼六首之末. 觀文通 〈擬上人怨別〉, 今後仿效淵明田園, 昔賢效體之作, 蓋有當時聞其風而慕之者, 況先佚邪! 是篇惟得澹遠之致, 骨氣不高, 志趣使然"이라 함.

2. 〈문래사問來使〉

  "그대 산 속에서 오면서,
   아침 일찍 천목산을 출발하였겠지.
   우리 집 창문 아래
   지금 국화 몇 떨기나 피었던가요?"
  "장미는 잎이 이미 떨어져 나갔으며,
   가을 난초는 향기가 지금 한창입디다.
   다시 산 속으로 되돌아가신다면,
   산 속에는 응당 술이 잘 익었을 거요."

  爾從山中來, 早晚發天目;
  我屋南窗下, 今生幾叢菊?
  薔薇葉已抽, 秋蘭氣當馥;
  歸去來山中, 山中酒應熟.

  ◯ 참고 및 관련 자료 ◯

1. 蔡條《詩話》에 "陶集屢經諸儒手校, 然有〈問來使〉一篇, 使蓋未見, 獨南
唐與晁文元家二本有之. 李太白〈潯陽感秋詩〉『陶令歸去來, 田家酒應熟.』其取
諸此云"이라 함.
2. 洪邁《容齋詩話》에 "陶淵明〈問來使〉詩云:『爾從山中來, 早晚發天目; 我屋
南窗下, 今生幾叢菊? 薔薇葉已抽, 秋蘭氣當馥; 歸去來山中, 山中酒應熟.』
詩集中皆不載, 惟晁文元家本有之. 蓋天目疑非陶居處, 與李白云『陶令歸去來,
田家酒應熟.』乃用此爾"라 함.

3. 〈사시四時〉 顧愷之(長康)

　봄물은 사방 연못에 가득하고,
　여름 구름은 기이한 봉우리 모습도 많도다.
　가을 달은 그 밝은 빛이 휘영청하고.
　겨울 고갯마루에 빼어난 외로운 소나무 한 그루.

　春水滿四澤, 夏雲多奇峰;
　秋月揚明輝, 冬嶺秀孤松.

[참고 및 관련 자료]

1. 許顗《詩話》에 "此顧長康詩, 誤編入陶彭澤集中"이라 함.
2. 湯注에 "此顧愷之〈神情詩〉,《類文》有全篇. 然顧詩首尾不類, 獨此警絶"
이라 함.
3. 劉斯之는 "當是凱之用此足成全篇, 篇中惟此警策, 居然可知. 或雖顧作,
淵明摘出四句, 可謂善擇"이라 함.
4. 단 溫汝能만은 "酷似陶體, 非靖節無此超警之作. 陳評謂其辭春夏而居秋冬,
當求之比體. 則斷爲陶作, 而非顧作, 似無疑義. 置之靖節集中, 誰曰不宜?"라
하였으나 증거가 없어 이 설은 인정을 받지 못함.

부록I.
도연명 관련 서발 전기 등

1. 〈陶淵明傳彙訂〉 ························· 陶淵明集校箋

陶淵明, 字元亮, 入宋更名潛, 尋陽柴桑人. 曾祖侃, 晉大司馬, 長沙桓公. 祖茂, 武昌太守. 淵明少有高趣, 博學, 善屬文, 穎脫不羈, 任眞自得, 鄉鄰貴之. 宅邊有五柳樹, 嘗著五柳先生傳以自況, 時人謂之寶錄. 母老, 子幼, 安貧, 起爲州祭酒; 不堪吏職, 少日, 自解歸. 州召主簿, 不就, 躬耕自資, 遂抱羸疾. 桓玄鎭江陵, 邀淵明, 尋又恥之; 會母喪, 遂歸. 復爲鎭軍, 建威參軍. 謂親朋曰:「聊欲絃歌以爲三徑之資, 可乎?」執事者聞之, 以爲彭澤令. 不以家累自隨, 送一力給其子, 書曰:「汝旦夕之費, 自資爲難, 今遣此力, 助汝薪水之勞; 此亦人子也, 可善遇之!」公由悉令吏種秫, 曰:「吾常得醉於酒足矣!」妻子固請種秔, 乃使二頃五十畝種秫, 五十畝種秔. 郡都督郵之, 吏請曰:「應束帶見之.」淵明歎曰:「我豈能爲五斗米折腰向鄉吏小兒?」會程氏妹卒, 情在駿奔, 乃自免去職, 賦歸去來辭. 時義熙元年乙巳十一月也. 義熙末, 徵著作佐郎, 不就. 時周續之入廬山事釋惠遠, 彭城劉遺民亦遁迹匡山, 與淵明稱爲「尋陽三隱」. 惠遠結白蓮社, 以書招之. 淵明曰:「若許飮, 則往!」許之, 遂造焉; 及抵寺門, 頻聞鐘聲, 攢眉而退.

既絶州郡覲謁, 其鄉親張野及周旋人羊松齡, 龐通之等或有酒要之, 或要之共至酒坐, 雖不識主人, 逆無忤也. 酣醉便反, 未嘗有所逶詣, 所之唯田舍及廬山游觀而已. 江州刺史王弘欲識之, 不能致; 弘密知其當往廬山, 每令淵明故人龐通之齎酒具於半道候之; 淵明既遇酒, 便人酌野停, 欣然忘進; 俄頃弘至, 遂歡宴終日. 淵明無履, 弘顧左右爲之造履; 左右請履度, 淵明便於坐申脚令度焉. 弘要之還州, 問其所乘? 答曰:「素有脚疾, 向乘籃輿, 亦足自反.」乃令一門生二兒共舁之州, 而言笑賞適, 不覺有羨於華軒也. 弘後欲見, 便於林澤間候之.

先是, 顔延之爲劉柳後軍功曹, 在尋陽, 與淵明情欵; 後爲始安郡, 經過, 日造飲焉. 延之臨去, 留二萬錢與淵明, 淵明悉送酒家, 稍就取酒.

嘗九月九日無酒, 出宅變菊叢中坐, 久之, 萬手把菊; 忽値王弘送酒至, 卽便就酌. 每醉, 則大適, 融然, 未嘗有慍喜之色. 無酒亦雅詠不輟. 嘗言, 「夏月虛間, 高臥北窗之下, 淸風颯至, 自謂是羲皇上人!」性不解音律, 而畜無絃琴一張, 於朋酒之會, 輒撫而和之, 以寄其意曰:「但識琴中趣, 何勞絃上聲?」貴賤造之者, 有酒輒設, 若先醉, 便語客:「我醉欲眠, 卿可去!」其眞率如此. 郡將常候之, 値其釀熟, 取頭上葛巾漉酒, 畢, 還復著之.

義熙間, 刺史檀韶苦請周續之出州, 與學士祖企, 謝景夷三人, 共在城北講禮, 加以讐校; 所在共廡, 近於馬隊, 是以淵明詩云:「周生述孔業, 祖謝響然臻; 馬隊非講肆, 校書亦已勤!」誚之也. 後刺史檀道濟往候之, 偃臥瘠餒有日矣. 道濟謂曰:「賢者處世, 天下無道則隱, 有道則至; 今子生文明之世, 奈何自苦如此?」對曰:「潛也無敢望賢, 志不及也.」道濟饋以梁肉, 麾而去之. 其孤介如此.

淵明弱年薄宦, 不潔去就之迹, 自以曾祖晉世宰輔, 恥復屈身後代; 自宋高祖王業漸隆, 不復肯仕. 所著文章, 皆題年月, 義熙以前, 則書晉氏年號, 自永初以來, 唯識甲子而已. 妻翟氏, 志趣亦同, 能安苦節. 子男五: 儼, 俟, 份, 佚, 佟. 有文集行世. 元嘉四年將復徵命, 十一月卒於柴桑縣之南里, 時年六十三, 世號「靖節先生」.

夫自衒自媒者, 士女之醜行; 不忮不求子, 明達之用心. 是以聖人韜光, 賢以遁世, 其故何也? 含德之至, 幕蹤於道; 親己之切, 無重於身. 故道存而身安, 道亡而身害. 處百齡之內, 居一世之中, 條忽比之白駒, 寄遇謂之逆旅, 宜乎與大塊而盈虛, 隨中和而任放, 豈能戚戚勞於憂畏, 汲汲役於人間!

齊謳趙女之娛, 八珍九鼎之食, 結駟連騎之榮, 佩袟執圭之貴, 樂其樂矣, 憂亦隨之. 何倚伏之難量, 亦慶弔之相及! 智者賢人居之, 甚履薄氷, 愚夫貪士競之, 若洩尾閭. 玉之在山, 以見珍而終破; 蘭之生谷, 雖無人而自芳. 故莊周垂釣於濠, 伯成躬耕於野. 或伙海東之藥草, 或紡江南之落毛. 譬彼駕雛, 豈競鳶鴟之肉; 猶斯雜縣, 寧勞文仲之牲?

至于子常, 甯喜之倫, 蘇秦, 衛鞅之匹, 死之而不疑, 甘之而不悔. 主父言偃:「生不五鼎食, 死則五鼎烹.」卒如其言, 豈不通哉! 又楚子觀周, 受折於孫滿; 霍侯驂乘, 禍起於負芒. 饕餮之徒, 其流甚衆.

唐堯四海之主, 而有汾陽之心; 子晉天下之儲, 而有落濱之志. 輕之若脫屣, 視之若鴻毛, 而況於他人乎? 是以至人達士, 因以晦迹. 或懷璽而謁帝, 或披褐而負薪, 鼓枻清澤, 棄機漢曲, 情不在於衆事, 寄衆事以忘情者也. 有疑陶淵明詩篇篇有酒, 吾觀寄意不在酒, 亦寄酒爲迹者也.

其文章不群, 辭彩精拔, 跌宕昭彰, 獨招衆類; 折揚爽朗, 莫地與京. 橫素波而傍流, 干青雲而直上. 語詩事則指而可想, 論懷抱則曠而且眞. 加以貞志不休, 安道苦節, 不以躬耕爲恥, 不以無財爲病, 自非大賢篤志, 與道汗隆, 孰能與此乎?

余愛嗜其文, 不能釋手; 尙想其德, 恨不同時. 故加搜校, 粗爲區目. 白璧微瑕, 惟在〈閑情〉一賦. 揚雄所謂勸百而諷一者, 卒無諷諫, 何足搖其筆端! 惜哉, 亡是可也! 并粗點定其傳, 編之于錄.

　嘗謂有能觀淵明之文者, 馳競之情遣, 鄙吝之義袪, 貪夫可以廉, 懦夫可以立, 豈止仁義可蹈, 抑乃爵祿可辭, 不必傍游泰華, 遠求柱史, 此亦有助於風敎也.

陶淵明, 字元亮. 或云潛, 字淵明. 潯陽柴桑人也. 曾祖侃, 晉大司馬.
淵明少有高趣, 博學, 善屬文, 穎脫不群, 任眞自得. 嘗著〈五柳先生傳〉
以自況, 曰:「先生不知何許人也, 亦不詳姓字, 宅邊有五柳樹, 因以爲號焉.
閑靜少言, 不慕榮利. 好讀書, 不求甚解, 每有會意, 欣然忘食. 性嗜酒,
而家貧不能恒得. 親舊知其如此, 或置酒招之. 造飮輒盡, 期在必醉. 旣醉
而退, 曾不恪情去留. 環堵蕭斫, 不蔽風日. 短褐穿結, 簞瓢屢空, 晏如也.
嘗著文章自娛, 頗示己志. 忘懷得失, 以此自終.」時人謂之實錄.
親老家貧, 起爲州祭酒. 不堪吏職, 少日, 自解歸. 州召主簿, 不就. 躬耕
自資, 遂抱贏疾. 江州刺史檀道濟往侯之, 偃臥瘠餒有日矣. 道濟謂曰:
「賢者處世, 天下無道則隱, 有道則至. 今子生文明之世, 奈何自苦如此?」
對曰:「潛也, 何敢望賢? 志不及也.」道濟饋以粱肉, 麾而去之. 後爲鎭
軍建威參軍, 謂親朋曰:「聊欲弦歌, 以爲三徑之資, 可乎?」執事者聞之,
以爲彭澤令. 不以家累自隨, 遂一力給其子; 書曰:「汝旦夕之費, 自給爲難,
今遣此力, 助汝薪水之勞. 此亦人子也, 可善遇之」公田悉令吏種秫, 曰:
「吾常得醉於酒, 足矣!」妻子固請種秫, 乃使二頃五十畝種秫, 五十畝種粳.
歲終, 會郡遣督郵至, 縣吏請曰:「應束帶見之.」淵明歎曰:「我豈能爲
五斗米折腰向鄕里小兒!」卽日解綬去職, 賦〈歸去來〉.
徵著作郎, 不就. 江州刺史王弘, 不能致也. 淵明嘗往廬山, 弘命淵明
故人龐通之齎酒具, 於半道栗里之間邀之. 淵明有脚疾, 使一門生二兒昇
籃輿. 旣至, 欣然便共飮酌. 俄頃, 弘至, 亦無迕也. 先是顔廷之爲劉柳
後軍功曹, 在潯陽, 與淵明情欸. 後爲始安君, 經過潯陽, 日造淵明飮焉.
每往, 必酣飮致醉. 弘欲邀延之坐, 彌日不得. 延之臨去, 留二萬錢與淵明,
淵明悉遣送酒家, 稍就取酒. 嘗九月九日出宅邊菊叢中, 坐久之, 萬手把菊,

忽値弘送酒之，卽便就酌，醉而歸．淵明不解音律，而蓄無絃琴一張，每酒適，輒撫弄，以寄其意．貴賤造之者，有酒輒設，淵明若先醉，便於客：「我醉欲眠，卿可去．」其眞率如此．郡將常侯之，値其釀熟，取頭上葛巾漉酒，漉畢，還復著之．

時周續之入廬山，事釋惠遠；彭城有遺民，亦遁迹匡山；淵明又不應徵命，謂之潯陽三隱．後刺史檀韶苦請續之出州，與學士祖企，謝景夷三人，共在城北講禮，可以讎校．近於馬隊，是故淵明示其詩，云：「周生述孔業，祖謝響然臻．馬隊非講肆，校書亦已勤．」其妻翟民，亦能安勤苦，與其同志．自以曾祖晉世宰輔，恥復屈身後代．自宋高祖王業漸隆，不復肯仕．元嘉四年，將復徵命，會卒．時年六十三．世號靖節先生．(李公煥，《箋注陶淵明集》卷十.)

4. 〈陶徵士誄〉(幷序) ··· 南朝 宋, 顔延之

夫璿玉致美, 不爲池隍之寶; 桂椒信芳, 而非園林之寶. 豈其深而好遠哉? 蓋云殊性而已. 故無足而至者, 物之籍也; 隨踵而立者, 人之薄也. 若乃巢, 高之抗行, 夷, 皓之峻節, 故已父老. 堯, 禹, 錙銖周, 漢. 而緜世浸遠, 光靈不屬, 至使菁華隱沒, 芳流歇絶, 不其惜乎! 雖今之作者, 人自爲量, 而首路同塵, 輟塗殊軌者多矣. 豈所以昭末景, 汎餘波!

有徵晉士尋陽陶淵明, 南岳之幽居者也. 弱不好弄, 長實素心. 學非稱師, 文取指達. 在衆不失其寡, 處言愈見其黙. 少而貧病, 居無僕妾. 幷臼弗任, 藜菽不給. 母老子幼, 就養勤匱. 遠惟田生致親之議, 追悟毛子捧檄之懷. 初辭州府三命, 後爲彭澤令. 道不偶物, 棄官從好. 遂乃解體世紛, 結志區外, 定迹深棲, 於是乎遠. 灌畦鬻蔬, 爲供魚菽之祭; 織絇緯蕭, 以充糧粒之費. 心好異書, 性樂酒德, 簡棄煩促, 就成省曠. 殆所謂國爵屛貴, 家人忘貧者與?

有詔徵爲著作郎, 稱疾不到. 春秋若干, 元嘉四年月日, 卒于尋陽縣之某里. 近識悲悼, 遠士傷情. 冥黙福應, 嗚呼淑貞! 夫實以誄華, 名有謚高, 苟允德義, 貴賤何筭焉? 若其寬樂令終之美, 好廉克己之操, 有合謚典, 無愆前志. 故詢諸友好, 宜謚曰靖節徵士. 其辭曰: 物尙孤生, 人固介立. 豈伊時遘, 曷云世及? 嗟乎若士! 望古遙集. 韜此洪族, 蔑彼名級. 睦親之行, 至自非敦. 然諾之信, 重於布言. 廉深簡絜, 貞夷粹溫. 和而能峻, 博而不繁. 依世尙同, 詭時則異. 有一於此, 兩非黙置. 豈若夫子, 因心違事? 畏榮好古, 薄身厚志. 世覇虛禮, 州壤追風. 人之秉彝, 不隘不恭. 爵同下士, 祿等上農. 度量難鈞, 進退可限. 子之悟之, 何悟之辯? 賦詩歸來, 高蹈獨善. 亦旣超曠, 無適非心. 晨烟暮藹, 春照秋陰. 陳書輟卷, 置酒絃琴. 居備勤儉, 躬兼貧病. 人否其憂, 子然其命. 隱約

就閑, 遷延辭聘. 非直也明, 是惟道性. 孰云與仁? 實疑明智. 謂天蓋高, 胡譽斯義? 履信曷憑? 思順何眞? 年在中身, 疢維痁疾. 視死如歸, 臨凶若吉. 藥劑非嘗, 禱祀非恤. 傃幽告終, 懷和長畢. 嗚呼哀哉! 遭壤以穿, 旋葬而窆. 嗚呼哀哉! 深心追往, 遠情逐化. 自爾介居, 及我多暇. 伊好之洽, 接閻鄰舍. 宵盤晝憩, 非舟非駕. 念昔宴私, 擧觴相誨. 獨正者危, 至方則礙. 哲人卷舒, 布在前載. 取鑒不遠, 吾規子佩. 爾實愀然, 中言而發. 違衆速尤, 迕風善蹶. 身才非實, 榮聲有歇. 叡音永矣, 誰箴余闕? 嗚呼哀哉! 仁焉而終, 智焉而斃. 黔婁旣沒, 展禽亦逝. 其在先生, 同塵往世. 旌此靖節, 加彼康惠. 嗚呼哀哉!

5. 〈蓮士高賢傳〉 ··· 佚名

　　陶潛字淵明, 晉大司馬侃之曾孫. 少懷高尚, 著〈五柳先生傳〉以自況,
時以爲實錄初爲建威參軍, 謂親朋曰:「聊欲弦歌, 爲三徑之資.」執事者
聞之, 以爲彭澤令. 郡遣郵至縣, 吏曰:「應束帶賢之.」潛嘆曰:「吾不能
爲五斗米折腰, 拳拳事鄕里小兒耶!」解印去縣, 乃賦〈歸去來〉.
　　及宋受禪, 自以晉世宰輔之后. 職復屈身异代. 居潯陽柴桑, 與周續之,
劉遺民幷不應辟命, 世號「潯陽三隱.」嘗言夏月虛閑, 高臥北窓之下,
淸風颯至, 自謂羲皇上人. 性不解音, 畜素琴一張, 弦徽不具, 每朋酒
之會, 則撫而叩之, 曰:「但識琴中趣, 何勞弦上聲」常往來廬山, 使一門
生二兒舁籃輿以行. 遠法師與諸賢及蓮杜, 以書招淵明. 淵明曰:「若許
陰則往.」許之, 遂造焉, 忽攢眉而去.」宋元嘉四年卒. 世號靖節先生.
(明程榮《漢魏總書》本)

6. 《宋書》(93) 隱逸傳 陶潛 ·············· 南朝 梁, 沈約

陶潛字淵明, 或云淵明字元亮, 潯陽柴桑人也. 曾祖侃, 晉大司馬. 潛少有高趣, 嘗著五柳先生傳以自況, 曰:

『先生不知何許人, 不詳姓字, 宅邊有五柳樹, 因以爲號焉. 閑靜少言, 不慕榮利. 好讀書, 不求甚解, 每有會意, 欣然忘食. 性嗜酒, 而家貧不能恒得. 親舊知其如此, 或置酒招之, 造飲輒盡, 其在必醉, 其醉而退, 曾不吝情去留. 還堵蕭然, 不蔽風日, 短褐穿結, 簞瓢屢空, 晏如也. 嘗著文章自娛, 頗示其志, 忘懷得失, 以此自終.

其自序如此, 時人謂之實錄.

親老家貧, 起爲州祭酒, 不堪吏職, 少日, 自解歸. 州召主薄, 不就. 躬耕自資, 遂抱贏疾, 復爲鎭軍, 建威參軍, 謂親朋曰:「聊欲弦歌, 以爲三逕之資, 可乎?」執事者聞之, 以爲彭澤令. 公田悉令吏種秫稻, 妻子固請種秔, 乃使二頃五十畝種秫, 五十畝種秔. 郡遣督郵至, 縣吏白應束帶見之, 潛嘆曰:「我不能爲五斗米切要鄉吏小人.」即日解印綬去職. 賦〈歸去來〉, 其詞曰:

『歸去來兮, 園田荒蕪, 胡不歸. 既自以心爲形役, 奚惆悵而獨悲. 悟已往之不諫, 知來者之可追. 實迷塗其未遠, 覺今是而昨非. 舟超遙以輕颺, 風飄飄而吹衣. 問征夫以前路, 恨晨光之希微.
乃瞻衡宇, 載欣載奔. 僮僕歡迎, 稚子候門. 三徑就荒, 松菊猶存. 攜幼入室, 有酒停尊. 引壺觴而自酌, 眄庭柯以怡顔. 倚南窓而奇傲, 審容膝之

易安. 園日涉而成趣, 門雖設而常關. 策扶老以流憩, 時矯首而遐觀. 雲無心以出岫, 鳥倦飛而知還. 景翳翳其將入, 撫孤松以盤桓.

　歸去來兮, 請息交而絕遊. 世與我以相遺, 服駕言兮焉求. 說親戚之情話, 樂琴書以消憂. 農人告余以上春, 將有事于西疇. 或命巾車, 或棹扁舟. 既窈窕以窮壑, 亦崎嶇而經丘. 木欣欣以向榮, 泉涓涓而始流. 善萬物之得時,感吾生之行休.

　已矣乎, 寓形宇內復幾時. 奚不委心任去留, 胡爲遑遑欲何之. 富貴非吾願, 帝鄕不可期. 懷良辰以孤往, 或植杖而耘耔. 登東皐以舒嘯, 臨清流而賦詩. 聊乘化以歸盡, 樂夫天命復奚疑.』

　義熙末, 徵著作佐郎, 不就. 江州刺史王弘欲識之, 不能致也. 潛嘗往廬山, 弘令潛故人龐通之齎酒具於半道栗里之, 潛有脚疾, 使一門生二兒舁藍輿, 既至, 欣然便公飲酌, 俄頃弘至, 亦無忤也. 先是, 顏延之爲劉柳後軍功曹, 在尋陽, 與潛情款. 後爲始安郡, 經過, 日日造潛, 每往必酣飲致醉. 臨去, 留二萬錢與潛, 潛悉送酒家, 稍就取酒. 嘗九月九日無酒, 出宅邊菊叢中坐久, 值弘送酒至, 卽便醉酌, 醉而後歸. 潛不解音聲, 而畜素琴一張, 無絃, 每有酒適, 輒撫弄以寄其意. 貴賤造之者, 有酒輒設, 潛若先醉, 便語客:「我醉欲眠, 卿可去.」其眞率如此. 郡將侯潛, 值其酒熟, 取頭上葛巾漉酒, 畢, 還服著之.

　潛弱年薄宦, 不潔去就之迹, 自以曾祖晉世宰輔, 恥復屈身後代, 自高祖王業漸隆, 不復肯仕. 所著文章, 皆題其年月, 義熙以前, 則書晉氏年號, 自永初以來唯云甲子而已. 與子書以言其志, 幷爲訓戒曰:

『天地賦命, 有往必終, 自古賢聖, 誰能獨免. 子夏言曰:「死生有命, 富貴在天.」四友之人, 親受音旨, 發斯談者, 豈非窮達不可妄求, 壽夭永無外請故邪. 吾年過五十, 而窮苦荼毒, 以家貧弊, 東西遊走. 性剛才拙, 與物多忤, 自量爲己, 必貽俗患, 俛辭世, 使汝幼而飢寒耳. 常感孺仲賢妻之言, 敗絮自擁, 何慙兒子. 此旣一事矣. 但恨隣靡二仲, 實無萊婦, 抱玆苦心, 良獨罔罔.

　少年來好書, 偶愛閑靜, 開卷有得, 便欣然忘食. 見樹木交蔭, 時鳥變聲,亦復歡爾有喜. 嘗言五六月北窗下臥, 遇凉風暫至, 自爲是羲皇上人. 意淺識陋, 日月遂往, 緬求在昔, 眇然如何.

疾患以來, 漸就衰損, 親舊不遺, 每以藥石見救, 自恐大分將有限也. 恨汝輩稚小, 家貧無役, 柴水之勞, 何時可免, 念之在心, 若何可言. 然雖不同生, 當思四海皆弟兄之義. 鮑叔, 敬仲, 分財無猜, 歸生, 伍舉, 班荊道舊, 遂能以敗爲成, 因喪立功, 他人尚爾, 況共父之人哉. 潁川韓元長, 漢末名士, 身處卿佐, 八十而終, 兄弟同居, 至于沒齒. 濟北氾稚春, 晉時操行人也, 七世同財, 家人無怨色. 詩云:「高山仰止, 景行行止.」汝其愼哉! 吾復何言.』

又爲命子詩以貽之曰:
『悠悠我祖, 爰自陶唐. 邈爲虞賓, 歷世垂光. 御龍勤夏, 豕韋翼商. 穆穆司徒, 厥族以昌. 紛紜戰國, 漠漠衰周. 鳳隱于林, 幽人在丘. 逸虬撓雲, 奔鯨駭流. 天集有漢, 眷予愍侯. 於赫愍侯, 運當攀龍. 撫劍夙邁, 顯茲武功. 參誓山河, 啓土開封. 亹亹丞相, 允迪前蹤. 渾渾長源, 蔚蔚洪柯. 羣川載導, 衆條載羅. 時有默語, 運固隆汙. 在我中晉, 業融長沙. 桓桓長沙, 伊勳伊德. 天子疇我, 專征南國. 功遂辭歸, 臨寵不惑. 執謂斯心, 而可近得. 肅矣我祖, 愼終如始. 直方二臺, 惠和千里. 於皇仁考, 淡焉虛止. 寄迹夙運, 冥茲愠喜. 嗟余寡陋, 瞻望靡及. 顧慚華鬢, 負景集立. 三千之罪, 無後其急. 我誠念哉, 呱聞爾泣. 卜云嘉日, 占爾良時. 名爾曰儼, 字爾求思. 溫恭朝夕, 念茲在茲. 尚想孔伋, 庶其企而. 厲夜生子, 遽而求火. 凡百有心, 奚待于我. 既見其生, 實欲其可. 人亦有言, 斯情無假. 日居月諸, 漸免于孩. 福不虛至, 禍亦易來. 夙興夜寐, 願爾斯才. 爾之不才, 亦已焉哉!』

潛元嘉四年卒, 時年六十三.

陶潛字淵明, 或云字深明, 名元亮. 尋陽柴桑人, 晉大司馬侃之曾孫也. 少有高趣, 宅邊有五柳樹, 故常著〈五柳先生傳〉云:

『先生不知何許人, 不詳姓字. 閑靜少言, 不慕榮利. 好讀書, 不求甚解, 每有會意, 欣然忘食. 性嗜酒, 而家貧不能恒得. 親舊知其如此, 或置酒招之, 造飲輒盡, 其在必醉. 旣醉而退, 曾不吝情去留. 環堵蕭然, 不蔽風日, 杜褐穿結, 簞瓢屢空, 晏如也. 常著文章自娛, 頗示己志, 忘懷得失, 以此自終.』

其子序如此. 蓋以自況, 時人謂之實錄.

親老家貧, 其爲州祭酒, 不堪吏職, 少日自解而歸. 州召主薄, 不就, 躬耕自資, 遂抱贏疾. 江州刺史檀道濟往候之, 偃臥瘠餒有日矣, 道濟謂曰:「夫賢者處世, 天下無道則隱, 有道則至. 今子生文明之世, 奈何自苦如此.」對曰:「潛也何敢望賢, 志不及也.」道濟饋以粱肉, 麾而去之.
後爲鎭軍, 建威參軍, 謂親朋曰:「聊欲絃歌, 以爲三徑之資, 可乎?」執事者聞之, 以爲彭澤令. 不以家累自隨, 送一力給其子, 書曰:「汝旦夕之費, 自給爲難, 今遣此力, 助汝薪水之勞. 此亦人子也, 可善遇之.」公田悉令吏種秫稻, 妻子固請種秔, 乃使二頃五十畝種秫, 五十畝種秔.
郡遣督郵至縣, 吏白應束帶見之. 潛嘆曰:「我不能爲五斗米切要鄕里小人.」卽日解印綬去職, 賦〈歸去來〉以遂其志, 曰:

『歸去來兮, 田園將蕪胡不歸? 旣自以心爲形亦兮, 奚惆悵而獨悲.

悟已往之不諫, 知來者之可追. 實迷塗其未遠, 覺今是而昨非. 舟遙遙以輕颺, 風飄飄而吹衣, 問征夫以前路, 恨晨光之熹微. 乃瞻衡宇, 載欣載奔, 僮僕歡迎, 弱子候門. 三徑就荒, 松菊猶存, 攜幼入室, 有酒盈罇. 引壺觴以自酌, 眄庭柯以怡顏, 倚南牕而寄傲, 審容膝之易安. 園日涉而成趣, 門雖設而常關. 策扶老以流憩, 時矯首而遐觀. 雲無心以出岫, 鳥倦飛而知還. 景翳翳其將入, 撫孤松而盤桓.

歸去來兮, 請息交以絶遊, 世與我相遺, 復駕言兮焉求. 悅親戚之情話, 樂琴書以消憂, 農人告余以春及, 將有事於西疇. 或命巾車, 或棹扁舟, 既窈窕以窮壑, 亦崎嶇而經丘. 木欣欣而向榮, 泉涓涓而始流, 善萬物之得時, 感吾生之行休.

已矣乎, 寓形宇內復幾時, 曷不委心任去留, 胡爲遑遑欲何之. 富貴非吾願, 帝鄉不可期. 懷良辰以孤往, 或植杖而芸耔. 登東皐以舒嘯, 臨清流而賦詩. 聊乘化以歸盡, 樂夫天命復奚疑!』

義熙末, 徵爲著作佐郎, 不就. 江州刺史王弘欲識之, 不能致也. 潛嘗往廬山, 弘令潛故人龐通之齎酒具於半道栗里要之. 潛有脚疾, 使一門生二兒舉藍輿. 及之, 欣然便共飲酌, 俄頃弘至, 亦無忤也.

先是, 顏延之爲劉柳後軍功曹, 在尋陽與潛情欵. 經過潛, 每往必酣飲致醉. 弘欲要延之一坐, 彌日不得. 延之臨去, 留二萬錢與潛, 潛悉送酒家稍就取酒. 嘗九月九日無酒, 出宅邊菊叢中坐久之. 逢弘送酒至, 卽便就酌, 醉而後歸.

潛不解音聲, 而畜素琴一張. 每有酒適, 輒撫弄以寄其意. 貴賤造之者, 有酒輒設. 潛若先醉, 便語客:「我醉欲眠卿可去.」其眞率如此. 郡將候潛, 逢其酒熟, 取頭上葛巾漉酒, 畢, 還復著之. 潛弱年薄宦, 不潔去就之迹. 自以曾祖晉宰輔, 恥復屈臣後代, 自宋武帝王業漸隆, 不復肯仕. 所著文章, 皆題其年月. 義熙以前, 明書晉氏年號, 自永初以來, 唯云甲子而已. 餘子書以言其志, 并爲訓戒曰:

『吾年過五十, 吾窮苦荼毒. 性剛才拙, 與物多忤. 自量爲己, 必貽

俗患. 僶俛辭事, 使汝幼而飢寒耳. 常感孺仲賢妻之言, 敗絮自擁, 何慚
兒子. 此其一事矣. 但恨隣靡二仲, 室無萊婦, 抱玆苦心, 良獨罔罔.
少來好書, 偶愛閑靖, 開卷有得, 便欣然忘食. 見樹木交蔭, 時鳥變聲,
亦復歡爾有喜. 嘗言五六月北窻下臥, 遇涼風暫至, 自謂是羲皇上人.
意淺識陋, 日月遂往, 疾患以來, 漸就衰損. 親舊不遺, 每有藥石見救,
自恐大分將有限也. 汝輩幼小, 家貧無役, 柴水之勞, 何時可免. 念之
在心, 若何可言. 然雖不同生, 當思四海皆兄弟之義. 鮑叔, 敬仲, 分在
無猜, 歸生, 伍擧, 班荊道舊, 遂能以敗爲成, 因喪立功. 佗人尙爾,
況共父之人哉. 潁川韓元長, 漢末名士, 身處卿佐, 八十而終, 兄弟同居,
至於沒齒. 濟北氾幼春, 晉時操行人也. 七世同財, 家人無怨絶. 詩云
「高山景行」, 汝其愼哉!』

又爲命子詩以貽之.

元嘉四年, 將復徵命, 會卒. 世號靖節先生. 其妻翟氏, 志趣亦同,
能安苦節, 夫耕於田, 妻鋤於後云.

　　陶潛字元亮, 大司馬侃之曾孫也. 祖茂, 武昌太守. 潛少懷高尚, 博學善屬文, 穎脫不羈, 任眞自得, 爲鄕鄰之所貴. 嘗著五柳先生傳以自況曰: 「先生不知何許人, 不詳姓字, 宅邊有五柳樹, 因以爲號焉. 閑靖少言, 不慕榮利. 好讀書, 不求甚解, 每有會意, 欣然忘植. 性嗜酒, 而家貧不能恒得. 親舊知其如此, 或置酒招之, 造飮必盡, 期在必醉, 旣醉而退, 曾不吝情. 環堵蕭然, 不蔽風日, 短褐穿結, 簞瓢屢空, 晏如也. 嘗著文章自娛, 頗示己志, 忘懷得失, 以此自終.」 其自序如此, 時人謂之實錄.

　　以親老家貧, 起爲州祭酒, 不堪吏職, 少日自解歸. 州召主薄, 不就, 躬耕自質, 遂抱羸疾. 後爲鎭軍, 建威參軍. 謂親朋曰: 「聊欲絃歌, 以爲三徑之資可乎?」 執事者聞之, 以爲彭澤令. 在縣公田悉令種秫穀, 曰: 「令吾常醉於酒足矣.」 妻子固請種秔, 乃使一頃五十畝種秫, 五十畝種秔. 素簡貴, 不私事上官. 郡遣督郵至縣, 吏白應束帶見之, 潛歎曰: 「吾不能爲五斗米折腰, 拳拳事鄕里小人邪!」 義熙二年, 解印去縣, 乃賦〈歸去來〉. 其辭曰:

　　『歸去來兮, 園田荒蕪, 胡不歸. 旣自以心爲形役, 奚惆悵而獨悲. 悟已往之不諫, 知來者之可追. 實迷塗其未遠, 覺今是而昨非. 舟超遙以輕颺, 風飄飄而吹衣. 問征夫以前路, 恨晨光之希微. 乃瞻衡宇, 載欣載奔. 僮僕歡迎, 稚子候門. 三徑就荒, 松菊猶存. 攜幼入室, 有酒停尊. 引壺觴而自酌, 眄庭柯以怡顏. 倚南窗而寄傲, 審容膝之易安. 園日涉而成趣, 門雖設而常關. 策扶老以流憩, 時矯首而遐觀. 雲無心以出岫, 鳥倦飛而知還. 景翳翳其將入, 撫孤松以盤桓.

　　歸去來兮, 請息交而絶遊. 世與我以相遺, 服駕言兮焉求. 說親戚之情話, 樂琴書以消憂. 農人告余以上春, 將有事于西疇. 或命巾車, 或棹扁舟.

既窈窕以窮壑, 亦崎嶇而經丘. 木欣欣以向榮, 泉涓涓而始流. 善萬物之得時, 感吾生之行休.

已矣乎! 寓形宇內復幾時. 奚不委心任去留, 胡爲遑遑欲何之. 富貴非吾願, 帝鄉不可期. 懷良辰以孤往, 或植杖而耘耔. 登東皋以舒嘯, 臨淸流而賦詩. 聊乘化以歸盡, 樂夫天命復奚疑!』

頃之, 徵著作郞, 不就. 旣絶州郡覲謁, 其鄕親張野及周旋人羊松齡, 寵遵等或有酒要之, 或要之共至酒坐, 雖不識主人, 亦欣然無忤, 酣醉便反. 未嘗有所造詣, 所之唯至田舍及廬山游觀而已.

刺史王弘以元熙中臨州, 甚欽遲之, 後自造焉. 潛稱疾不見. 旣而語人云: 「我性不狎世, 因疾逐閑, 幸非潔志慕聲, 豈敢以王公紆軫爲榮邪! 夫謬以不賢, 此劉公幹所以招謗君子, 其罪不細也.」 弘每令人候之, 密知當往廬山, 乃遣其故人龐通之等齎酒, 先於半道要之. 潛其遇酒, 便人酌野亭, 欣然忘進. 弘乃出與相見, 逐歡宴窮日. 潛無履, 弘顧左右爲之造履. 左右請履度, 潛便於坐中脚令度焉. 弘要之還州, 問其所乘, 答云: 「素有脚疾, 向乘藍輿, 亦足自反.」 及令一門生二兒共舉之至州, 而言笑賞適, 不覺其有羨於華軒也. 弘後欲見, 輒於林澤間候之. 誌於酒米乏絶, 亦時相贍.

其親朋好事, 或載酒肴而往, 潛亦無所辭焉. 每一醉, 則大適融然. 又不營生業, 家無悉委之兒僕. 未嘗有喜慍之色, 惟遇酒則飮, 時或無酒, 亦雅詠不輟. 嘗言夏月虛閑, 高臥北窓之下, 淸風颯至, 自謂羲皇上人. 聲不解音, 而畜素琴一張, 絃徽不具, 每朋酒之會, 則撫而和之, 曰: 「但識琴中趣, 何勞絃上聲!」 以宋元嘉中卒, 時年六十三, 所有文集並行於世.

9. 《詩品》 陶淵明 .... 南朝 梁, 鍾嶸

『宋徵士陶潛詩』

　宋徵士陶潛詩, 其源出於應璩, 又協左思風力. 文體省淨, 殆無長語. 篤意眞古, 辭興婉愜. 每觀其文, 想其人德, 世歎其質直. 至如「歡言酌春酒」,「日暮天無雲」, 風華淸靡, 豈直爲田家語耶? 古今隱逸詩人之宗也.

　　古今之論淵明者多矣, 皆欲以其所知, 以明人之所不知, 以其深解, 而求勝於前人之解, 此豈淵明之意耶? 淵明喜讀書, 不求甚解. 夫惟泛覽, 故無往而不樂, 流觀則何幽而不燭, 欲辯已忘言, 故謝周續之之講禮, 躬耕而羸臥, 故絶檀道濟之請仕. 樂無絃之琴, 則聊爲絃歌, 而不必其琴之有絃也; 辭而無詮次, 則斂襟閒謠, 非果有意於詩, 而必求其工也. 荀子曰: 善爲詩者不說, 善爲易者不占, 善爲禮者不相, 其心同也. 此可以逆淵明之志矣. 道喪千載, 緬焉深情, 其蕭機玄尙, 深有契於考槃北門之作, 雖處玄風披靡之際, 而絲毫不染於時習, 於其卻慧遠之招, 可以知之. 不以貧賤而戚戚於心, 夏月北窗之下, 如羲皇上人, 此孔顏樂處, 又庶幾近之, 故趙宋以來, 淵明之人德, 彌爲理學諸儒所輆發, 樂稱道之而不間, 豈非闇然而日章, 久而其道彌著耶? 蓋眞隱不必於山林, 抱道不離於方寸, 大音莫貴乎希聲, 至味者出乎玄酒, 亭林賞其眞, 余則愛其淳. 顧世之詁陶者, 滯於事義, 往往未盡識淵明之趣, 讀其書而不知其人可乎! 嗚呼! 何其難也! 楊君東波潛心陶集有年, 於其年世交遊旣一一爲之疏理, 復通釋全集, 平亭衆說, 究其旨歸, 要而不蕪, 簡而不鑿, 津津乎有以會淵明之趣, 義風未隔, 淵明素襟, 或可於此旦暮求之, 陶注以來, 斯爲極摯. 余旣獲先睹爲快, 於其刊行也, 謹拈淵明讀書不求甚解之義, 坿爲天下讀陶者告. 世之過求深解者, 涉君此書, 其亦可以知返乎.

　　一九七一年元日, 饒宗頤序.

11.《陶淵明集校箋》(楊勇) 柳序 …………………………………… 柳存仁

　　永嘉楊東波先生，客歲旣以其所著世說新語校箋付之梓人，復欲刻其所校箋陶靖節詩文集．比殘臘，遠道以原稿裒然巨帙見郵，屬爲進一言．鰠生久疏文業，治餖飣之學，懼於東波之書無所發明，亦無以敷靖節氣和天澄之美，媿未遑也；而東波復固言之，不可以不文辭．撫拾雜言以應之，慮不足以當東波之雅懷也．

　　陸放翁喜小兒輩到行在詩云：阿綱學書蚓滿幅，阿繪學語鶯囀木．讀者知其用陶集責子詩意矣，而不知放翁慈祥愷悌之情，亦多自陶出．責子言雍端年十三，不識六與七．馬永卿嬾眞子卷三陶潛五子異母條，以雍端二子皆十三，遂以爲靖節必有姬侍；藉其言非是，不必論矣，其言果是，亦不能識其大，不若放翁南門散策詩所云：吾亦愛吾兒之句，爲得陶之神髓也．我之子吾固欲其可矣，推此心言之，他人之子猶我子，是以陶公雖有與子儼等疏，穉小家貧，每役柴水之勞，何時可免之言；復有如昭明太子撰傳中所言：爲彭澤令時送一力與其子，而屬其子善遇之之語．語極平易，而至難能．然若無彼悲憫之懷，詩與情·事與理仍不能相應，意誠而辭達，陶公之高恉，倘在斯邪．復嘗論之，集中與殷晉安別一首，作於義熙七年，晉安之仕太尉參軍，蓋從劉裕，元亮謂語默殊勢，蓋易所言君子之道，出處之分也．然義熙十三年劉裕伐後秦，破長安，駐關中，左將軍朱齡石遣長史羊松齡往賀，陶公因有贈羊長史之篇，中所言九域甫已一，逝將理舟輿，則亦未嘗無猛志．然陶公卒爾好爵不縈，後饋不酬者，非必以長沙之業在我中晉，惟獨薄寄奴之私心自爲耳．擬古所言：枝條始欲茂，忽值山河改，直發此旨．然則隴畝得踐，則衣沾無足惜，平津不由，則棲遲不爲拙．景由情生，情從理出，腴而實淸，和而不同，陶公之所以高邈絕塵，而仍非合各家注疏不能苞薈其長者，其故蓋可以深長思矣．

　　東波此編融會衆作，體要精當，而鎔裁得宜，蓋其殫心於斯，已屢易寒暑矣．以言箋注之長，實在其要言不煩，簡而彌善．如飮酒二十首其五，悠然見南山之句，見字一作望，東波依紹熙本文字改正，數引宋人之注以說之．案能改齋漫錄卷三辨誤錄，嘗言此字無識者以爲望，不啻砥砆之與美玉，並以韋蘇州答長安丞裴說句云：採菊露未晞，擧頭見秋山作見，足徵唐人本之正，而白樂天別有時傾一尊酒，坐望東南山之句，則是唐本於此字已復混淆不辨矣爲說．吳曾之言，亦頗有所見，疑東波正當引之，而未之引者，愚知其或病其穿鑿，亦與前引嬾眞子譏陶有姬妾，及西溪叢語下讀山海經十三首用事條，此箋不用也同，其揆一也．惟細讀玆編者，知作者善刀而藏，用心之苦．非博大之難，博而不繁，大而得要之爲難也．自序所言搜羅凡二百萬言，而簡編存纔十之二三者，蓋紀實也．

　　東波世說之箋旣行世，世多美之．玆編所揭，勝義又復有逾於前編者．喤引之言，實不足以盡作者功力之勤與選擇之善也．

　　民國庚戌(1970)十二月，南海流存仁謹序於坎培拉(캔버라)．

陶公平生, 蓋未嘗忘情於後世知己, 故每臨文賦詩, 遣意命字, 不草率
爲之. 今觀其詩文, 鍼縷縝密, 開闔動宕, 文從字順, 各適其職, 不能輕
易改動. 又詳審陶集諸本字句之異同, 稍覺淵明之匠心存乎其間. 讀山海
經一, 乃爲淵明閒居得意, 逸興遄飛時所作, 其第九句歡言酌春酒, 陶集
諸本, 酌字皆同. 惟鍾嶸詩品評陶引此句, 諸本酌多酌醉, 則嶸所見此詩,
酌疑本作醉. 據此推之, 淵明賦此詩, 初亦或作醉, 後知醉與讀書, 不甚
調協, 乃自改作酌. 淵明此句, 蓋本應璩詩. 北堂書鈔一四八引應璩詩,
有酌彼春酒句, 可知淵明已有後人所謂點鐵成金之本領矣. 此外如飮酒
五悠然見南山, 見一作望, 東坡以來, 多所論難, 至今不息. 今楊先生東波,
取淵明初作望後自改作見之說, 良有長者之風. 淵明有愛于周續之, 憫其
隱而復出, 寄詩示周云, 馬隊非講肆, 校書亦已勤. 淵明但能指言周之勤
於校書, 殆未及知後人勤苦於校己之詩文. 東波爲復陶集本眞, 從事考覈,
已有年所, 今裁定諸說, 時附創見, 出其定本, 誠足多也.
　古人喜用文取指達, 平淡自然等語論陶, 頗使後學直認淵明詩文, 平淺
如話, 不必究其語義. 淵明詩文, 固多常語, 然取義多方, 不宜輕心掉之.
至如依依悠悠等習用語辭, 亦須究其運用之微意. 淵明言其著文賦詩,
例以自娛二字當之, 然其磨鍊功夫, 進契乎道, 抒發情志, 得至于平淡
自然, 仍使風華淸美, 味之無極. 以技論者, 但不覺耳. 歷代注家, 卻於
陶集常語, 似有不屑深求之意. 近有王叔岷敎授, 箋證陶詩, 特於此類,
多所發明. 東波多採王說, 實不愧爲具眼者. 東波亦自有見於此, 時復
摘出而釋明之. 如形影神序營營以惜生, 東波據廣雅與楚辭王注, 釋營營
爲奔競, 惜生爲貪生, 謂此句爲貪生奔競不已, 深得淵明之意, 令人讀之,
嘆賞不已.

淵明有云, 孟公不在玆, 終以翳吾情, 蓋苦無知己之文者. 顏延之旣與淵明情款, 且在當年享有詩名, 而囿于時習, 終未知淵明詩文之深美. 迨及蕭梁, 有昭明與簡文, 位尊而知文, 並特愛淵明諸作, 大開崇陶之風. 繼之唐宋大家, 如李杜蘇朱, 率皆向往淵明, 讚仰備至, 遂使士人學子, 聞風傾倒, 競相討治陶集, 其間以尙友淵明自任, 奮筆鼓吹者, 亦接踵而出. 今平心細繹諸家評陶之文, 雖不無篤論, 然蔽於師心者亦多. 東波不以費精勞神爲苦, 遍求諸說, 衡其長短, 譬如披沙揀金, 惟擇其傳眞而有據者, 表而出之, 猶或未洽, 又兼學他說補苴之, 非至其無可奈何, 不出己說. 如東波者, 可謂學人之勤且謙者也.

至於淵明生平, 東波早有硏究, 所著年譜彙訂, 論究精覈, 繫事翔實, 爲東西學界所稱, 學陶人士, 樂于援引. 東波撰陶集校箋, 以年譜彙訂附於卷末, 其文在前, 其人在後, 於淵明頗盡知己之任矣.

一九七一年一月二十五日, 車柱環識於香港大學中文系硏究室.

　自來論陶淵明詩者, 於陶公之年壽・籍貫・出處所見各有異同, 無有定論;
因之詮釋其詩文者, 往往穿鑿坿會, 時見矛盾. 余嘗反覆究之, 乃知蔽在有
不明版本流變者, 有不審異文所自出者; 蔽患所至, 誤解滋生, 差以毫釐,
失之千里矣.

　陶淵明集, 初無定本, 有之, 蓋自北齊陽休之始也. 休之之前, 有八卷
無序本, 有六卷并序・目本, 又有昭明太子所撰八卷本三種. 六卷者, 不惟
編比淆亂, 抑亦網羅不全, 蕭本則合序・目・誄・傳, 而少五孝傳及四八目
兩篇; 然編錄有體, 次第可尋. 休之恐三本不同, 終至亡失, 乃錄昭明所闕,
并序・目等, 合爲一帙十卷. 自是以後, 世之崇陶公者, 遂以陽書爲定本矣.
北宋宋元憲私記曰:「今官私所行陶集數種: 有十卷者; 卽陽僕射所撰.
余前後所得本僅數十家, 卒不知何者爲是, 晚獲此本, 云出於江左舊書,
其次第最若倫貫者.」然則, 陽本編第, 最爲完備無可疑也.

　近世流傳陶集, 蓋有四卷本・五卷本・六卷本・八卷本・十卷本及無分卷
第者數十種, 雅俗錯別, 形色龐雜; 稍善者, 唯曾集・湯集・李公煥三家,
而門第不同, 互有前後, 皆不知所出. 何孟春曰:「世傳李公煥本, 當是宋
丞相所記江左舊書.」今觀李本數種, 皆於五孝傳後, 雜出疏・祭文四篇;
其四八目, 又分爲上下, 作第九・第十兩卷. 較之休之所謂「錄統所闕, 而益
之以五孝傳・四八目」者, 又有所不同, 殆經後人竄改. 故今欲求條理不紊
之陶集, 已不可得也. 至其章句, 尤多漶漫, 良以年代湮遠, 傳鈔翻刻,
訛誤日增; 在宋時蔡寬夫已有不勝校正之嘆! 流衍至今, 譌脫損壞, 加倍
於前, 創傷滿紙, 是非相貿; 其間又有陶公屢自改訂之異, 及其所讀書,
本卽訛誤者. 如不明審眞僞, 訂正魚魯, 則其誤解錯證, 自在意料之中矣.

　吾國文集箋註, 當以杜韓爲盛, 少陵集竟有千家, 昌黎集亦五百人, 學者

每引爲美談. 今考陶公集, 合評註二者, 其數已超過昌黎遠甚; 集衆說爲注者, 亦有二十餘家, 而以湯漢·李公煥·何孟春·吳瞻泰·邱家穗·陶注·古直·丁福保等爲有名; 陶公德業, 彌久彌著, 詩文本旨, 灼然可曉. 然亦不無缺陋者: 湯漢陳義甚深, 而表暴陶公心跡則過迂錯. 李注彙萃衆說, 取資富贍, 而蕪冗繁雜, 體要未詳. 孟春校勘精善, 義例謹嚴, 而率意改置編第, 徒滋紛擾. 吳本捃摭畧備, 疏證亦週, 然於案語, 間多支蔓. 邱箋闡述陶公思想, 多精到之論, 第謂陶公不受時代影響, 以明淸人期之, 則有偏囿之嫌. 陶澍博賅翔實, 新義粉出, 以億說坿會, 亦逾別家. 古直探賾至勤, 體悟微切, 語論年壽·出處, 則與詩旨乖左. 丁本出諸書之後, 收羅爲備, 語意淺白, 甚便初學, 然於古音註解, 失韻及蛇足處, 反增初學之礙. 綜觀諸書之槩: 論詩旨, 則處處云有寄託, 每飯不忘君國之思; 論行誼, 則往往以聖人目淵明. 於是句櫛字比, 設辭譬說, 故所剖鷩, 皆難允愜也.

陶公固窮自守, 艱貞不渝, 風期往邁, 蹈厲淳深; 其所鎔鑄, 隨興之所至, 意到自成; 天然絶俗, 棲託獨高. 觀生察物, 旣發於哀樂之情, 長吟遠慕, 乃由於大氣所鍾. 故注其詩, 但體其縱浪大化之懷, 或可得翹首遐觀之高致; 若必以人事鑿實是求, 則不免固哉高叟之論詩, 而失其旨矣. 余不敏爲此箋本, 嘗先鉤稽訂正陶公之里貫·年壽·出處以淸其體, 然後集先賢之長而去其所短以爲校箋長編; 隻字片詞, 盡加拮綴, 自歲乙未始事, 搜羅凡二百萬言. 戊申仲夏撰世說校箋竟, 乃再爲董理, 統以條貫, 發其歸趣, 次其簡編. 全書定爲十卷. 七卷以上, 曾集爲正, 八卷以下, 李本是從, 或有先後, 必義歸至當. 每一篇題, 並撮其要領, 抉其本旨, 辨其年月, 庶幾揭發端緒焉. 又一條中, 說之雷同者, 則取所先出, 義旨相似者, 則擇善是從, 或相反而相成, 或相攻而相救, 其意翔美者, 得互存而見其異同. 至於不盡不實, 詮釋隱澀者, 間亦竊坿己意而補其闕畧. 要皆前修之陳言, 而裁成則出於私見耳. 前後凡四易稿, 刪蕪去贅, 今所存者, 什之二三而已. 然猶視他家爲繁; 意者, 與其簡而晦, 無寧詳且眞也. 昔梁任公欲整理陶集而未果, 近人王瑤嘗依年代爲書, 而文體散雜, 義例勿明, 無比觀之效; 今余此作, 其亦梁王二氏之初衷也乎!

公元一九七一年一月, 楊勇序於香港中文大學新亞書院中文系.

부록Ⅱ.

　※ 陶潛(陶淵明)의 저술로 되어 있는 《搜神後記》(〈四庫全書〉 文淵閣本 子部 12, 및 〈百子全書〉 小說家異文類2, 異聞之屬. 晉 陶潛 撰) 총 10권 116절이 전하고 있다. 이는 干寶의 《搜神記》와 문장체제나 내용이 아주 흡사하다. 특히 그 가운데 陶淵明의 〈桃花源記〉(005) 문장이 들어 있어 이를 陶潛의 저술로 알려진 것이 아닌가 한다. 그러나 이는 전혀 도연명의 저술이 아니다. 도연명은 宋 元嘉 4년(427)에 생을 마쳤는데 이 《수신후기》에는 068번이 元嘉 14년(068번 문장)과 23년(110번 문장), 그리고 16년 의 일이 실려 있음으로 해서 더 이상 논란의 여지가 없다. 게다가 〈四庫全書提要〉에도 "搜神後記十卷, 舊本題晉陶潛撰, 中記桃花 源事一條全錄, 本集所載, 詩序惟增注魚人姓黃名道眞七字, 又載 干寶父婢事亦全錄. 晉書剽掇之迹顯然可見, 明沈士龍跋謂潛卒 于元嘉四年, 而此有十四十六年事, 陶集多不稱年號, 以干支代之, 而此書題永初元年, 其爲僞托, 固不待辨"라 하여, 그 속에 〈桃花 源記〉 원문이 더 자세하게 실려 있고, 干寶가 《搜神記》를 쓰게 된 동기 중의 하나였던 자신 아버지의 婢가 무덤 속에서 다시 살아난 고사에 대한 특이한 기록을 설명하면서 六朝시대 失名者의 遺書라 단정하였다.

　그러나 역자는 이것이 「陶潛 撰」으로 되어 있다는 단 하나의 이유로, 혹 연구자의 도움이 될까 하여 여기에 轉載하여 참고 자료로 삼는다.

欽定四庫全書　子部

搜神後記卷十一至

詳校官監察御史臣劉人室

侍讀臣孫球覆勘

總校官編修臣王燕緒

校對官中書臣錢世錫

謄錄監生臣楊馥孫

欽定四庫全書　　子部十二

搜神後記　　　　小說家類二　異聞之屬

提要

臣等謹案搜神後記十卷舊本題晉陶潛撰
中記桃花源事一條全錄本集所載詩序惟
增注漁人姓黃名道真七字又載干寶父婢
事亦全錄晉書剽掇之迹顯然可見明沈士
龍跋謂潛卒于元嘉四年而此有十四十六

欽定四庫全書
搜神後記
提要

年事陶集多不稱年號以干支代之而此書
題永初元年其為偽托固不待辨然其書文
詞古雅非唐以後人所能隋書經籍志著錄
已稱陶潛則贋撰嫁名其來已久又陸羽茶
經引其中晉武帝時宣城人秦精入武昌山
採茗一條與此本所載相合對演見間記引
其中有人因病能飲茗一斛二斗後吐一物
一條與此本桓宣武督將一條僅文有詳畧

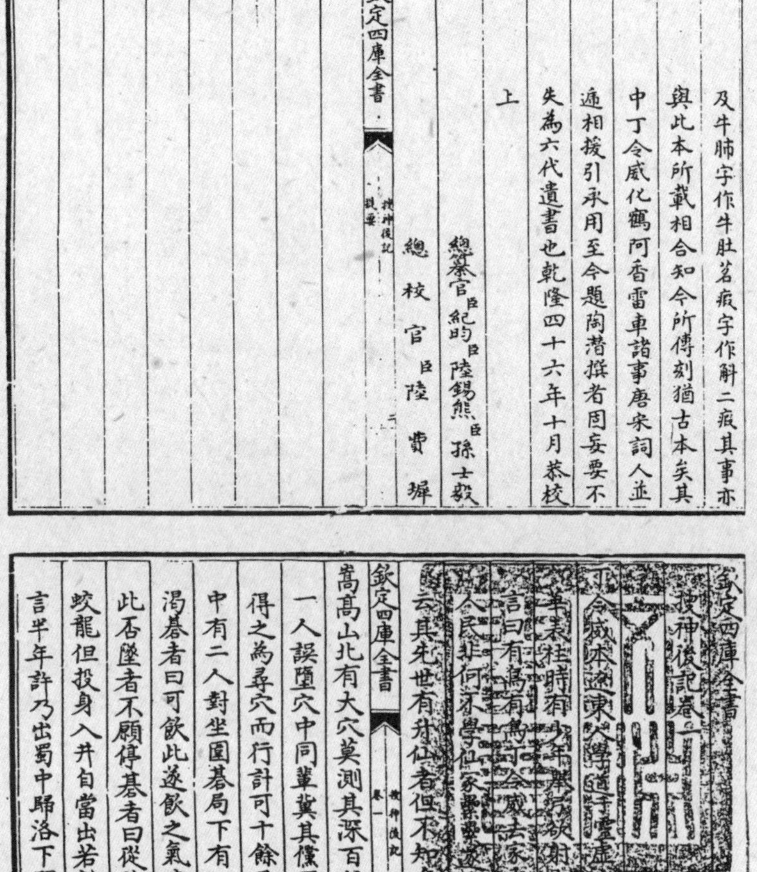

及牛肺字作牛肚茗痕字作斛二痕其事亦
與此本所載相合知今所傳刻猶古本矣其
中丁令威化鶴阿香雷車諸事唐宋詞人並
遞相援引承用至今題陶潛撰者固妄要不
失為六代遺書也乾隆四十六年十月恭校
上
　　總纂官　臣紀昀　臣陸錫熊　臣孫士毅
　　總校官　臣陸　費墀

欽定四庫全書
搜神後記

欽定四庫全書
搜神後記卷一
　　　　　晉　陶潛　撰
丁令威本遼東人學道於靈虛山後化鶴歸遼集城門
華表柱時有少年舉弓欲射之鶴乃飛徘徊空中而
言曰有鳥有鳥丁令威去家千年今始歸城郭如故
人民非何不學仙塚纍纍
高上沖天今遼東諸丁
云其先世有升仙者但不知名字耳
嵩高山北有大穴莫測其深百姓歲時遊觀晉初嘗有
一人誤墮穴中同輩冀其儻不死投食於穴中墜者
得之為尋穴而行計可十餘日忽然見明又有草屋
中有二人對坐圍碁局下有一杯白飲墜者告以飢
渴碁者曰可飲此遂飲之氣力十倍碁者曰汝欲停
此否墜者不願停碁者曰從此西行有天井其中多
蛟龍但投身入井自當出若飢取井中物食墜者如
言半年許乃出蜀中歸洛下問張華華曰此仙館大

《搜神後記》四庫全書(文淵閣) 子部(12) 小說家類(2) 異聞之屬
'陶潛'의 작으로 되어 있으나 提要에 이는 오류임을 밝히고 있다.

《搜神後記》卷一

001:

丁令威, 本遼東人, 學道于靈虛山. 後化鶴歸遼, 集城門華表柱. 時有少年, 舉弓欲射之. 鶴乃飛, 徘徊空中而言曰:「有鳥有鳥丁令威, 去家千年今始歸. 城郭如故人民非, 何不學仙塚壘壘?」遂高上冲天. 今遼東諸丁云其先世有升仙者, 但不知名字耳.

002:

嵩高山北有大穴, 莫測其深. 百姓歲時遊觀. 晉初, 嘗有一人誤墮穴中. 同輩冀其儻不死, 投食於穴中. 墜者得之, 爲尋穴而行. 計可十餘日, 忽然見明. 又有草屋, 中有二人對坐圍碁局, 下有一杯白飲. 墜者告以饑渴, 碁者曰:「可飲此.」遂飲之, 氣力十倍. 碁者曰:「汝欲停此否?」墜者不願停. 碁者曰:「從此西行, 有天井, 其中多蛟龍. 但投身入井, 自當出. 若餓, 取井中物食.」墜者如言, 半年許, 乃出蜀中. 歸洛下, 問張華, 華曰:「此仙館大夫, 所飲者玉漿也; 所食者, 龍穴石髓也.」

003:

會稽剡縣民袁相·根碩二人獵, 經深山重嶺甚多, 見一群山羊六七頭, 逐之. 經一石橋, 甚狹而峻. 羊去, 根等亦隨渡, 向絕崖. 崖正赤壁立, 名曰『赤城』. 上有水流下, 廣狹如匹布. 剡人謂之瀑布. 羊徑有山穴如門, 豁然而過. 既入, 內甚平敞, 草木皆香. 有一小屋, 二女子住其中, 年皆十五六,容色甚美, 著青衣. 一名瑩珠, 一名潔玉. 見二人至, 欣然云:「早望汝來.」
遂爲室家. 忽二女出行, 云復有得壻者, 往慶之. 曳履於絶巖上行, 瑯瑯然.
二人思歸. 潛去歸路. 二女追還已知, 乃謂曰:「自可去.」乃以一腕囊與
根等, 語曰:「愼勿開也.」於是乃歸. 後出行, 家人開視其囊, 囊如蓮花,
一重去, 一重復, 至五盖, 中有小青鳥, 飛去. 根還知此, 悵然而已. 後根
於田中耕, 家依常餉之, 見在田中不動, 就視, 但有殼如蟬蛻也.

004:

滎陽人姓何, 忘其名, 有名聞士也. 荊州辟爲別駕, 不就, 隱遁養志.
常至田舍, 人收獲在場上. 忽有一人, 長丈餘, 蕭疎單衣, 角巾, 來詣之,
翩翩擧其兩手, 並舞而來, 語何云:「君曾見韶舞不?」且舞且去. 何尋逐,
徑向一山. 山有穴, 纔容一人. 其人命入穴, 何亦隨之入. 初甚急, 前輒開曠,
便失人, 見有良田數十頃. 何遂墾作, 以爲世業. 子孫至今賴之.

005:

晉太元中, 武陵人捕魚爲業. 緣溪行, 忘路之遠近, 忽逢桃花林, 夾岸
數百步, 中無雜樹, 芳華鮮美, 落英繽紛. 漁人甚異之(漁人姓黃名道眞).
復前行, 欲窮其林. 林盡水源, 便得一山. 山有小口. 彷彿若有光. 便捨舟,
從口入. 初極狹, 纔通人. 復行數十步, 豁然開朗, 土地曠空, 屋舍儼然.
有良田美池桑竹之屬. 阡陌交通, 雞犬相聞. 男女衣著, 悉如外人. 黃髮
垂髫, 並怡然自樂. 見漁人, 大驚, 問所從來, 具答之. 便要還家, 爲設
酒殺雞作食. 村中人聞有此人, 咸來問訊. 自云先世避秦難, 率妻子邑人
至此絶境, 不復出焉. 遂與外隔. 問今是何世, 乃不知有漢, 無論魏晉.
此人一一具言所聞, 皆爲歎惋. 餘人各復延至其家, 皆出酒食. 停數日,
辭去. 此中人語云:「不足爲外人道也.」既出, 得其船, 便扶向路, 處處
誌之. 及郡, 乃詣太守說如此. 太守劉歆, 卽遣人隨之往, 尋向所誌,
不復得也.

006:

　南陽劉驎之, 字子驥, 好遊山水. 嘗採藥至衡山, 深入忘反. 見有一澗水, 水南有二石囷, 一閉一開. 水深廣, 不得渡. 欲還, 失道, 遇伐薪人, 問徑, 僅得還家. 或說囷中皆仙方靈藥及諸雜物. 驎之欲更尋索, 不復知處矣.

007:

　長沙醴陵縣有小水, 有二人乘船取樵, 見岸下土穴中水逐流出, 有新斫木片逐流下, 深山中有人跡, 異之. 乃相謂曰:「可試如水中看何由爾?」一人便以笠自障, 入穴. 穴纔容人. 行數十步, 便開明朗然, 不異世間.

008:

　平樂縣有山臨水, 巖間有兩目, 如人眼, 極大, 瞳子白黑分明, 名爲『目巖』.

009:

　始興機山東有兩巖, 相向如鴟尾. 石室數十所. 經過, 皆聞有絲竹之響.

010:

　中宿縣有貞女峽. 峽西岸水際有石, 如人影狀似女子. 是曰「貞女」. 父老相傳, 秦世有女數人, 取螺於此, 遇風雨晝昏, 而一女化爲此石.

011:

　臨城縣南四十里有蓋山, 百許步有姑舒泉. 昔有舒女, 與父析薪於此泉. 女因坐, 牽挽不動, 乃還告家. 比還, 惟見清泉湛然. 女母曰:「吾女好音樂」乃作弦歌, 泉涌洄流, 有朱鯉一雙, 今人作樂嬉戲, 泉故涌出.

《搜神後記》卷二

012:

吳舍人名猛, 字世雲, 有道術. 同縣鄒惠政迎猛, 夜於家中庭燒香. 忽有虎, 抱政兒超籬去. 猛語云:「無所苦, 須臾當還.」虎去數十步, 忽然復送兒歸. 政遂精進, 乞爲好道士. 猛性至孝, 小兒時, 在父母傍臥, 時夏日多蚊蟲, 而終不搖扇. 同宿人覺, 問其故, 答云:「懼蚊虻去, 囓我父母爾.」及父母終, 行伏墓次, 蜀賊縱暴, 焚燒邑屋, 發掘墳壟, 人民迸竄, 猛在墓側, 號慟不去. 賊爲之感愴, 遂不犯.

013:

謝允從武當山還, 在桓宣武座, 有言及左元放爲曹公致鱸魚者, 允便云:「此可得爾.」求大甕盛水, 朱書符投水中. 俄有一鯉魚鼓鬐水中.

014:

錢塘杜子恭有秘術. 嘗就人借瓜刀, 其主求之, 子恭曰:「當卽相還耳.」旣而刀主行至嘉興, 有魚躍入船中. 破魚腹, 得瓜刀.

015:

太興中, 衡陽區純作鼠市: 四方丈餘, 開四門, 門有一木人. 縱四五鼠于中, 欲出門, 木人輒以手推之.

016:

晉大司馬桓溫, 字元子. 末年, 忽有一比丘尼, 失其名, 來自遠方, 投溫爲檀越. 尼才行不恒, 慍甚敬待, 居之門內. 尼每浴, 必至移時. 溫疑而窺之. 見尼裸身揮刀, 破腹出臟, 斷截身首, 支分臠切. 溫怪駭而還. 及至尼出浴室, 身形如常. 溫以實問, 尼答曰:「若逐凌君上, 形當如之.」時溫方謀問鼎, 聞之悵然. 故以戒懼, 終守臣節. 尼後辭去, 不知所在.

017:

沛國有一士人, 姓周. 同生三子, 年將弱冠, 皆有聲無言. 忽有一客從門過, 因乞飮, 聞其兒聲, 問之曰:「此是何聲?」答曰:「是僕之子, 皆不能言.」客曰:「君可還內省過, 何以至此?」主人異其言: 知非常人. 良久, 出云:「都不憶有罪過.」客曰:「試更思幼時事.」入內, 食頃, 出語客曰:「記小兒時, 當牀上有燕巢, 中有三子, 其母從外得食哺, 三子皆出口受之. 積日如此. 試以指內巢中, 燕雛亦出口承受. 因取三薔茨, 各與食之. 旣而皆死. 母還, 不見, 悲鳴而去. 昔有此事, 今實悔之.」客聞言, 遂變爲道人之容, 曰:「君旣自知悔, 罪今除矣.」言訖, 便聞其子言語周, 亦忽不見此道人.

018:

天竺人佛圖澄, 永嘉四年來洛陽, 善誦神呪, 役使鬼神. 腹傍有孔, 常以絮塞之. 每夜讀書, 則拔絮, 孔中出光, 照於一室. 平旦, 至流水側, 從孔中引出五臟六腑洗之, 訖, 還內服中.

019:

石虎鄴中有一胡道人, 知呪術. 乘驢作估客, 於外國深山中行. 下有絶澗, 窅然無底. 忽有惡鬼, 偸牽此道人驢, 下入絶澗. 道人尋跡呪誓, 呼諸鬼王. 須臾, 卽驢物如故.

020:

曇遊道人, 清苦沙門也. 剡縣有一家事蠱, 人噉其食飲, 無不吐血死.
遊嘗詰之. 主人下食, 遊依常呪願. 一雙蜈蚣, 長尺餘, 便于盤中跳走.
遊便飽食而歸, 安然無他.

021:

張悝家有鬼怪, 言語呵叱, 投擲內外, 不見人形. 或器物自行再三發火.
巫祝厭劾而不能絶. 適值幸靈, 乃要之. 至門, 見符索甚多, 並取焚之.
惟據軒小坐而去. 其夕鬼怪卽絶.

022:

趙固常乘一匹赤馬以戰征, 甚所愛重. 常繫所住齋前, 忽腹脹, 少時死.
郭璞從北過, 因往詣之. 門吏云:「將軍好馬, 甚愛惜. 今死, 盛懊惋.」璞便
語門吏云:「可入通, 道吾能活此馬, 則必見我.」門吏聞之驚喜, 卽啓固.
固踴躍, 令門吏走往迎之. 始交寒溫, 便問:「卿能活我馬乎?」璞曰:
「我可活爾.」固忻喜, 卽問:「須臾方術?」璞云:「得卿同心健兒二三十人,
皆令持竹竿, 於此東行三十里, 當有丘陵林樹, 狀若社廟. 有此者, 便當
以竹竿攪擾打拍之. 當得一物, 便急持歸. 旣得此物, 馬便活矣.」於是左右
驍勇之士五十人使去. 果如璞言, 得大叢林, 有一物似猴而飛走. 衆勇共
逐得, 便抱持歸. 此物遙見死馬, 便跳梁欲往. 璞令放之. 此物便自走往馬
頭間, 噓吸其鼻. 良久, 馬起, 噴奮奔迅, 便不見此物. 固厚質給, 璞得過江左.

023:

王文獻曾令郭璞筮己一年吉凶, 璞曰:「當有小不吉利. 可取廣州二大甕,
盛水, 置牀張二角, 名曰『鏡好』, 以厭之. 至某時, 撤甕去水. 如此其災可消」
至日忘之. 尋失銅鏡, 不知所在. 後撤去水, 乃見所失鏡在於甕中. 甕口

數寸, 鏡大尺餘. 王公復令璞筮鏡覔之意. 璞云:「撤覔違期, 故致此妖. 邪魅所爲, 無他故也.」使燒車轄而鏡立出.

024:

中興初, 郭璞每自爲卦, 知其凶終. 嘗行經建康柵塘, 逢一趨步少年, 甚寒, 便牽住, 脫絲布袍與之. 其人辭不受, 璞曰:「但取, 後自當知.」其人受而去. 及當死, 果此人行刑, 旁人皆爲求屬, 璞曰:「我托之久矣.」此人爲之噓欷哽咽. 行刑旣畢, 此人乃說.

025:

高平郗超, 字嘉賓, 年二十餘, 得重病. 盧江杜不愆, 少就外祖郭璞學易卜, 頗有經驗. 超令試占之. 卦成, 不愆曰:「案卦言之, 卿所恙尋愈. 然宜於東北三十里上官姓家, 索其所養雄雉, 籠而絆之, 置東簷下, 却後九日景午日午時, 必當有野雌雉飛來, 與交合. 旣畢, 雙飛去. 若如此, 不出二十日, 病都除. 又是休應, 年將八十; 位極人臣. 若但雌逝雄留者, 病一周方差. 年半八十; 名位亦失.」超時正羸篤, 慮命在旦夕, 笑而答曰:「若保八十之半, 便有餘矣. 一周病差, 何足爲淹?」然未之信. 或歡依其言索雄, 果得. 至景午日, 超臥南軒之下觀之. 至日晏, 果有雌雉飛入籠, 與雄雉交而去. 雄雉不動. 超嘆息曰:「管郭之奇, 何以尙此!」超病逾年乃起. 至四十, 卒於中書郎.

《搜神後記》卷三

026:

程咸(一作程武)字咸休. 其母始懷咸, 夢老公投藥與之:「服此, 當生貴子.」
晉武帝時, 歷位至侍中, 有名於世.

027:

袁眞在豫州, 遣女妓紀陵送阿薛·阿郭·阿馬三妓與桓宣武. 既至經時,
三人半夜共出庭前月下觀望, 有銅瓮水在其側. 忽見一流星, 夜從天直墮瓮中.
驚喜共視, 忽如二寸火珠, 沉於水底, 炯然明淨, 乃相謂曰:「此吉祥也, 當誰
應之?」於是薛郭二人更以瓢杓接取, 並不得. 阿馬最後取, 星正入瓢中,
便飲之. 既而若有感焉. 俄而懷桓玄. 玄雖篡位不終, 而數年之中, 榮貴極矣.

028:

臨淮公荀序, 字休玄. 母華夫人, 憐愛過常. 年十歲, 從南臨歸, 經青
草湖, 時正帆風駛, 序出塞郭, 忽落水. 比得下帆, 已行數十里, 洪波淼漫,
母撫膺遠望, 少頃, 見一掘頭船, 漁父以楫棹船如飛, 載序還之, 云:「送府
君還.」荀後位至常伯·長沙相, 故云府君也.

029:

盧陵巴丘人文晁(一作周晁)者, 世以田作爲業, 年常田數十頃, 家漸富.

晉太元初, 秋收已過, 刈穫都畢, 明旦至田, 禾悉復滿, 湛然如初. 卽便更穫, 所穫盈倉. 於此遂爲巨富.

030:

上虞魏全, 家在縣北. 忽有一人, 著孝子服, 皂笠, 手巾撩口, 來詣全家, 語曰:「君有錢一千萬, 銅器亦如之. 大柳樹錢在其下, 取錢當得爾. 於君家大不吉. 僕尋爲君取此.」便去. 自爾出三十年, 遂不復來. 全家亦不取錢.

031:

元嘉元年, 建安郡山賊百餘人破郡治, 抄掠百姓資産子女, 遂入佛圖, 搜掠財寶. 先是, 詣供養具別封, 置一室. 賊破戶, 忽有蜜蜂數萬頭, 從衣簏出, 同時噬螫. 群賊身首腫痛, 眼皆盲合, 先諸所掠, 皆棄而走.

032:

蔡裔有勇氣, 聲若雷震. 嘗有二偸兒入室, 裔拊牀一呼, 二盜俱隕.

033:

昔有一人, 與奴同時得腹痕病, 治不能愈. 奴旣死, 乃剖腹視之, 得一白鼈, 赤眼, 甚鮮明. 乃試以諸毒藥澆灌之, 幷內藥於鼈口, 悉無無損動. 乃繫鼈於牀脚. 忽有一客來看之, 乘一白馬. 旣而馬溺濺鼈, 鼈乃惶駭, 欲疾走避溺, 因繫之不得去, 乃縮藏頭頸足焉. 病者察之, 謂其子曰:「吾病或可以救矣.」乃試取白馬溺以灌鼈上, 須臾, 便消成數升水. 病者乃頓服升餘白馬溺, 病豁然愈.

034:

太尉郗鑒, 字道徽, 鎮丹徒. 曾出獵, 時二月中, 蕨始生. 有一甲士, 折食一莖, 卽覺心中淡淡(或作潭潭), 欲吐. 因歸, 乃成心腹疼痛. 經半年許, 忽大吐, 吐出一赤蛇, 長尺餘, 尙活動搖. 乃掛著屋簷前, 汁稍稍出, 蛇漸焦小. 經一宿視之, 乃是一莖蕨. 猶昔之所食, 病遂除差.

035:

桓宣武時, 有一督將, 因時行病後虛熱, 更能飲複茗, 必一斛二斗乃飽纔減升合, 便以爲不足. 非復一日. 家貧. 後有客造之, 正遇其飲複茗, 亦先聞世有此病, 仍令更進五升, 乃大吐, 有一物出, 如升大, 有口, 形質縮縐, 狀如牛肚. 客乃令置之於盆中, 以一斛二斗複茗澆之. 此物噏之都盡, 而止覺小脹. 又加五升, 便悉混然從口中涌出. 旣吐此物, 其病遂差. 或問之: 「此何病?」答云: 「此病名斛二(二者作茗)瘕.」

036:

桓哲字明期, 居豫章時, 梅玄龍爲太守, 先已病矣, 哲往省之. 語梅云: 「吾昨夜忽夢見作卒, 迎卿來作泰山府君.」梅聞之愕然, 曰: 「吾亦夢見卿爲卒, 着喪衣, 來迎我.」經數日. 復同夢如前, 云: 「二十八日當拜」. 至二十七日晡時, 桓忽中惡腹滿, 就梅索麝香丸, 梅聞便令作凶具. 二十七日, 桓便亡. 二十八日而梅卒.

037:

平原華歆, 字子魚, 爲諸生時, 常宿人門外, 主人婦夜産. 有頃, 兩吏來詣其門, 便相向辟易, 欲退, 却相謂曰: 「公在此.」因跼躇良久. 一吏曰: 「籍當定, 奈何得住?」乃前向子魚拜, 相將入. 出, 並行共語曰: 「當與幾歲?」

一人云:「當與三歲.」天明, 子魚去. 後欲驗其事, 至三歲, 故往視兒消息, 果三歲已死. 乃自喜曰:「我固當公.」後果爲太尉.

038:

宋時有一人, 忘其姓氏, 與婦同寢, 天曉, 婦起出, 後其大尋亦出外. 婦還, 見其夫猶在被中眠. 須臾, 奴子自外來, 云:「郎求鏡.」婦以奴詐, 乃指牀上以示奴. 奴云:「適從郎間來.」於是白馳其夫. 夫大愕, 便入. 與婦共視被中人, 高枕安寢, 正是其形, 了無一異. 慮是其神魂, 不敢驚動. 乃共以手徐徐撫牀, 遂冉冉入席而滅. 夫婦心怖不已. 少時, 夫忽得疾, 性理乖錯, 終身不愈.

039:

董壽之被誅, 其家尙未知. 妻夜坐, 忽見壽之居其側, 嘆息不已. 妻問:「夜間何得而歸?」壽之都不應答. 有頃, 出門繞雞籠而行, 籠中雞驚叫. 妻疑有異, 持火出戶視之, 見血數升, 而壽之失所在. 遂以告姑, 因與大小號哭, 知有變, 及晨, 果得凶問.

040:

宋時有諸生遠學, 其父母燃火夜作, 兒忽至前, 嘆息曰:「今我但魂爾, 非復生人.」父母問之, 兒曰:「此月初病, 以今日某時亡. 今在瑯邪任子成家, 明日當殮, 來迎父母.」父母曰:「去此千里, 雖復顚倒, 那得及汝?」兒曰:「外有車乘, 但乘之, 自得至矣.」父母從之上車, 若睡, 比雞鳴, 已至所在. 視其駕乘, 但柴車木馬. 遂與主人相見, 臨兒悲哀. 問其疾消息, 如言.

041:

晉時, 東平馮孝將爲廣州太守. 兒名馬子, 年二十餘, 獨臥廐中, 夜夢見
一女子, 年十八九, 言:「我是前太守北海徐玄方女, 不幸早亡. 亡來今已
四年, 爲鬼所枉殺. 案生錄, 當八十餘, 聽我更生, 要當有依馬子乃得生活,
又應爲君妻. 能從所委, 見救活不?」馬子答曰:「可爾.」乃與馬子剋期當出.
至期日, 牀前地頭髮正與地平, 令人掃去, 則愈分明, 始悟是所夢見者.
遂屏除左右人, 便漸漸額出, 次頭面出, 又次肩項形體頓出. 馬子便令坐
對榻上, 陳說語言, 奇妙非常. 遂與馬子寢息. 每誡云:「我尙虛爾.」即問:
「何時得出?」答曰:「出當得本命生日, 尙未至.」遂往廐中, 言語聲音, 人皆
聞之. 女計生日至, 乃具教馬子出己養之方法, 語畢辭去. 馬子從其言, 至日,
以丹雄雞一隻, 黍飯一盤, 淸酒一升, 醊其喪前, 去廐十餘步, 祭訖, 掘棺出,
開視, 女身體貌全如故. 徐徐抱出, 著氈帳中, 唯心下微煖, 口有氣息. 令婢
四人守養護之. 常以靑羊乳汁瀝其兩眼, 漸漸能開, 口能咽粥, 旣而能語,
二百日中, 持杖起行, 一期之後, 顏色肌膚氣力悉復如常, 乃遣報徐氏, 上下
盡來. 選吉日下禮, 聘爲夫婦. 生二兒一女: 長男字元慶, 永嘉初爲祕書
郎中; 小男字敬度, 作太傅掾; 女適濟南劉子彥, 徵士延世之孫云.

042:

干寶字令升, 其先新蔡人. 父瑩, 有嬖妾. 母至妬, 寶父葬時, 因生推婢
著藏中. 寶兄弟年小, 不之審也. 經十年而母喪, 開墓, 見其妾伏棺上,
衣服如生. 就視猶煖, 漸漸有氣息. 輿還家, 終日而蘇. 云寶父常致飮食,

與之寢接, 恩情如生. 家中吉凶, 輒語之, 校之悉驗. 平復數年後方卒.
寶兄嘗病氣絶, 積日不冷. 後遂寤, 云見天地間鬼神事, 如夢覺, 不自知死.

043:

晉太元中, 北地人陳良與沛國劉舒友善, 又與同郡李焉共爲商賈. 後大
得利, 焉殺良取物. 死十許日, 良忽蘇活, 得歸家, 說死時, 見友人劉舒,
舒久已亡, 謂良曰:「去年春社日祠祀, 家中鬪爭, 吾實忿之, 作一兒於
庭前, 卿歸, 豈能爲我說此耶?」良故往報舒家, 其怪亦絶. 乃詣官疏
李焉而伏罪.

044:

襄陽李除, 中時氣死. 其婦守尸. 至於三更, 崛然起坐, 搏婦臂上金釧
甚遽. 婦因助脫, 旣手執之, 還死. 婦伺察之, 至曉, 心中更煖, 漸漸得蘇.
旣活, 云:「爲吏將去, 比伴甚多, 見有行貨得免者, 乃許吏金釧. 吏令還,
故歸取以與吏. 吏得釧, 便放令還. 見吏取釧去.」後數日, 不知猶在婦衣內.
婦不敢復著, 依事咒埋.

045:

鄭茂病亡, 殯殮訖, 未得葬, 忽然婦及家人夢茂云:「已未應死, 偶悶
絶爾, 可開棺出我, 燒車釭以熨頭頂.」如言乃活.

046:

晉時, 武都太守李仲文在都喪女, 年十八, 權假葬郡城北. 有張世之代
爲郡. 世之男字子長, 年二十, 侍從在廨中, 夜夢一女, 年可十七八, 顔色
不常, 自言:「前府君女, 不幸早亡. 會今當更生. 心相愛樂, 故來相就.」

如此五六夕. 忽然晝見, 衣服薰香殊絶, 遂爲夫妻, 寢息, 衣皆有汚, 如處
女焉. 後仲文遣婢視女墓, 因過世之婦相聞. 入廁中, 見此女一隻履在子
長牀下. 取之啼泣, 呼言發塚. 持履歸, 以示仲文. 仲文驚愕, 遣問世之:
「君兒何由得亡女履耶?」世之呼問, 兒具道本末. 李·張並謂可怪. 發棺視之,
女體已生肉, 姿顔如故, 右脚有履, 左脚無也. 子長夢女曰:「我比得生,
今爲所發. 自爾之後遂死, 肉爛不得生. 萬恨之心, 當復何言!」涕泣而別.

047:

魏時, 尋陽縣北山中蠻人有術, 能使人化作虎. 毛色爪牙, 悉如眞虎.
鄕人(鄕字上多餘字)周眕有一奴, 使入山伐薪. 奴有婦及妹, 亦與俱行.
旣至山, 奴語二人云:「汝且上高樹, 視我所爲.」如其言. 旣而入草, 須臾,
見一大黃斑虎從草中出, 奮迅吼喚, 甚可畏怖. 二人大駭. 良久還草中,
少時, 復還爲人, 語二人云:「歸家愼勿道.」後遂向等輩說之. 周尋復之,
乃以醇酒飲之, 令熟醉. 使人解其衣服及身體, 事事詳悉, 了無他異.
唯於髻髮中得一紙, 畫作大虎, 虎邊有符, 周密取錄之. 奴旣醒, 喚問之.
見事已露, 遂具說本末云:「先嘗於蠻中告糴, 有蠻師云有此術, 乃以三尺布,
數升米幷一赤雄雞, 一升酒, 授得此法.」

《搜神後記》卷五.

048:

晉安帝時, 侯官人謝端, 少喪父母, 無有親屬, 爲鄰人所養. 至年
十七八, 恭謹自守, 不履非法. 始出居, 未有妻, 鄰人共愍念之, 規爲娶婦,
未得. 端夜臥早起, 躬耕力作, 不舍晝夜. 後於邑下得一大螺, 如三升壺.
以爲異物, 取以歸, 貯甕中. 畜之數日. 端每早至野還, 見其戶中有飯飲湯火,
如有人爲者. 端謂鄰人爲之惠也. 數日如此, 便往謝鄰人. 鄰人曰:「吾初
不爲是, 何見謝也?」端又以鄰人不喩其意, 然數爾如此, 後更實問, 鄰人
笑曰:「卿已自取婦, 密著室中炊爨, 而言吾爲之炊耶?」端默然心疑, 不知
其故. 後以雞鳴出去, 平早潛歸, 於籬外竊窺其家中, 見一少女, 從甕中出,
至竈下燃火. 端便入門, 徑至甕所視螺, 但見女. 乃到竈下問之曰:「新婦
從何所來, 而相爲炊?」女大惶惑, 欲還甕中, 不能得去, 答曰:「我天漢中
白水素女也. 天帝哀卿少孤, 恭愼自守, 故使我權爲守舍炊烹. 十年之中,
使卿居富得婦, 自當還去. 而卿無故竊相窺掩, 吾形已見, 不宜復留, 當相
委去. 雖然, 爾後自當少差. 勤於田作, 漁採治生. 留此殼去, 以貯米穀,
常不可乏.」端請留, 終不肯. 時天忽風雨, 翕然而去. 端爲立神座, 時節
祭祀. 居常饒足, 不致大富耳. 於是鄉人以女妻之. 後仕至令長云. 今道
中素女祠是也.

049:

晉太康中, 謝家沙門竺曇遂, 年二十餘, 白晳端正, 流俗沙門, 常行經淸
溪廟前過, 因入廟中看, 暮歸, 夢一婦人來, 語云:「君當來作我廟中神,

不復入.」曇遂夢問:「婦人是誰?」婦人云:「我是清溪廟中姑.」如此一月許,
便病. 臨死, 謂同學年少曰:「我無福, 亦無大罪, 死乃當作清溪廟神. 諸君
行過, 當看之.」既死後, 諸年少道人詣其廟. 既至, 便靈語相勞問, 聲音
如昔時. 臨去云:「久不聞唄聲, 思一聞之.」其伴慧觀便爲作唄, 訖. 其神
猶唱讚. 語云:「岐路之訣, 尙有淒愴. 況此之怪, 形神分散. 窈冥之歎,
情何可言?」既而歔欷不自勝, 諸道人等皆爲涕泣.

050:

王導子悅爲中書郎, 導夢人以百萬錢買悅, 導潛爲祈禱者備矣. 尋掘地,
得錢百萬, 意甚惡之, 一一皆藏閉. 及悅疾篤, 導憂念時至, 積日不食.
忽見一人, 形狀甚偉, 被甲持刀. 問是何人, 曰:「僕, 蔣侯也. 公兒不佳,
欲爲請命, 故來爾. 公勿復憂.」導因與之食, 遂至數升, 食畢, 勃然謂導曰:
「中書命盡, 非可救也.」言訖, 不見. 悅亦隕絶.

051:

會稽鄮縣東野有女子姓吳, 字望子, 路忽見一貴人, 儼然端坐, 卽蔣侯
象也. 因擲兩橘與之. 數數形見, 遂隆情好. 望子心有所欲, 輒空中得之.
常思膾, 一雙鯉自空而至.

052:

孫恩作逆時, 吳興分亂, 一男子忽急突入蔣侯廟. 始入門, 木像彎弓射之,
卽卒. 行人及守廟者, 無不皆見.

053:

晉太元中, 樂安高衡爲魏郡太守, 戍石頭. 其孫雅之, 在厩中, 云:「有神

來降.」自稱白頭公, 拄杖光輝照屋(白頭公白玉也). 與雅之輕擧宵行, 暮至
京口來還. 後雅之父子爲桓玄所殺.

054:

永和中, 義興人姓周, 出都, 乘馬, 從兩人行. 未至村, 日暮. 道邊有新草
小屋, 一女子出門, 年可十六七, 姿容端正, 衣服鮮潔. 望見周過, 謂曰:
「日已向暮, 前村尙遠. 臨賀詎得至?」周便求寄宿. 此女爲燃火作食. 向一
更中, 聞外有小兒喚阿香聲, 女應諾. 尋云:「官喚汝推雷車.」女乃辭行, 云:
「今有事當去.」夜遂大雷雨. 向曉, 女還. 周旣上馬, 看昨所宿處, 止見
一新冢, 冢口有馬尿及餘草. 周甚驚悰. 後五年, 果作臨賀太守.

055:

豫章人劉廣(劉或作王), 年少未婚. 至田舍, 見一好, 云:「我是何參軍女,
年十四而夭, 爲西王母所養, 使與下土人交.」廣與之纏綿. 其日, 於席下得
手巾, 裹雞舌香. 其母取巾燒之. 乃是火浣.

056:

桓大司馬從南州還, 拜簡文皇帝陵, 左右覺其有異說. 登車, 謂從者曰:
「先帝向遂靈見.」旣不述帝所言, 故衆莫之知. 但見將拜時, 頻言「臣不敢」
而已. 又問左右殷涓其形貌. 有人答:「涓爲人肥短, 黑色甚醜.」桓云:
「向亦見在帝側, 形亦如此.」意惡之. 遂遇疾, 未幾而薨.

《搜神後記》卷六

057:

漢時, 會稽句章人至東野還, 暮, 不及還家. 見路旁小屋燃火, 因投宿止. 有一少女, 不欲與丈夫共宿, 呼鄰人家女自伴, 夜共彈箜篌. 問其姓名, 女不答. 彈弦而歌曰:「連綿葛上藤, 一綏(或作緌)復一絙. 欲知我姓名. 姓陳名阿登.」明至東郭外, 有賣食母在肆中, 此人寄坐, 因說昨所見. 母聞阿登, 驚曰:「此是我女, 近亡, 葬於郭外.」

058:

漢時, 諸暨縣吏吳詳者, 憚役委頓, 將投竄深山. 行至一溪, 日欲暮, 見年少女子來, 衣甚端正. 女曰:「我一身獨居, 又無鄰里, 唯有一孤嫗. 相去十餘步爾.」詳聞甚悅, 便卽隨去. 行一里餘, 卽至女家, 家甚貧陋. 爲詳設食. 至一更竟, 忽聞一嫗喚云:「張姑子.」女應曰:「諾.」詳問是誰, 答云:「向所道孤獨嫗也.」二人共寢息. 至曉雞鳴, 詳去, 二情相戀, 女以紫手巾贈詳, 詳以布手巾報之. 行至昨所應處, 過溪. 其夜大水暴溢, 深不可涉. 乃回向女家, 都不見昨處, 但有塚爾.

059:

盧江箏笛浦, 浦有大舶, 覆在水中, 云是曹公舶船. 嘗有漁人, 夜宿其旁, 以舡繫之, 但聞箏笛弦節之聲及香氣氤氳, 漁人又夢人驅遣云:「勿近官船.」此人驚覺, 卽解去. 相傳云曹公載數妓船覆於此, 今猶存焉.

060:

盧充獵，見獐便射，中之．隨逐，不覺遠．忽見一里門，如府舍．問鈴下，鈴下對曰：「崔少府府也．」進見少府，少府語充曰：「尊府君爲索小女婚，故相迎耳．」三日婚畢，以車送充，至家，母問之，具以狀對．既與崔別後，四年之三月三日，充臨水戲．遙見水邊有犢車，乃往開車戶．見崔女與三歲兒共載，情意如初．抱兒還充，又與金鋺而別．

061:

王伯陽家在京口，宅東有大塚，相傳云是魯肅墓．伯陽婦，郗鑒兄女也，喪亡，王平其塚以葬．後數年，伯陽白日在廳事，忽見一貴人，乘平肩輿，與侍從數百人，馬皆浴鐵，徑來坐，謂伯陽曰：「我是魯子敬，安塚在此二百許年．君何故毀壞吾家？」因顧左右：「何不擧手！」左右牽伯陽下牀，乃以刀環擊之數百而去．登時絶死．良久復蘇，被擊處皆發疽潰，尋便死．一說王伯陽亡，其子營墓，得一漆棺，移至南岡，夜夢肅怒云：「當殺汝父．」尋復夢見伯陽云：「魯肅與吾爭墓，若不如我不復得還．」後於靈座褥上見血數升，疑魯肅之故也．墓今在長廣橋東一里．

062:

承儉者，東莞人．病亡，葬本縣界，後十年，忽夜與其縣令夢云：「沒故民承儉，人今見劫，明府急見救．」令便勅內外裝束，作百人仗，便令馳馬往塚上．日已向出，天忽大霧，對面不相見，但聞塚中吶吶破棺聲．有二人墳上望，霧瞑不見人往．令既至，百人同聲大叫，收得塚中三人．墳上二人遂得逃走．棺未壞，令卽使人修復之．其夜，令又夢儉云：「二人雖得走，民悉誌之：一人面上有靑誌，如藿葉；一人斷其前兩齒折．明府但案此尋覓．自得也．」令從其言追捕，並擒獲．

063:

荊州刺史殷仲堪, 布衣時, 在丹徒, 忽夢見一人, 自說已是上虞人, 死亡, 浮喪飄流江中, 明日當至.「君有濟物之仁, 豈能見移? 著高燥處, 則恩及枯骨矣.」殷明日與諸人共江上看, 果見一棺, 逐水流下, 飄飄至殷坐處. 卽令人牽取, 題如所夢. 卽移著岡上, 酹以酒飯. 是夕, 又夢此人來謝恩.

064:

晉升平中, 徐州刺史索遜乘舡往晉陵. 會闇發, 廻河行數里. 有人求索寄載, 云:「我家在韓塚, 脚痛不能行, 寄君舡去.」四更守至韓塚, 此人便去. 遜遣人牽舡, 過一渡, 施力殊不便, 罵此人曰:「我數里載汝來, 徑去, 不與人牽船.」欲與痛手. 此人便還與牽, 不覺用力而得渡. 人便徑入諸塚間. 遜疑非人, 使竊尋看. 此人經塚間, 便不復見. 須臾復出, 至一塚呼曰:「載公.」有出應者. 此人云:「我向載人船來, 不與共牽, 奴便欲打我. 今當往報之. 欲暫借甘羅來.」載公曰:「壞我甘羅, 不可得.」此人云:「無所苦, 我試之耳.」遜聞此, 卽還船. 須臾, 岸上有物來, 赤如百斛籚, 長二丈許, 徑來向船, 遜便大呼:「奴載我船, 不與我牽, 不得痛手! 方便載甘羅, 今欲擊我. 今日卽打壞奴甘羅.」言訖, 忽然便失, 於是遂進.

065:

晉元熙中, 上黨馮述爲相府吏, 將假歸虎牢. 忽逢四人, 各持繩及杖, 來赴述. 述策馬避, 馬不肯進. 四人各捉馬一足, 倏然便到河上. 問述:「欲渡否?」述曰:「水深不測, 旣無舟檝, 如何得渡? 君正欲見殺耳.」四人云:「不相殺, 當持君赴官.」遂復捉馬脚涉河而北. 述但聞波浪聲, 而不覺水. 垂至岸, 四人相謂曰:「此人不淨, 那得將去?」時述有弟喪服, 深恐鬼離之, 便當溺水死, 乃鞭馬作勢, 徑得登岸. 述辭謝曰:「旣蒙恩德, 何敢復煩勞?」

066:

安豐侯王戎, 字濬仲, 瑯邪臨沂人也. 嘗赴人家殯殮, 主人治棺未竟, 送者悉入廳事上, 安豐在車中臥. 忽見空中有一異物, 如鳥, 熟視轉大, 漸近, 見一乘赤馬車, 一人在中, 著幘, 赤衣, 手持一斧. 至地下車, 徑入王車中, 迴幾容之. 謂王曰: 「君神明清照, 物無隱情. 亦有事, 故來相從. 然當爲君一言: 凡人家殯殮葬送, 苟非至親, 不可急性, 良不獲已, 可乘赤車, 令髻奴御之, 及乘白馬, 則可禳之.」 因謂戎: 「君當致位三公.」 語良久. 主人內棺當殯, 衆客悉入, 此鬼亦入. 旣入戶, 鬼便持斧行棺牆上. 有一親趨棺, 欲與亡人訣. 鬼便以斧正打其額, 卽倒地. 左右扶出. 鬼於棺上, 視戎而笑, 衆悉見鬼斧而出.

067:

李子豫, 少善醫方, 當代稱其通靈. 許永爲豫州刺史, 鎭歷陽. 其弟得病, 心腹疼痛十餘年, 殆死. 忽一夜, 聞屏風後有鬼謂腹中鬼曰: 「何不速殺之? 不然, 李子豫當從此過. 以赤丸打汝, 汝其死矣.」 腹中鬼對曰: 「吾不畏之.」 及旦, 許永遂使人候子豫, 果來. 未入門, 病者自聞中有呻吟聲. 及子豫入視, 曰: 「鬼病也.」 遂於巾箱中出八毒赤丸子與服之. 須臾, 腹中雷鳴彭轉, 大利數行, 遂差, 今八毒丸方是也.

068:

宋元嘉十四年, 廣陵盛道兒亡, 託孤女於婦弟申翼之. 服闋, 翼之以其女嫁北鄉嚴齊息, 寒門也, 豐其禮賂, 始成婚. 道兒忽空中怒曰: 「吾喘唾之氣, 擧門戶相託. 如何昧利忘義, 結婚微族?」 翼之乃大惶愧.

069:

晉淮南胡茂回, 能見鬼. 雖不喜見, 而不可止. 後行至揚州, 還歷陽.

城東有神祠中, 正值民將巫祝視之. 至須臾頃, 有群鬼相叱云:「上官來.」各迸走出祠去. 廻顧, 見二沙門來入祠中. 諸鬼兩兩三三相抱持, 在祠邊草中伺望. 望見沙門, 皆有怖懼. 須臾, 二沙門去後, 諸鬼皆還祠中. 回於是信佛, 遂精誠奉事.

070:

有一傖小兒, 放牛野中, 伴輩數人. 見一鬼依諸叢草間, 處處設網, 欲以捕人. 設網後未竟, 傖小兒竊取前網, 仍以罥捕, 卽縛得鬼.

071:

廬江杜謙爲諸暨令. 縣西山下有一鬼, 長三丈, 著赭衣袴穿褶, 在草中拍張. 又脫褶擲草上, 作〈懊惱歌〉. 百姓皆看之.

072:

會稽朱弼爲國郎中令, 營立弟舍, 未成而卒. 同郡謝子木代其事, 經弼死亡, 乃簿書多張功費, 長百餘萬, 以其贓誣弼. 而實自入. 子木夜寢, 忽聞有人道弼姓字者. 俄頃而到子木堂前, 謂之曰:「卿以枯骨腐專可得誣, 當以某日夜更典對證.」言終, 忽然不見.

073:

夏侯綜爲安西參軍, 常見鬼騎馬滿道, 與人無異. 常與人載行, 忽牽人語, 指道上有一小兒云:「此兒正須大病.」須臾, 此兒果病, 殆死. 其母聞之, 詰綜. 綜云:「無他, 此兒向於道中擲塗, 誤中一鬼脚. 鬼怒, 故病汝兒爾. 得以酒飯遺鬼, 卽差.」母如言而愈.

074:

順陽范啓, 母喪當葬. 前母墓在順陽, 往視之, 旣至而墳壟雜沓, 難可識別, 不知何所. 袁彦仁時爲豫州, 往看之, 因云:「聞有一人見鬼.」范卽如言, 令物色覓之. 比至, 云:「墓中一人衣服顏狀如此.」卽開墓, 棺物皆爛, 塚中灰壤深尺餘. 意甚疑之. 試令人以足撥灰中土, 冀得舊物, 果得一塼, 銘云「范堅之妻」, 然後信之.

075:

沙門竺法師, 會稽人也, 與北中郎王坦之周旋甚厚. 每共論死生罪福報應之事茫昧難明, 因便共要, 若有先死者, 當相報語. 後經年, 王於廟中忽見法師來, 曰:「貧道以某月日命故, 罪福皆不虛, 應若影響. 檀越惟當勤修道德, 以升躋神明耳. 先與君要, 先死者相報, 故來相語. 言訖, 忽然不見. 坦之尋亦卒.

076:

樂安劉池苟家在夏口, 忽有一鬼來住劉家. 初因闇彷佛見形如人, 著白布袴. 自爾後, 數日一來, 不復隱形, 便不去. 喜偸食, 不以爲患, 然且難之. 初不敢呵罵. 吉翼子者, 強梁不信鬼, 至劉家, 謂主人曰:「卿家鬼何在? 喚來, 今爲卿罵之.」卽聞屋梁作聲. 時大有客, 共仰視, 便紛紜擲一物下, 正着翼子面, 視之, 乃主人家婦女褻衣, 惡猶著焉. 衆共大笑爲樂. 吉大慚, 洗面而去. 有人語劉:「此鬼偸食, 乃食盡, 必有形之物, 可以毒藥中之.」劉卽於他家煮冶葛, 取二升汁, 密齎還家. 向夜, 擧家作粥糜, 食餘一甌, 因瀉葛汁著中, 置於几上, 以盆覆之. 人定後, 聞鬼從外來, 發盆啖糜. 旣訖, 便擲破甌走去. 須臾間, 在屋頭吐, 嗔怒非常, 便棒打窗戶. 劉先已防備, 與鬪. 亦不敢入. 至四更, 然後遂絕.

077:

盧陵巴丘人陳濟者, 作州吏. 其婦秦, 獨在家. 常有一丈夫, 長丈餘, 儀容端正, 著絳碧袍, 采色炫耀, 來從之. 後常相期於一山澗間. 至於寢處, 不覺有人道相感接. 如是數年. 比鄰入觀其所至輒有虹見. 秦至水側, 丈夫以金瓶引水共飲. 後遂有身, 生而如人, 多肉. 濟假還, 秦懼見之, 乃納兒著甕中. 此丈夫以金瓶與之, 令覆兒, 云: 「兒小, 末可得將去. 不須作衣, 我自衣之.」即與絳囊以裹之, 令可時出與乳. 於時風雨瞑晦, 鄰人見虹下其庭, 化爲丈夫. 復少時, 將兒去亦風雨瞑晦. 人見二虹出其家. 數年而來省母. 後秦適田, 見二虹于澗, 畏之. 須臾見丈夫, 云: 「是我, 無所畏也.」遂此乃絕.

078:

宋元嘉初, 富陽人姓王, 於窮瀆中作蟹斷. 旦往觀之, 見一材長二尺許, 在斷中. 而斷裂開, 蟹出都盡. 乃修治斷, 出材岸上. 明往視之, 材復在斷中, 斷敗如前. 王又治斷出材. 明晨視, 所見如初. 王疑此材妖異, 乃取內蟹籠中, 擎頭擔歸, 云: 「至家, 當斧斫然之」未至家二三里, 聞籠中倅倅動. 轉頭顧視, 見向材頭變成一物, 人面猴身, 一身一足. 語王曰: 「我性嗜蟹, 比日實入水破君蟹斷, 入斷食蟹. 相負已爾, 望君見恕. 開籠出我. 我是山神, 當相佑助, 幷令斷得大蟹.」王曰: 「如此暴人, 前後非一, 罪自應死.」此物種類, 專請包放. 王廻顧不應. 物曰: 「君何姓名? 我欲知之.」頻問不已, 王遂不答. 去家轉近, 物曰: 「旣不放我, 又不告姓字, 當復何計?

但應就死.」王至家, 熾火焚之. 後寂然無復聲. 土俗謂之山獢, 云知人姓名, 則能中傷人. 所以勤勤問王, 欲害人自免.

079:

劉聰僞建元元年正月, 平陽地震, 其崇明觀陷爲池, 水赤如血, 赤氣至天, 有赤龍奮迅而去. 流星起於牽牛. 入紫微, 龍形委蛇, 其光照地, 落於平陽北十里. 視之則肉, 臭聞於平陽, 長三十步, 廣二十七步. 肉旁常有哭聲, 晝夜不止. 數日, 聰后劉氏, 産一蛇一獸, 各害人而走. 尋之不得. 頃之, 見於隕肉之旁. 俄而劉氏死, 哭聲自絶.

080:

晉中興後, 譙郡周子文, 家在晉陵. 少時喜射獵, 常入山, 忽山岫間有一人, 長五六丈, 手捉弓矢, 矢鏑頭廣二尺許, 白如霜雪, 忽出聲喚曰:「阿鼠.」(子文小字) 子文不覺應曰:「諾.」此人便牽弓滿鏑向子文, 子文便失魂厭伏.

081:

晉孝武世, 宣城人秦精, 常入武昌山中採茗, 忽遇一人, 身長丈餘, 遍體皆毛, 從山北來. 精見之, 大怖. 自謂必死. 毛人徑牽其臂, 將至山曲, 入大叢茗處, 放之便去. 精因採茗. 須臾復來. 乃探懷中二十枚橘與精, 甘美異常. 精甚怪負茗而歸.

082:

會稽盛逸, 常晨興, 路未有行人, 見門外柳樹上有一人, 長二尺, 衣朱衣朱冠冕, 俯以舌舐樹葉上露. 良久, 忽見逸, 神意驚遽, 卽隱不見.

083:

宋永初三年, 謝南康家婢行, 逢一黑狗, 語婢云:「汝看我背後.」婢舉頭,
見一人長三尺, 有兩頭. 婢驚怕返走, 人狗亦隨婢後, 至家庭中, 舉家避走.
婢問狗:「汝來何爲?」狗云:「欲吃食耳.」於是婢爲設食. 並食, 食訖,
兩頭人出. 婢因謂狗曰:「人已去矣.」狗曰:「正已復來.」良久乃沒. 不知
所在. 後家人死喪殆盡.

084:

宋襄城李頤, 其父爲人不信妖邪. 有一宅, 由來凶不可居, 居者輒死.
父便買居之. 多年安吉, 子孫昌熾. 爲二千石, 當徙家之官, 臨去, 請會
內外親戚. 酒食既行, 父乃言曰:「天下竟有吉凶否? 此宅由來言凶, 自吾
居之, 多年安吉, 乃得遷官, 鬼爲何在? 自今以後, 便爲吉宅. 居者住止,
心無所嫌也.」語訖, 如廁, 須臾, 見壁中有一物. 如卷席大. 高五尺許.
正白. 便還, 取刀中之, 中斷, 化爲兩人. 復橫斫之, 又成四人. 便奪取,
反斫殺李. 持至坐上. 斫殺其子弟. 凡姓李者必死, 惟異姓無他. 頤尚幼,
在抱. 家內知變, 乳母抱出後門, 藏他家. 止其一身獲免. 頤字景眞, 位至
湘東太守.

085:

宋王仲文爲河南郡主簿, 居緱氏縣北. 得休, 因晚行澤中. 見車後有
白狗, 仲文甚愛之. 欲取之, 忽變形如人, 狀似方相, 目赤如火, 磋牙
吐舌, 甚可憎惡. 仲文大怖, 與奴共擊之, 不勝而走. 告家人, 合十餘人,
持刀捉火, 自來視之, 不知所在. 月餘, 仲文忽復見之. 與奴並走, 未到家,
伏地俱死.

086:

王機爲廣州刺史, 入厠, 忽見二人著烏衣, 與機相捍. 良久擒之, 得二物如鳥鴨. 以問鮑靚, 靚曰:「此物不祥.」機焚之. 徑飛上天. 尋誅死.

087:

晉義熙中, 烏傷革輝夫, 在婦家宿. 三更後, 有兩人把火至墙前. 疑是凶人, 往打之. 欲下杖. 悉變成蝴蝶, 繽紛飛散. 有衝輝夫腋下, 便倒地, 少時死.

088:

諸葛長民富貴後, 常一月中輒十數夜眠中驚起跳踉, 如與人相打. 毛修之嘗與同宿, 見之驚愕, 問其故, 答曰:「正見一物, 甚黑而有毛, 脚不分明, 奇健, 非我無以制之也.」後來轉數. 屋中柱及椽栿間, 悉見有蛇頭. 令人以刃懸斫, 應刃隱藏. 去輒復出. 又擣衣杵相與語, 如人聲, 不可解. 於壁見有巨手, 長七八尺, 臂大數圍. 令斫之, 忽然不見. 未幾伏誅.

089:

新野庾謹, 母病, 兄弟三人, 悉在侍疾. 白日常燃火, 忽見帳帶自卷自舒, 如此數四. 須臾間, 牀前聞狗聲異常. 舉家共視, 了不見狗, 見一死人頭

在地, 頭猶有髮, 兩眼尙動, 甚可憎惡. 其家怖懼. 乃不持出門, 卽於後
園中瘞之. 明日往視, 乃出土上, 兩眼猶爾, 卽又埋之. 後日復出, 乃以塼
頭合埋之, 遂不復出. 他日, 其母便亡.

090:

王綏字彥猷, 其家夜中梁上無故有人頭墮於牀, 而流血滂沱. 俄拜荊州
刺史, 坐父愉之謀, 與弟納並被誅.

091:

晉永嘉五年, 張(一作高)榮爲高平戍邏主. 時曹嶷賊寇離亂, 人民皆塢
壘自保固. 見山中火起, 飛埃絶焰十餘丈, 樹顚火炎, 響動山谷. 又聞人
馬鎧甲聲, 謂嶷賊上, 人皆惶恐, 並戒嚴出, 將欲擊之. 乃引騎到山下,
無有人, 但見碎火來曬人, 袍鎧馬毛鬣皆燒. 於是軍人走還. 明日往視,
山中無燃火處, 見髑髏百頭, 布散山中.

092:

新野趙貞家, 園中種葱, 未經摘拔. 忽一日, 盡縮入地. 後經歲餘, 貞之
兄弟, 相次分散.

093:

吳龕友, 字文悌, 豫章新淦人. 少時貧賤, 常好射獵. 夜照見一白鹿,
射中之. 明尋蹤, 血旣盡, 不知所在, 且已饑困, 便臥一梓樹下. 仰見射箭
著樹枝上, 視之, 乃是昨所射箭. 怪其如此. 於是還家齎粮, 率子弟, 持斧
以伐之. 樹微有血, 遂裁截爲板二枚, 牽著陂塘中. 板常沉沒, 然時復浮出.
出, 家輒有吉慶. 每欲迎賓客, 常乘此板. 忽於中流欲沒, 客大懼, 友呵之,

還復浮出. 仕宦大如願, 位至丹陽太守. 在郡經年, 板忽隨至石頭. 外司白云:「濤中板入石頭來.」友驚曰:「板來, 必有意.」卽解職歸家. 下船, 便閉戶, 二板挾兩邊, 一日卽至豫章. 爾後板出, 便反爲凶禍. 家大轗軻. 今新淦北二十里餘, 曰封溪, 有聶友截柱樹板濤𢃩柯處. 有梓樹, 今猶存. 乃聶友向日所截, 枝葉皆向下生.

《搜神後記》卷九

094:

錢塘人姓杜, 船行, 時大雪日暮, 有女子素衣來岸上. 杜曰:「何不入船?」
遂相調戲. 杜合船載之. 後成白鷺. 飛去. 杜惡之, 便病死.

095:

丹陽沈宗, 在縣治下, 以卜爲業. 義熙中, 左將軍檀侯鎮姑孰, 好獵,
以格虎爲事. 忽有一人, 著皮袴, 乘馬, 從一人, 亦著皮袴; 以紙裹十餘錢,
來詣宗卜, 云:「西去覓食好, 東去覓食好?」宗爲作卦, 卦成, 告之:
「東向吉, 西向不利.」因就宗乞飲, 內口著甌中, 狀如牛飲. 既出, 東行
百餘步, 從者及馬皆化爲虎. 自此以後, 虎暴非常.

096:

晉升平中, 有人入山射鹿, 忽墮一坎, 窅然深絶. 內有數頭熊子. 須臾,
有一大熊來, 瞪視此人. 人謂必以害己. 良久, 出藏果, 分與諸子. 末後作
一分, 置此人前. 此人饑甚, 于是冒死取啖之. 既而轉相狎習. 熊母每
旦出, 覓果食還, 輒分此人, 賴以延命. 熊子後大, 其母一一負之而出.
子既盡, 人分死坎中, 窮無出路. 熊母尋復還入, 坐人邊. 人解其意,
便抱熊足, 於是躍出. 竟得無他.

097:

淮南陳氏, 於田中種豆, 忽見二女子, 姿色甚美, 著紫纈襦, 青裙, 天雨而衣不濕. 其壁先掛一銅鏡, 鏡中見二鹿, 遂以刀斫獲之, 以爲脯.

098:

晉太元中, 丁霍王翟昭後宮養一獼猴, 在妓女房前. 前後妓女, 同時懷姙, 各產子三頭, 出便跳躍. 昭方知是猴所爲, 乃殺猴及子. 妓女同時號哭. 昭問之, 云:「初見一年少, 著黃練單衣, 白紗帢, 甚可愛, 笑語如人.」

099:

會稽句章民張然, 滯役在都, 經年不得歸. 家有少婦, 無子, 惟與一奴守舍, 婦遂與奴私通. 然在都養一狗, 甚快, 名曰「烏龍」, 常以自隨. 後假歸, 婦與奴謀, 欲得殺然. 然及婦作飯食, 共坐下食. 婦語然:「與君當大別離, 君可強笑.」然未得噉, 奴已張弓拔矢當戶, 須然食畢. 然涕泣不食, 乃以盤中肉及飯擲狗, 祝曰:「養汝數年, 吾當將死, 汝能救我否?」狗得食不噉, 唯注睛舐脣視奴. 然亦覺之. 奴催食轉急, 然決計, 拍膝大呼曰:「烏龍與手」狗應聲傷奴. 奴失刀仗倒地, 狗咋其陰, 然因取刀殺奴. 以婦付縣, 殺之.

100:

晉太和中, 廣陵人楊生, 養一狗, 甚愛憐之, 行止與俱. 後生飲酒醉, 行大澤草中眠, 不能動. 時方冬月燎原, 風勢極盛. 狗乃周章號喚, 生醉不覺. 前有一坑水, 狗便走往水中, 還, 以身灑生左右草上. 如此數次, 周旋跬步, 草皆沾濕, 火至免焚. 生醒, 方見之. 爾後生因暗行, 墮於枯井中, 狗呻吟徹曉. 有人經過, 怪此狗向井號, 往視, 見生. 生曰:「君可出我, 當有厚報.」人曰:「以此狗見與, 便當相出.」生曰:「此狗曾活我, 已死, 不得相與. 餘卽無惜.」人曰:「若爾, 便不相出.」狗因下頭目井.

生知其意, 乃語路人云:「以狗相與.」人卽出之, 繫之而去. 却後五日,
狗夜走歸.

101:

晉穆·哀之世, 領軍司馬濟陽蔡詠家狗, 夜輒群衆相吠, 往視便伏. 後日,
使人夜伺, 有一狗, 著黃衣, 白帢, 長五六尺, 衆狗共吠之. 尋迹, 定是詠家
老黃狗, 卽打殺之. 吠乃止.

102:

代郡張平者, 苻堅時爲賊帥, 自號幷州刺史. 養一狗, 名曰「飛獒」, 形若
小驢. 忽夜上廳事, 狗上行, 行聲如平常. 未經年, 果爲鮮卑所逐, 敗走,
降苻堅, 未幾便死.

103:

太叔王氏, 後娶庾氏女, 年少色美. 王年六十, 常宿外, 婦深無忻. 後忽
一夕見王還, 嬿婉兼常. 晝坐, 因共食, 奴從外來, 見之大驚. 以白王.
王遽入, 僞者亦出. 二人交會中庭, 俱著白帢, 衣服形貌如一. 眞者便
先擧杖打僞者, 僞者亦報打之. 二人各勑子弟, 令與手. 王兒乃突前痛打,
是一黃狗, 遂打殺之. 王時爲會稽府佐, 門士云:「恒見一老黃狗, 自東
而來.」其婦大恥, 病死.

104:

林慮山下有一亭, 人每過此宿者輒病死. 云嘗有十餘人, 男女雜合, 衣或
白或黃, 輒蒲博相戲. 時有郅伯夷, 宿於此亭, 明燭而坐誦經. 至中夜, 忽有
十餘人來, 與伯夷並坐蒲博. 伯夷密以鏡照之, 乃是群犬. 因執燭起,

陽誤以燭燒其衣, 作燃毛氣. 伯夷懷刀, 捉一人刺之. 初作人喚, 遂死成犬.
餘悉走去.

105:

顧霈者, 吳之豪士也. 曾送客於昇平亭. 時有一沙門在座, 是流俗道人.
主人欲殺一羊, 羊絶繩便走, 來投入此道人膝中, 穿頭向袈裟下. 道人不
能救, 卽將去殺之. 旣行炙, 主人便先割以噉道人. 道人食炙, 下喉, 覺
炙行走皮中, 毒痛不可忍, 呼醫來針之, 以數針貫其炙, 炙猶動搖. 乃破
出視之, 故是一臠肉耳. 道人於此得疾, 遂作羊鳴, 吐沫. 還寺, 少時卒.

106:

吳郡顧旃, 獵至一崗, 忽聞人語聲云:「咄咄! 今年衰.」乃與衆尋覓.
崗頂有一穽, 是古時塚, 見一老狐蹲冢中, 前有一卷簿書, 老狐對書屈指,
有所計校. 乃放犬咋殺之. 取視簿書, 盡是姦人女名. 已經姦者, 乃以朱
鉤頭. 所疏名有百數, 旃女正在簿次.

107:

襄陽習鑿齒, 字彦威, 爲荊州主簿, 從桓宣武出獵, 時大雪, 于江陵城西
見草上雪氣出. 伺觀, 見一黃物, 射之, 應箭死. 往取, 乃一老雄狐, 脚上
帶絳綾香囊.

108:

宋酒泉郡, 每太守到官, 無幾輒死. 後有渤海陳斐見授此郡, 憂恐不樂,
就卜者占其吉凶. 卜者曰:「遠諸侯, 放伯裘. 能解此, 則無憂.」斐不解此語,
答曰:「君去, 自當解之.」斐旣到官, 侍醫有張侯, 直醫有王侯, 卒有史侯·

董侯等, 斐心悟曰:「此謂諸侯.」乃遠之. 卽臥, 思放伯裘之義, 不知何謂.
至夜半後, 有物來斐被上, 斐覺, 以被冒取之, 物遂跳踉, 匐匐作聲.
外人聞, 持火入, 欲殺之. 魅乃言曰:「我實無惡意, 但欲試府君耳. 能一
相赦. 當深報君恩.」斐曰:「汝爲何物, 而忽干犯太守?」魅曰:「我本
千歲狐也. 今變爲魅, 垂化爲神, 而下觸府君威怒, 甚遭困厄. 我字伯裘,
若府君有急難, 但呼我字, 便當自解.」斐乃喜曰:「眞『放伯裘』之義也.」
卽便放之. 小開被, 忽然有光, 赤如電, 從戶出. 明夜有敲門者, 斐問
是誰, 答曰:「伯裘.」問:「來何爲?」答曰:「白事.」問曰:「何事?」答曰:
「北界有賊奴發也.」斐按發則驗. 每事先以語斐. 於是境界無毫髮之奸,
而咸曰『聖府君』. 後經月餘, 主簿李音共斐侍婢私通. 旣而懼爲伯裘所白,
遂與諸侯謀殺斐. 伺旁無人, 便與諸侯持杖直入, 欲格殺之. 斐惶怖, 卽呼
「伯裘來救我!」卽有物如伸一疋絳, 剨然作聲. 音侯伏地失魂, 乃以次縛取.
考詢皆服, 云:「斐未到官, 音已懼失權, 與諸僕謀殺斐. 會諸侯見斥,
事不成.」斐卽殺音等. 伯裘乃謝. 斐曰:「未及白音姦情, 乃爲府君所召.
雖効微力, 猶用慚惶.」後月餘, 與斐辭曰:「今後當上天去, 不得復與府君
相往來也.」遂去不見.

109:

長沙有人忘其姓名, 家住江邊. 有女子, 渚次瀚衣, 覺身中有異, 後不以爲患, 遂姙身. 生三物, 皆如鰕魚. 女以己所生, 甚憐異之. 乃著澡盤水中養之. 經三月, 此物遂大, 乃是蛟子. 各有字, 大者爲「當洪」, 次者爲「破阻」, 小者爲「撲岸」. 天暴雨水, 三蛟一時俱去, 遂失所在. 後天欲雨, 此物輒來. 女亦知其當來, 便出望之. 蛟子亦擧頭望母, 良久方去. 經年後, 女亡, 三蛟子一時俱至墓所哭之, 經日乃去. 聞其哭聲, 狀如狗嘷.

110:

安城平都縣尹氏, 居在郡東十里曰黃村, 尹佃舍在焉. 元嘉二十三年六月中, 尹兒年十三, 守舍, 見一人年可二十許, 騎白馬, 張繖, 及從者四人, 衣並黃色, 從東方而來. 至門, 呼尹兒:「來暫寄息.」因入舍中庭下, 坐牀, 一人捉繖覆之. 尹兒看其衣, 悉無縫, 馬五色斑, 似鱗甲而無毛. 有頃, 雨氣至. 此人上馬去, 廻顧尹兒曰:「明日當更來.」尹兒觀其去, 西行, 躡虛而漸升; 須臾, 雲氣四合. 白晝爲之晦暝. 明日, 大水暴出, 山谷沸涌, 丘壑渰漫. 將淹尹舍, 忽見大蛟, 長三丈餘, 盤屈庇其舍焉.

111:

武昌虬山有龍穴, 居人每見神虬飛翔出入. 歲旱禱之, 卽雨. 後人築塘其下, 曰「虬塘」.

112:

　吳興人章苟者, 五月中, 於田中耕, 以飯置菰里, 每晚取食, 飯亦已盡.
如此非一. 後伺之, 見一大蛇偸食. 苟遂以鈠斫之, 蛇便走去. 苟逐之,
至一坂, 有穴, 便入穴, 但聞啼聲云:「斫傷我某甲」或言:「何如?」或云:
「付雷公, 令霹靂殺奴.」須臾, 雲雨暝合, 霹靂覆苟上. 苟乃跳梁大罵曰:
「天使! 我貧窮, 展力耕懇! 蛇來偸食, 罪當在蛇, 反更霹靂我耶? 乃無
知雷公也! 雷公若來, 吾當以鈠斫汝腹.」須臾, 雲雨漸散, 轉霹靂向蛇穴中,
蛇死者數十.

113:

　吳末, 臨海人入山射獵, 爲舍住. 夜中, 有一人, 長一丈, 著黃衣, 白帶,
徑來謂射人曰:「我有讐, 剋明日當戰. 君可見助, 當厚相報.」射人曰:
「自可助君耳, 何用謝爲?」答曰:「明日食時, 君可出溪邊. 敵從北來,
我南往應. 白帶者我, 黃帶者彼.」射人許之. 明出, 果聞岸北有聲, 狀如
風雨, 草木四靡. 視南亦爾. 唯見二大蛇, 長十餘丈, 於溪中相遇, 便相
盤繞. 白蛇勢弱. 射人因引弩射之, 黃蛇卽死. 日將暮, 復見昨人來,
辭謝云:「住此一年獵, 明年以去, 愼勿復來, 來必爲禍.」射人曰:「善.」
遂停一年獵, 所獲甚多, 驟至巨富. 數年後, 忽憶先所獲多, 乃忘前言,
復更往獵. 見先白帶人告曰:「我語君勿復更來, 不能見用. 讐子已大,
今必報君. 非我所知.」射人聞之, 甚怖, 便欲走, 乃見三烏衣人, 皆長
八尺, 俱張口向之. 射人卽死.

114:

　元嘉中, 廣州有三人, 共入山中伐木. 忽見石窠中有二卵, 大如升,
取煮之, 湯始熱, 便聞林中如風雨聲, 須臾, 有一蛇, 大十圍, 長四五丈,
徑來, 於湯中銜卵去. 三人無幾皆死.

115:

晉太元中, 有士人嫁女於近村者, 至時, 夫家別遣人來迎, 女家好遣發, 又令女乳母送之. 旣至, 重門累閣, 擬於王侯. 廊柱下, 有燈火, 一婢子嚴粧直守. 後房帷帳甚美. 至夜, 女抱乳母涕泣, 而口不得言. 乳母密于帳中以手潛摸之, 得一蛇, 如數圍柱, 纏其女, 從足至頭, 乳母驚走出外, 柱下守燈婢子; 悉是小蛇, 燈火乃是蛇眼.

116:

晉咸康中, 豫州刺史毛寶戍邾城. 有一軍人於武昌市見人賣一白龜子, 長四五寸, 潔白可愛, 便買取持歸, 著甕中養之. 七日漸大, 近欲尺許. 其人憐之, 持至江邊, 放江水中, 視其去. 後邾城遭石季龍攻陷, 毛寶棄豫州, 赴江者莫不沉溺. 於時所養龜人, 被鎧持刀, 亦同自投. 旣入水中, 覺如墮一石上, 水裁至腰. 須臾, 游出, 中流視之, 乃是先所放白龜, 甲六七尺. 旣抵東岸, 出頭視此人, 徐游而去. 中江, 猶回首視此人而沒.

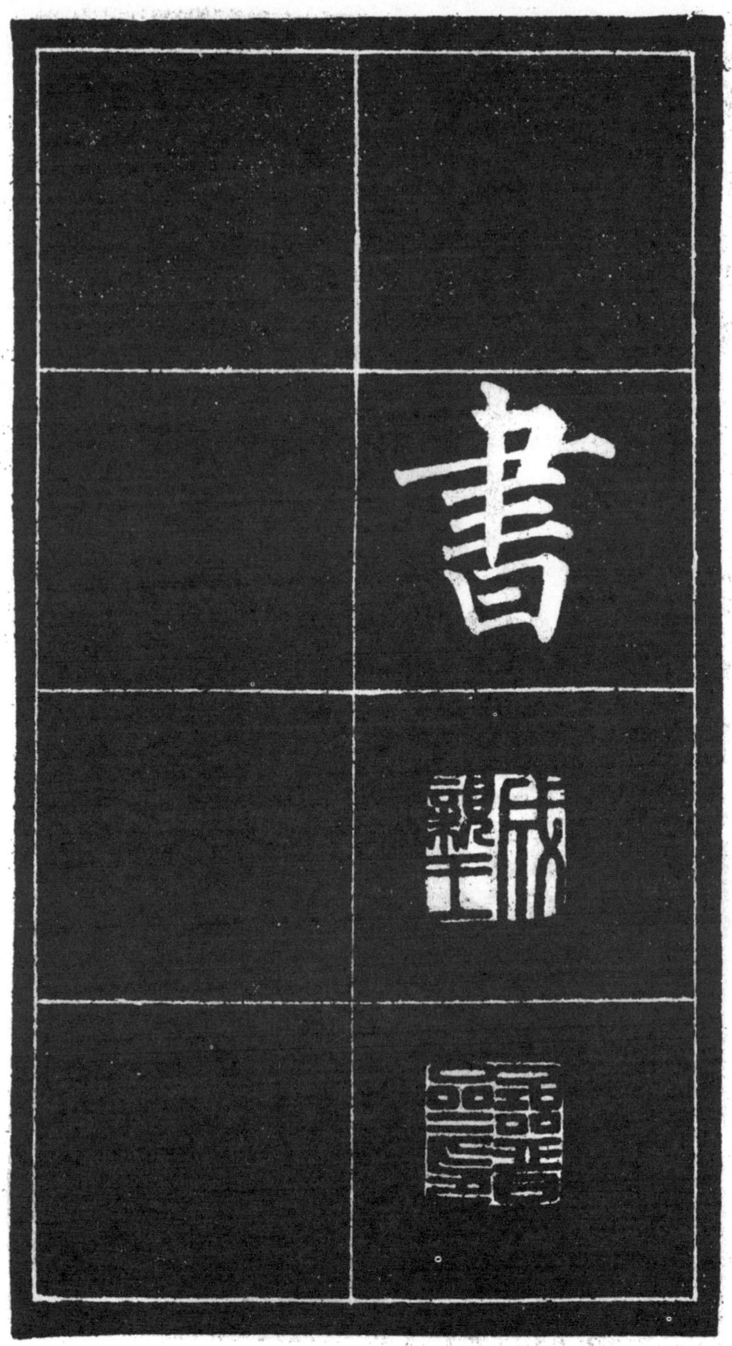

27(790) **도연명집**

松而盤桓
成親王

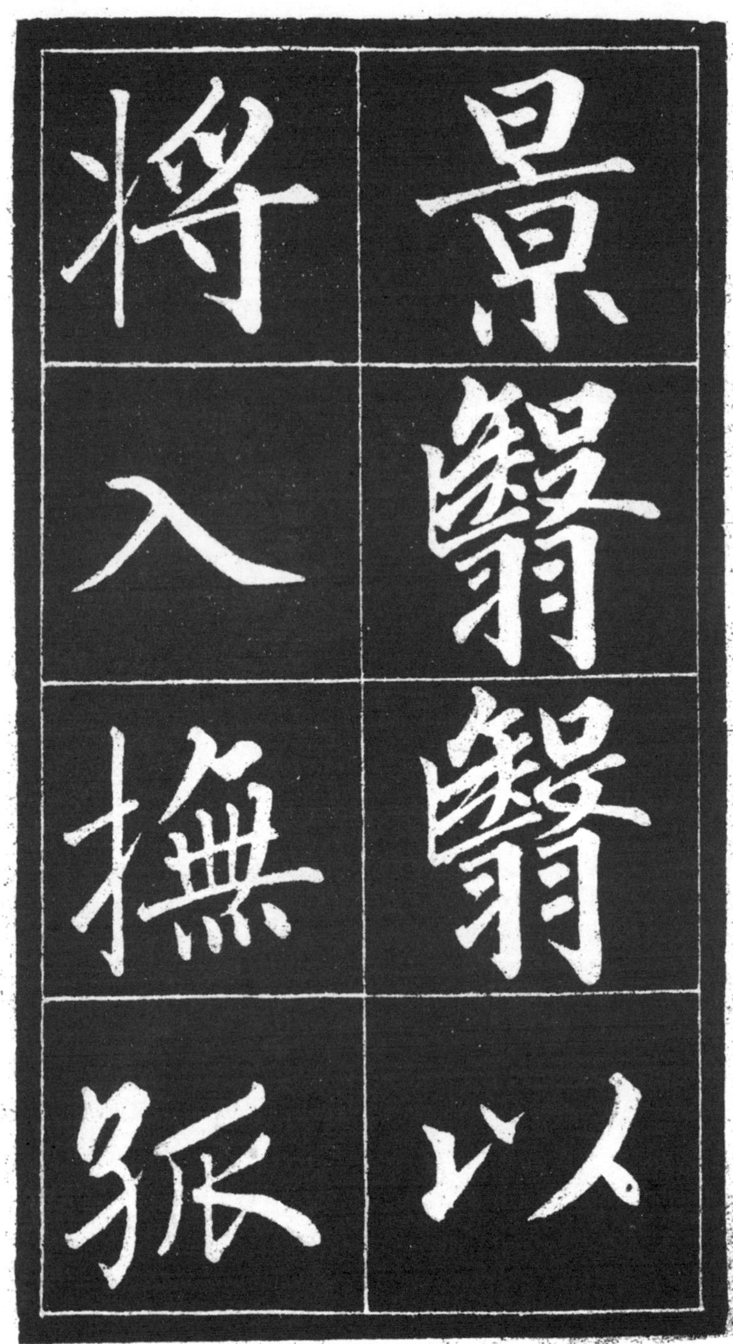

景翳翳以
將入撫孤

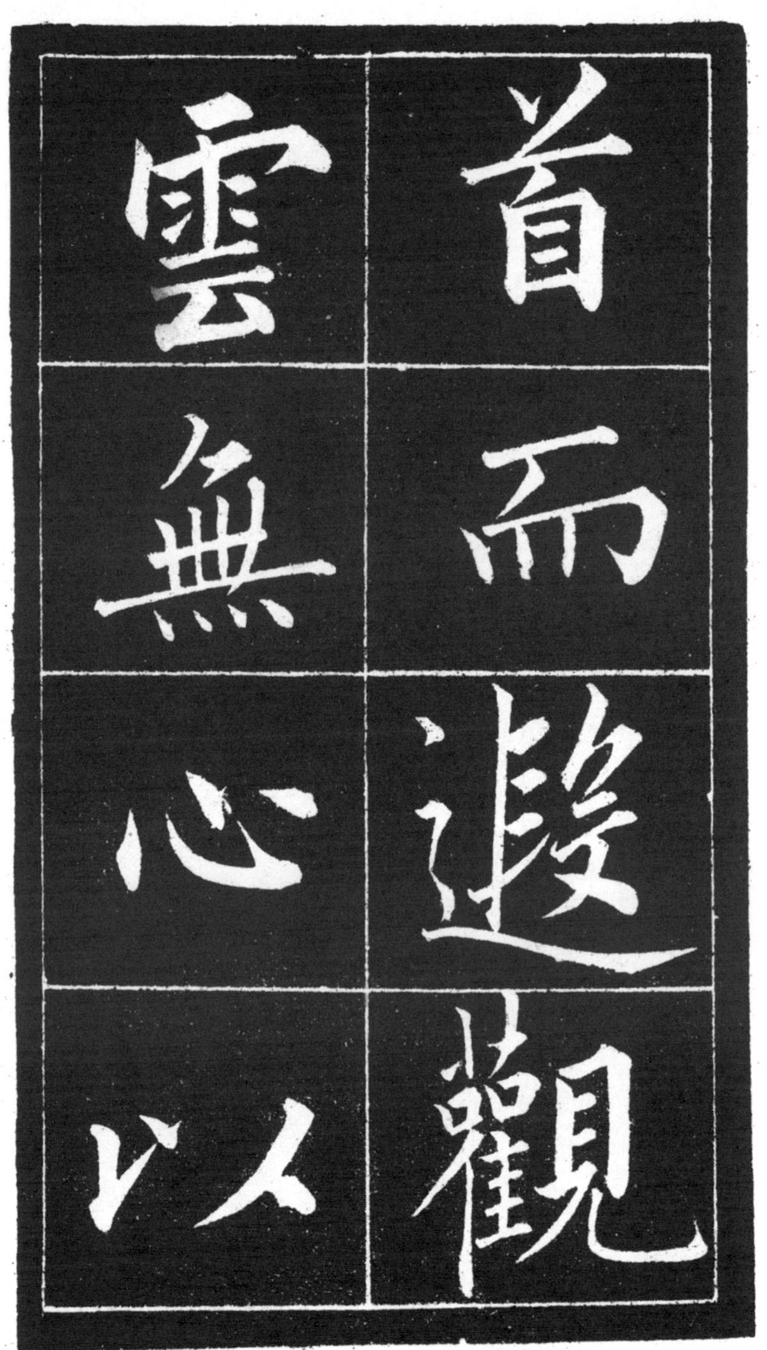

23(794) 도연명집

策
扶
差
以
流
憩
時
縞

膝之易安
園日涉以

釋子候門
三徑就荒

15(802) 도연명집

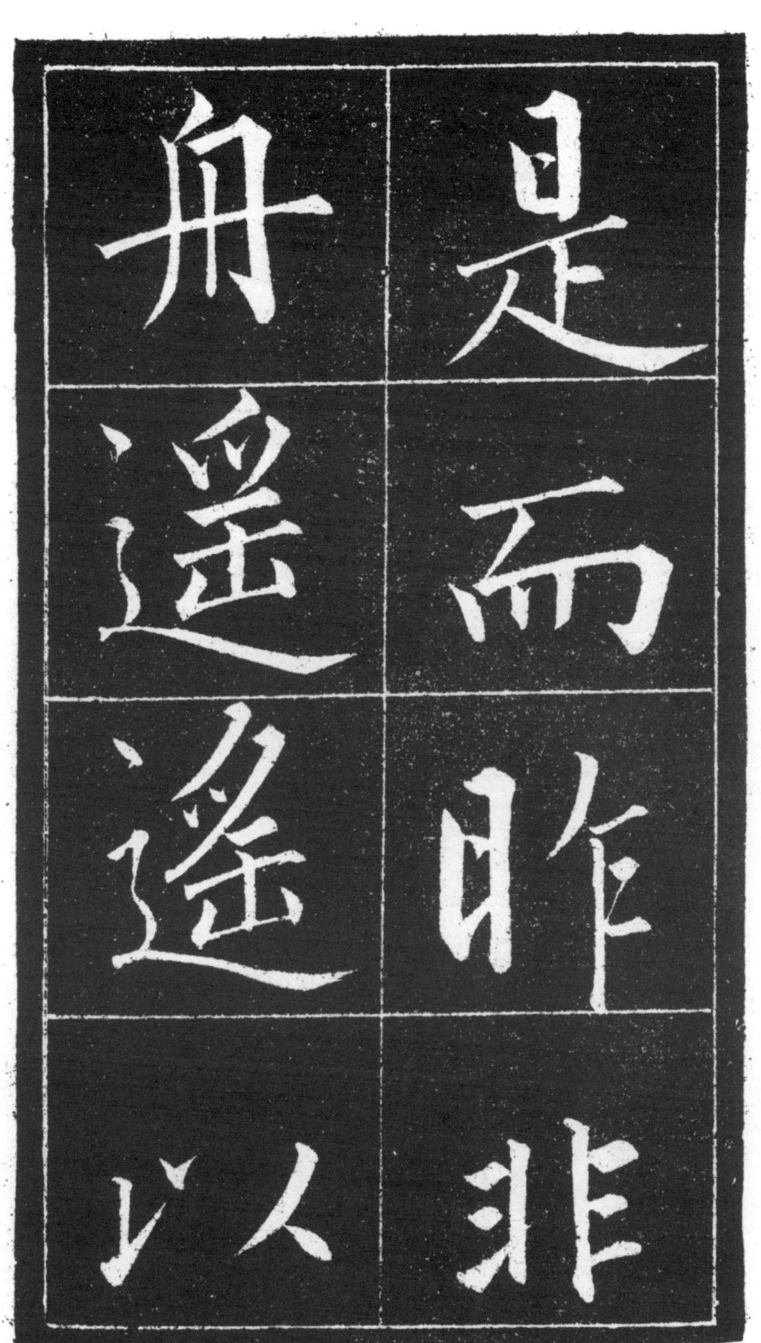

是
而
昨
非
舟
遙
遙
以

實迷途其
未遠覺今

不
諫
知
来
者
之
可
追

悵而獨悲
悟已往之

自
以
心
為
形
俊
矣
惆

田園將蕪
胡不歸既

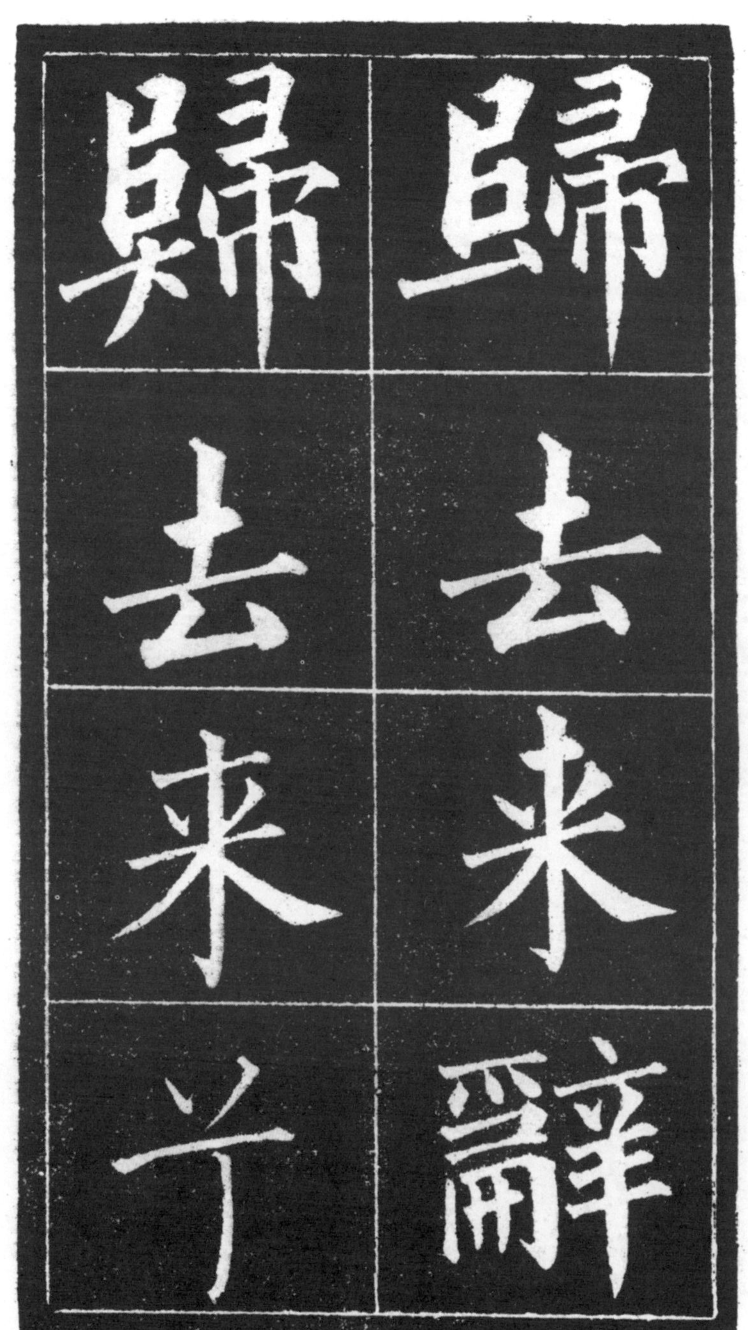

歸去來兮辭

余家貧耕植不足以自給幼稚
盈室缾無儲粟生生所資未見
其術親故多勸余為長吏脫
然有懷求之靡途會有四方之
事諸侯以惠愛為德家叔以余

〈歸去來辭〉北宋　東坡　蘇軾

〈歸去來辭〉明 沈度

〈歸去來辭〉

〈歸去來辭〉詩意圖 明 李在(그림)

임동석(茁浦 林東錫)

慶北 榮州 上茁에서 출생. 忠北 丹陽 德尙골에서 성장. 丹陽初中 졸업. 京東高 서울 敎大 國際大 建國大 대학원 졸업. 雨田 辛鎬烈 선생에게 漢學 배움. 臺灣 國立臺灣師範大學 國文硏究所(大學院) 博士班 졸업. 中華民國 國家文學博士(1983). 建國大學校 敎授. 文科大學長 역임. 成均館大 延世大 高麗大 外國語大 서울대 등 大學院 강의. 韓國中國言語學會 中國語文學硏究會 韓國中語中文學會 會長 역임. 저서에《朝鮮譯學考》(中文)《中國學術槪論》《中韓對比語文論》. 편역서에《수레를 밀기 위해 내린 사람들》《栗谷先生詩文選》. 역서에《漢語音韻學講義》《廣開土王碑硏究》《東北民族源流》《龍鳳文化源流》《論語心得》〈漢語雙聲疊韻硏究〉등 학술 논문 50여 편.

임동석중국사상100

도연명집 陶淵明集

陶淵明 撰 / 林東錫 譯註

1판 1쇄 발행/2010년 12월 12일

2쇄 발행/2014년 3월 1일

발행인 고정일

발행처 동서문화사

창업 1956. 12. 12. 등록 16-3799

서울강남구신사동도산대로163(신사동,1층) ☎546-0331~6 (FAX)545-0331

www.dongsuhbook.com

잘못 만들어진 책은 바꾸어 드립니다.

＊

사업자등록번호 211-87-75330

ISBN 978-89-497-0646-7 04080

ISBN 978-89-497-0542-2 (세트)

임동석중국사상100

도연명집

陶淵明集

②/②

부 록

陶淵明 撰 / 林東錫 譯註

〈陶淵明故事圖〉明 陳洪綬(그림) 미국 호놀룰루 미술학원 소장